LES NOUVEAUX SOLDATS DU PAPE

LÉGION DU CHRIST, OPUS DEI, TRADITIONALISTES

26, rue Berthollet, 75005 Paris

Réalisation graphique : French Book Factory

ISBN : 978-2-7557-0259-0
Dépôt légal : septembre 2008

www.editionsdupanama.com

Caroline Fourest
Fiammetta Venner

LES NOUVEAUX SOLDATS DU PAPE

LÉGION DU CHRIST, OPUS DEI, TRADITIONALISTES

PANAMA

INTRODUCTION

Comparé à l'Islam, le catholicisme donne le sentiment d'avoir réussi son *aggiornamento.* Indéniablement, les catholiques ont mieux négocié le tournant des années 60, notamment grâce au Concile de Vatican II, initié par Jean XXIII en 1962 et achevé par Paul VI en 1965. Une liturgie plus accessible à tous, un prêtre célébrant la messe tourné vers ses fidèles, la fin de la prière pour la conversion du « juif perfide » et l'abandon d'une certaine prétention à la Vérité absolue ont permis d'ouvrir la voie à un catholicisme plus ouvert, capable de dialoguer sereinement avec les autres religions. Mais cette réforme ne s'est pas faite sans douleur ni débats houleux. Loin de faire consensus, Vatican II fut au cœur d'une guerre d'interprétation entre catholiques « intransigeants[1] » et catholiques d'ouverture. Il aura fallu toute l'autorité du Saint-Siège et la vitalité du catholicisme conciliaire pour imposer une telle cure de rajeunissement à une frange de l'Église restée obstinément hostile à tout changement. Dans les années 60, cette fraction était incontestablement minoritaire. Est-ce toujours le cas aujourd'hui ?

À l'époque du Concile, le catholicisme progressiste et moderne avait le vent en poupe. En France, c'était l'époque glorieuse des prêtres-ouvriers. La JOC (Jeunesse ouvrière chrétienne) incitait le monde ouvrier à se hisser socialement grâce à une citoyenneté ouverte sur le monde. Dans les zones rurales, la JAC (la Jeunesse agricole catholique) parvenait à favoriser l'émergence d'une élite paysanne catholique progressiste[2]. La JAC a disparu en laissant quelques leaders paysans et toute une génération d'enfants de la ruralité incarner cette conscience. Quant à la JOC, forte de 10 000 membres, elle continue de vouloir initier des jeunes à la citoyenneté via la spiritualité. Les catholiques de gauche sont toujours très actifs au sein de ce qu'on appelle le « militantisme moral[3] » : humanitaire, sans-papiers, lutte contre la pauvreté, droit au logement, solidarité internationale... À la veille des municipales de 2008, des prêtres-ouvriers se sont par exemple chargés de signaler aux élus de Basse-Normandie que 30 % de la population active vivait en état de précarité. Ce catholicisme existe, il est vivant. Mais ces catholiques peuvent-ils encore proclamer, comme par le passé : « Nous sommes l'Église[4] » ?

Rien n'est moins sûr. L'optimiste suscité par un catholicisme résolument tourné vers le social et vers l'avenir aura été de courte durée. Dès 1968, moins de trois ans après la fin de Vatican II, les événements du mois de mai, la libération de la parole et de la sexualité, ont durablement traumatisé les hautes sphères de l'Église.

Le communisme et le matérialisme athée devenant l'ennemi prioritaire, la curie vit dans une double terreur. D'une part, elle craint la dissidence des plus traditionalistes, dont certains sont partis en guerre contre Vatican II au point de mettre en cause l'autorité pontificale. De l'autre, elle redoute les tenants d'une lecture jugée trop moderniste de Vatican II. Sous Paul VI, le Saint-Siège cherche à restaurer son autorité auprès des plus traditionalistes comme des plus modernistes. Mais lorsque Jean-Paul II lui succède, en 1978, le Saint-Siège décide de combattre en priorité les catholiques progressistes, tout en renouant avec les traditionalistes non sédévacantistes, y compris les plus intégristes.

Polonais, le nouveau vicaire de Rome est traumatisé par le péril rouge. Tout au long de son pontificat, plus d'un quart de siècle, il s'efforce donc de favoriser le renouveau d'un catholicisme résolument anticommuniste. Pour un Marcel Lefevre excommunié en 1988, il ne faudrait pas oublier la persécution autrement plus répandue des partisans de l'« évêque rouge », Dom Helder Camara. La théologie de la libération est alors en plein essor en Amérique latine. Fondée sur une éthique sociale au service des pauvres, elle semble perçue comme l'ennemi marxiste de l'intérieur par l'Église. « La répression frappa de nombreux théologiens qui furent interdits d'enseigner et de publier », écrit François Houtart, prêtre et sociologue proche de la théologie de la libération, dans un article faisant le bilan des années Jean-Paul II[5]. Des séminaires, des facultés de théologie, des instituts de formation pastorale reçurent l'ordre de prohiber tout enseignement parlant de théologie de la libération. Symbole parmi les symboles, le Conseil épiscopal latino-américain – qui avait organisé la Conférence de Medellín pour l'application du Concile Vatican II dans le continent – a peu à peu été transformé « en organe de restauration[6] ».

Ailleurs, les catholiques de gauche ont aussi été renvoyés aux marges de l'Église. Pas avec la violence qu'ont connue les partisans de la théologie de la libération en Amérique latine, mais avec la douceur feutrée des pays laïques. On les rappelle notamment à l'ordre lorsqu'ils s'avisent de critiquer l'Opus Dei et les Légionnaires du Christ. Deux mouvements prosélytes résolument anticommunistes, alliés de dictatures, mais que Rome encourage avec ferveur. Comme le font remarquer Jason Berry et Gerald Renner, auteurs d'un livre sur les « vœux de silence » et les abus de pouvoir sous Jean-Paul II, la disgrâce des uns fait le bonheur des autres : « Lorsque le cardinal Ratzinger a commencé à enquêter sur les partisans de la théologie de la libération se réclamant d'une inspiration théologique qui proposerait des alternatives à la pauvreté et aux persécutions, la Légion tissait des liens avec des officiels en Argentine et au Chili pour qui la torture faisait partie de la stratégie politique[7]. »

Le nouveau préfet de la Congrégation pour la doctrine de la foi, le cardinal Ratzinger, tente par tous les moyens de résister aux innovations liturgiques imputables à une lecture jugée trop moderniste de Vatican II. Le dialogue est renoué avec les traditionalistes dissidents. Certains commencent à rallier l'Église, et l'incarnent donc de nouveau. Jean-Paul II n'en reste pas moins un pape attaché à l'œcuménisme. Il se rend volontiers à Assise, ce haut lieu du dialogue interreligieux. Il reconnaît l'aveuglement du catholicisme face au drame de la Shoah. Le dialogue judéo-chrétien et islamo-chrétien se porte mieux que jamais. Le pape tend aussi la main aux autres frères chrétiens. Des passerelles sont nouées via le renouveau charismatique, ce regain de foi néopentecôtiste inspiré par le protestantisme américain, où l'on prie l'Esprit-Saint de venir dans son corps via le « parler en langue » (un babillage censé prouver que l'on est habité par l'Esprit-Saint). De plus en plus de catholiques adhèrent à cette foi exaltée sous l'étiquette de la « Nouvelle Évangélisation ». Ils ont en commun d'être assez représentatifs de l'après-Vatican II sur la forme mais d'être résolument moralistes et pré-Vatican II sur le fond[8]. D'un naturel chaleureux, Jean-Paul II comprendra bien vite l'intérêt de ces mouvements empruntant la voix de la modernité pour mieux lui résister. En 1997, le jour de la pentecôte, il les salue comme le « nouveau printemps de l'Église ». Le succès de ses Journées mondiales de la jeunesse doit beaucoup au savoir-faire et à la mobilisation des troupes de l'Emmanuel, des Béatitudes, du Chemin neuf ou du Chemin néocatéchuménal[9]. Leur vitalité évangélique et missionnaire leur vaut d'être privilégiés au détriment des ordres classiques, comme les Dominicains ou les Jésuites.

Le pape leur préfère aussi l'Opus Dei et les Légionnaires du Christ – que l'on dit être les nouveaux jésuites. Ils sont aussi radicaux que pouvaient l'être les « hommes noirs » au XVIe siècle, sauf qu'ils agissent au XXIe siècle.

Ce sont sur ces nouveaux soldats que le Saint-Siège s'appuie désormais pour combattre ses concurrents éventuels et faire régner l'ordre au sein de l'Église.

Qu'ils pratiquent ou non la messe en latin, les catholiques réactionnaires incarnent une forme de restauration morale et religieuse voulue par le nouveau pape. Par sa personnalité comme par sa formation, l'ancien préfet de la Congrégation pour la doctrine de la foi est incontestablement plus dogmatique que son prédécesseur. Réformiste au moment du concile, sa vision très conservatrice de la doctrine lui vient notamment d'un traumatisme éprouvé en mai 1968, lorsque des étudiants gauchistes ont envahi l'amphithéâtre où il enseignait pour crier : « À bas Jésus-Christ. » Il n'est pas non plus un fervent partisan de l'œcuménisme. Ses premiers mots de pape furent pour mettre en garde contre le « relativisme » né du respect du pluralisme religieux. Car contrairement aux années 80 et 90, l'ennemi prioritaire n'est plus seulement le sécularisme associé au communisme, il est double : la laïcité d'un côté et les religions concurrentes de l'autre. Dans un contexte mondial frappé par le retour en force du religieux, l'islamisme inquiète comme un adversaire et le protestantisme comme un concurrent.

La foi exaltée des charismatiques – qui brouillent chaque jour un peu plus les frontières entre le catholicisme et le protestantisme – n'est pas vraiment du goût de Benoît XVI. Leurs succès évangéliques les rendent incontournables, mais ils ne sont plus les soldats préférés de la réaction voulue par Rome. Son élection signe surtout le triomphe des « intransigeants » dogmatiques, y compris des partisans du retour à la messe en latin, pour laquelle le nouveau pape n'a jamais caché éprouver une certaine nostalgie.

Ce n'est pas un hasard si, en coulisses, les courants les plus réactionnaires ont appuyé sa candidature. Un pape libéral aurait mis fin à des années de tractations ayant permis leur institutionnalisation et même leur adoubement en tant que soldats officiels du Vatican. À la demande de leur prélat, Mgr Echevarria, les fidèles de l'Opus Dei « ont prié l'Esprit-Saint pour le nouveau pape, dès l'annonce du rappel à Dieu du très cher Jean Paul II ». Même enthousiasme chez les Légionnaires du Christ. Dès la nomination de Benoît XVI, ils ont encouragé leurs fidèles à lui envoyer un « bouquet spirituel » par Internet[10]. Quant aux lefebvristes, ils n'ont pas hésité à parler de l'élection de Benoît XVI comme d'une « divine surprise[11] ».

L'enthousiasme des catholiques les plus réactionnaires, y compris chez ceux qui considéraient Jean-Paul II comme un abominable progressiste, est exactement inverse à la déception des catholiques de gauche et même à celle des charismatiques. Hans Küng, l'un des théoriciens du catholicisme moderniste, ancien collègue de Joseph Ratzinger à l'université de Tübingen, dit espérer que la fonction de pape le transformera. Sans trop y croire. Il ne cache pas « la désillusion immense de tous ceux qui comptaient sur un pape d'âme pastorale et réformatrice[12] ». Desmond Tutu, qui su mener l'Afrique du Sud sur le chemin de la réconciliation grâce à une vision généreuse du christianisme, est encore plus clair : « Si j'avais été cardinal et que j'avais eu le droit de vote, je n'aurais pas donné ma voix au nouveau pape[13]. »

Ceux-là rêvaient d'un véritable renouvellement à la tête de l'Église. Peut-être simplement d'un retour à l'équilibre après le tournant conservateur amorcé par Jean-Paul II. Malheureusement, les porteurs de changement n'ont pas le vent en poupe au sein de la curie, donc au sein du conclave. Mgr Martini, le cardinal le plus ouvert sur la question des femmes, favorable à l'idée de convoquer un nouveau concile Vatican III, n'a recueilli qu'une petite vingtaine de voix. Quant aux cardinaux du Sud, ils n'ont eu guère plus de succès malgré l'immense attente et la ferveur des chrétiens de ces continents. Il est vrai que la plupart des cardinaux ayant voté à ce conclave ont été nommés par l'ancien préfet de la Congrégation pour la doctrine de la foi. En d'autres termes, ils ont été choisis, depuis des années, pour leur attachement à une vision rigide de l'Église.

C'est dire si le processus de marginalisation des catholiques modernes enclenché sous Jean-Paul II n'est pas prêt d'être enrayé. Dès 2006, *Témoignage chrétien* tire la sonnette d'alarme : « Depuis quelques mois, des signes venant de Rome nous inquiètent. L'évolution imprimée par Benoît XVI dans l'Église catholique nous paraît s'éloigner des intuitions du Concile Vatican II et de tout ce qu'il a fait naître, tant à l'intérieur qu'en dehors du monde catholique[14]. Ici, un prêtre-ouvrier est mis à la retraite plus tôt que nécessaire[15]. Là, un théologien dominicain spécialiste du dialogue interreligieux est sommé de se faire discret[16]. Les jésuites dénonçant les méthodes de l'Opus Dei continuent d'être tenus au silence. Quant aux organes de presse comme *Golias* ou *Témoignage chrétien*, jugés trop à gauche, ils sont systématiquement diffamés avec le soutien de la hiérarchie. En revanche, les traditionalistes sont désormais presque tous ralliés, même les plus extrémistes comme l'abbé Laguérie. Le pape a autorisé les paroisses qui le souhaitaient à revenir au rite tridentin, célèbre des messes en tournant le dos aux fidèles et s'apprête à promulguer un nouveau missel où l'on prie de nouveau pour l'âme des juifs.

Jusqu'où la reprise en main réactionnaire ira-t-elle ? Jusqu'à faire du Concile de Vatican II une parenthèse bien vite refermée ? Jusqu'à Vatican moins II ?

C'est ce que nous avons voulu savoir en étudiant de près l'histoire de trois courants parmi les plus réactionnaires de l'Église catholique ; ceux que nous classons parmi les plus « intégristes » dans la mesure où ils défendent une vision liberticide de la foi qu'ils souhaitent étendre à tous, donc imposer aux autres. Leurs relations avec le Saint-Siège nous renseignent sur le degré de concessions faites ces dernières années au détriment de Vatican II. Elles ne sont pas les seules, ni de même nature. Autant les opusiens et les Légionnaires peuvent être classés sans hésiter parmi les « nouveaux soldats du pape », autant la mouvance des catholiques traditionalistes est autrement plus diverse et rebelle. Le Saint-Siège a toutefois réussi à détacher plusieurs de ses lieutenants et de ses fantassins, que l'on peut désormais classer parmi eux. L'histoire de leur ralliement en dit long sur le retour en grâce des plus intégristes.

Les différentes tendances de ce mouvement traditionaliste ont beaucoup écrit sur leurs négociations avec le Saint-Siège, offrant aux commentateurs un formidable matériau à explorer. Les Légionnaires du Christ et l'Opus Dei sont beaucoup plus difficiles à étudier du fait de leur méfiance maladive vis-à-vis de l'extérieur. L'Opus Dei a fait de vrais progrès depuis le succès du *Da Vinci Code*, mais sa transparence affichée n'en reste pas moins une politesse de façade. Elle ne permet pas d'accéder aux informations désirées concernant ses réseaux. Bien que son chargé de communication, Arnaud Gency, nous ait très gentiment reçues, le seul moyen de nous familiariser avec l'Œuvre fut d'aller puiser dans l'histoire de son fondateur et dans ses publications. C'est en étudiant sa doctrine mais aussi en plongeant dans l'histoire de ses rapports avec le Vatican que nous avons trouvé la face la moins étudiée de l'Œuvre, sans doute aussi la plus instructive comparée à la face fantasmagorique souvent privilégiée. Nous avons procédé de même avec les Légionnaires du Christ, qui ont refusé de répondre à nos questions. À la recherche d'une enquête vue de l'intérieur et non simplement de l'extérieur, nous nous sommes concentrées sur les textes produits par ces mouvements à l'intention de leurs fidèles, notamment les biographies des fondateurs et les récits internes concernant leurs relations avec le Saint-Siège, pour les recouper avec les faits historiques et les contrechamps que peuvent nous apporter les anciens fidèles ; ceux qui en sont sortis et peuvent témoigner en toute liberté. La combinaison des deux, associée aux recoupements d'usage, nous a permis de cerner notre principal objet d'étude : l'histoire des relations entre Rome et ses intégristes, la radicalisation en cours du Saint-Siège et son impact sur l'héritage de Vatican II.

1 Selon l'expression consacrée par Émile Poulat pour désigner les catholiques opposés à une réforme libérale, *L'Histoire*, n° 224, septembre 1998, p. 39 : « Il y aurait désormais les "libéraux", partisans de la conciliation, du ralliement, de l'adaptation, et les "intransigeants", défenseurs des droits de l'Église et de la vérité. »

2 Fondée en 1929, la Jeunesse agricole catholique puis Jeunesse agricole chrétienne entreprend un considérable travail de terrain. En 1960 la majorité des responsables agricoles et des élus ruraux est issue de la JAC. Mouvement d'éducation populaire, la JAC devient en 1965 le Mouvement rural de jeunesse chrétienne.

3 On se référera aux travaux du GERMM, animé par Éric Agrokolianski, Olivier Fillieule et Nonna Mayer.

4 Il faut noter le travail remarquable de « Nous sommes aussi l'Église », réseau né en Autriche suite à la nomination d'évêques conservateurs. Existant dans la plupart des pays d'Europe, le groupe tente de défendre Vatican II et de critiquer les attaques contre les progressistes.

5 François Houtart, « Bilan d'un pontificat », *Point de vue*, lundi 4 avril 2005,

http://www.dossiersdunet.com/spip.php?article431.

6 *Ibid.*

7 Jason Berry et Gerald Renner, *Vows of Silence : the Abuse of Power in the Papacy of John Paul II,* Free Press, New York, 2004, *p. cit*, p. 145.

8 Malgré un aspect extérieur plus vivant et sympathique, certains charismatiques peuvent cependant développer une pratique réactionnaire. Au sujet par exemple de l'avortement, de la contraception ou de l'homosexualité, on peut donc les retrouver aux côtés des catholiques les plus réactionnaires. Nous avons choisi de ne pas aborder leur trajectoire dans cet ouvrage.

9 Le 17 août 1997, le centre Saint-Vincent a répertorié les inscriptions au JMJ. On dénombre 58 122 Français enregistrés par le biais d'organisations et de 82 diocèses. Ce qui permet de dégager certaines tendances : l'Emmanuel arrive en tête avec 6 035 personnes. Suivi par Regnum Christi, la branche laïque des Légionnaires du Christ : 1 356 participants. Puis viennent : le Chemin neuf (1 124) ; le Chemin néocatéchuménal (850) ; la Congrégation Saint-Jean (790) ; Scouts de France (700 pour les 23 et 24 août) ; la Société Saint-Vincent-de-Paul (644) ; Béatitudes (592) ; les Familles de l'Assomption (466) ; l'Institut Notre-Dame de Vie (390) ; Cicg- Cics (375) ; Les Enfants du Mékong (350). Source : *Histoire des JMJ vues de France* (III), « L'explosion surprise des JMJ de Paris », Ludovic Laloux, paru sur le site de la Fondation de service politique (catholiques de droite).

10 Il faut choisir une prière et « envoyer un message à bouquet-spirituel@regnumchristifrance.org en indiquant la ou les prières que vous avez dites ».

11 Communiqué de la Fraternité suite à l'élection de Benoît XVI.

12 Cité par Constance Colonna-Cesari, *Benoît XVI : les clés d'une vie*, Philippe Rey éditions, Paris, mai 2005, p. 70.

13 *Le Monde,* 20 avril 2005.

14 *Témoignage chrétien*, 2 novembre 2006.

15 C'est par exemple le cas du père Noël Pitometz, aumônier de la prison de Toulon-La Farlède. Alors que l'administration pénitentiaire fixe l'âge limite à 75 ans pour les aumôniers et les visiteurs

de prison, le vieux prêtre-ouvrier commence à déranger. Une aumônerie voisine, celle de Draguignan, a été donnée à un traditionaliste. L'évêque de Toulon, Mgr Rey, a donc ordonné au père Pitometz d'abandonner ses charges sans quoi « il ne serait plus en communion avec l'église locale » (*Golias*, février 2008).

16 Dominicain, théologien reconnu internationalement, directeur de collection aux éditions du Cerf, spécialiste du dialogue des religions il devait recevoir un doctorat *honoris causa* de la faculté de théologie de Kinshasa. Mais deux jours avant son départ, on lui a demandé de rester à Paris. Le préfet de la Congrégation romaine pour l'Éducation catholique, le cardinal polonais Zénon Grocholewski, s'opposait à sa venue.

RÉSISTER AU « RELATIVISME » GRÂCE AUX LÉGIONNAIRES DU CHRIST

Moins connus que l'Opus Dei, les Légionnaires du Christ méritent une réputation tout aussi sulfureuse. La Légion a planté son fanion dans 20 pays. Elle revendique plus de 500 prêtres, un cardinal mexicain, 2 500 séminaristes et 65 000 membres via sa branche laïque : Regnum Christi. Sa congrégation gère 12 universités, dont la prestigieuse Regina Apostolorum à Rome, et près de 200 lieux de formation. Ce réseau d'écoles et de cercles d'influence lui permet d'être active dans presque tous les domaines : économie, éducation et communication. C'est dire si en quelques années, grâce à une organisation et à une volonté de fer, la Légion a réussi à s'imposer comme l'un des bras armés incontournables du Vatican. Lequel s'appuie désormais ouvertement sur ses soldats pour diffuser son message. Zenit, l'agence de presse du Vatican, repose entièrement entre les mains des Légionnaires du Christ, ce qui en fait les porte-parole officiels du Saint-Siège. Tout un symbole. Celui d'une vraie confiance de la part de Rome et d'une vraie fidélité de la part des Légionnaires. Marcial Maciel, le fondateur de la Légion, s'est éteint le 1er février 2008. Jusqu'à sa mort, il n'a cessé de répéter à ses fidèles : « Nous marchons au rythme de l'Église, ni un pas en avant, ni un pas en arrière[1]. » Ce mot d'ordre ne signifie en rien que les Légionnaires du Christ soient une organisation modérée, mais l'inverse. Depuis Jean-Paul II, le « Saint-Siège » s'est tellement radicalisé qu'il peut accepter une armée d'appoint dont l'histoire est jonchée de scandales.

Outre des méthodes spartiates et sectaires, la Légion du Christ est tristement célèbre pour taire les nombreux abus sexuels commis en son sein. Ce qui n'empêche pas l'Église d'encourager les jeunes à s'y engager ni de miser sur elle pour évangéliser, notamment en Amérique latine, où la Légion lui permet de combattre l'influence des « sectes » protestantes. Cette aura et cette caution lui servent à redorer son image et renforcent sa capacité à recruter en dehors de ces frontières. Sur YouTube, l'un des sites diffusant des vidéos sur Internet, on peut voir l'un des spots imaginés par la branche américaine des Légionnaires[2]. Sur fond de musique hollywoodienne, probablement celle d'un péplum, le film met en scène un casting de jeunes prêtres sélectionnés pour leur beauté, leur blondeur et leur coupe de cheveux. Tous ont un sourire brillant et un regard intense, comme habité. Ils marchent côte à côte, presque au pas, s'entraînent dans des activités sportives, rient. Une atmosphère quasi militaire mais chaleureuse et fraternelle. Un esprit mal placé pourrait croire à un spot imaginé par un magazine gay. Mais les jeunes hommes sont en soutane et n'ont d'yeux que pour leur fondateur, Marcial Maciel, dont la photo apparaît. Une voix off nous raconte la fabuleuse histoire de son œuvre : « En 1941, la Légion du Christ était composée d'un jeune étudiant en théologie de 21 ans et de 13 séminaristes dans un sous-sol. Aujourd'hui, nous sommes presque 500 prêtres et près de 2 500 séminaristes venant de 38 nations sur cinq continents. » La musique se fait captivante. Elle est ponctuée par la voix de Jean-Paul II bénissant les Légionnaires et leur mouvement séculaire, Regnum Christi. De jeunes hommes prient, reçoivent l'hostie, jouent au football. La voix reprend : « Fondée à Mexico City par le père Marcial Maciel, la Légion poursuit le même but depuis soixante ans : ordonner des saints prêtres qui vont aider les autres à vivre une vie vraiment chrétienne et diffuser le royaume du Christ au reste du monde. Avec un amour inconditionnel pour le Saint-Père et avec une dévotion pour notre sainte mère Marie. » Un jeune prêtre au visage angélique insiste : « L'Église a besoin de vous. Elle a besoin de soldats. Elle a besoin de prêtres saints. C'est pour cela que la Légion a été créée : pour former des prêtres saints. » Le film invite à participer aux séminaires d'été organisés par la Légion, le numéro de téléphone du « bureau des vocations » s'affiche enfin.

Un père martial

Voilà pour la légende. Plus prosaïquement, l'histoire de cette Légion comporte des zones d'ombre sur lesquelles l'Église ferme visiblement les yeux en raison des bons et loyaux services rendus en Amérique latine et tout particulièrement au Mexique, où les Légionnaires du Christ ont vu le jour. Le fondateur, Marcial Maciel, est né à Cotija de la Paz le 10 mars 1920, dans l'une de ces familles de propriétaires terriens d'ascendance espagnole qui n'aiment guère se mélanger avec les indigènes, sauf pour les évangéliser. Malgré la rancœur que pourrait susciter la colonisation, les classes paysannes et les propriétaires terriens partagent la même ferveur catholique et prient la même Vierge : celle de Guadalupe. La mère de Marcial Maciel vient d'une famille très pratiquante. Sa mère aurait voulu entrer dans les ordres comme ses frères, dont deux sont devenus évêques. Mais les hommes de la famille ont préféré la marier à un homme riche, de quinze ans plus âgé. Elle se consolera en élevant ses enfants comme de véritables petits séminaristes, tout entiers tournés vers Jésus-Christ. Très proche de sa mère, le jeune Marcial est d'autant plus fervent qu'il grandit en admirant les Cristeros, ces guérilleros catholiques entrés en rébellion contre les mesures anticléricales du gouvernement mexicain. Ils serviront de premiers modèles aux futurs Légionnaires du Christ.

L'exemple des Cristeros

Le Mexique sort alors d'une série de réformes menées au pas de charge sous l'influence d'une élite issue de la franc-maçonnerie et nourrie au positivisme. De 1876 à 1910, au cours de la période libérale, le pays connaît une vague de modernisation intensive qui ne va pas sans ébranler les structures traditionnelles et conservatrices. La République mexicaine vote notamment toute une série de « lois de la réforme » visant à séparer radicalement l'État de l'Église. Comme en France quelques années plus tard, les biens du clergé sont nationalisés, l'État a repris en main la gestion des cimetières, des œuvres de charité et les écoles. Mais après trente ans de pouvoir personnel, le maintien de Porfirio Díaz provoque une insurrection armée. Sur fond de grogne paysanne et populaire, les libéraux sont bien vite débordés par les révolutionnaires comme Pancho Villa, Emiliano Zapata ou Venustiano Carranza, qui se disputent l'alternance. Depuis le milieu des années 20, un général succède à un autre. Tous accélèrent le processus de modernisation enclenché par les libéraux. En bon révolutionnaire, le général Calles revendique un nationalisme économique doublé d'un anticléricalisme virulent qui correspond davantage aux aspirations de la classe ouvrière qu'à celles des classes populaires paysannes, souvent très croyantes. L'abandon de la réforme agraire s'accompagne d'une surenchère le terrain de la lutte contre la religion. La sécularisation prend une tournure réellement autoritaire. L'évêque de Mexico est traîné devant les tribunaux, les églises et les séminaires sont fermés, les congrégations religieuses dissoutes. L'État interdit le culte public. Il traque même les cérémonies religieuses privées. Toute personne surprise à célébrer les sacrements risque d'être emprisonnée, fusillée ou exilée. C'en est trop pour le peuple catholique, qui lève une armée de contre-révolutionnaires dite des Cristeros

– du nom donné par l'armée fédérale à ces missionnaires prêts à se sacrifier en criant : « Vive le Christ roi[3] ! » Leur zèle est tel que même l'Église finit par s'en méfier. Des années plus tard, des clercs parleront des Cristeros comme des « fanatiques, aliénés et réactionnaires ». Dès 1929, l'Église s'en désolidarise pour négocier une forme de paix relative avec le gouvernement mexicain. La fronde catholique ne cesse pas pour autant.

L'un des oncles du fondateur des Légionnaires, Jesùs Degollado Guizar, n'est autre que l'un des généraux de la rébellion des Cristeros. Son neveu sera marqué à vie par les corps de jeunes martyrs pendus sur la place du village. Il ne cache pas son admiration pour un ami à peine plus âgé que lui, parti au maquis et mort en criant : « Vive le Christ roi ! » Cette ferveur survoltée de martyr ne tarde pas à lui donner la vocation. À l'âge de 15 ans, pour la plus grande fierté de sa mère, il quitte sa famille et part à Mexico pour se former clandestinement à la prêtrise au sein du séminaire dirigé en secret par un autre de ses oncles, l'évêque de Veracruz, Mgr Rafaël Guizar y Valence. Fidèle à la résistance passive de l'Église, donc opposé à la violence des Cristeros, l'homme influence le futur fondateur des Légionnaires dans sa volonté de se placer sous la protection de l'Église. Jusqu'à sa mort, il restera persuadé que seuls des soldats ayant l'approbation de Rome peuvent être efficaces. Son obéissance à la ligne pacifique de l'Église n'en demeure pas moins relative.

Au séminaire, la vie est rude. Les jeunes séminaristes ne mangent ni lait ni viande. Mais le zèle fait oublier la faim. Porté par les événements et son tempérament, le jeune séminariste apprend à évangéliser les indigènes, à porter l'eucharistie pour les prêtres célébrant les sacrements dans la clandestinité. Il a même déjà passé quelques jours en prison à cause de ses activités religieuses. D'après la légende des Légionnaires, il aurait participé à des manifestations exigeant la réouverture des églises et servi d'intermédiaire entre le gouverneur et la foule en colère. Les journaux de l'époque n'en gardent trace. Au milieu de toute cette agitation, le jour de la fête du Sacré-Cœur de 1936, alors qu'il prie dans la chapelle du séminaire de son oncle, le jeune homme est surtout persuadé de recevoir un ordre du Saint-Esprit : « J'étais en train de parler avec le Christ de mon désir de me donner entièrement à Lui, de sauver les âmes, de les emmener au ciel... D'un coup, Lui, de façon mystérieuse, a mis dans mon âme l'idée de former un groupe de prêtres dédié d'une façon totale à la prédication et à l'extension du royaume de Dieu[4]. » Il ne s'agit pas encore de former des Légionnaires du Christ mais des « Missionnaires du Sacré-Cœur ». Une idée qui l'obsède malgré les réticences que rencontre son projet. Son oncle meurt d'une crise cardiaque en 1938, et le jeune homme doit trouver un nouveau protecteur. Ce n'est pas chose simple. La veille, des voisins sont venus se plaindre du jeune homme et du « bruit » qu'il ferait avec ses compagnons de séminaire. Les Légionnaires n'entrent pas dans les détails de cet épisode, pourtant douloureux car visiblement lié à la mort subite de l'oncle du fondateur. Le jeune homme sera expulsé de deux autres séminaires, sans que Gonzague Monzon, son biographe, n'en donne véritablement les raisons.

D'ordinaire plus bavard, il se contente de parler de médisance envers le projet du fondateur. En soi, l'idée de former un groupe de prêtres missionnaires venant d'un séminariste n'est pas si originale. Mais Maciel n'a que 16 ans et son absolutisme infantile effraye ses supérieurs. Un évêque tente même de freiner ses ardeurs en lui interdisant l'accès de certains séminaires. Maciel finit par atterrir au séminaire interdiocésain du Nouveau-Mexique. Monté aux États-Unis avec l'aide des évêques nord-américains, on y forme un cinquième des prêtres de l'Église mexicaine dissidente. Malgré la méfiance, Maciel continue de mûrir son projet. Il compte dans sa famille plusieurs évêques, qui sont autant de protecteurs, et son zèle séduit bientôt des mécènes mexicains désireux de soutenir la résistance catholique. À 21 ans, il réunit autour de lui une dizaine de garçons souhaitant devenir prêtres et loue enfin sa première maison pour faire office de séminaire. Baptisée l'École apostolique de l'Immaculée, elle changera plusieurs fois d'adresse.

Le biographe de Maciel insiste sur le fait qu'il s'agit du « fondateur le plus jeune de l'histoire de l'Église[5] ». Un peu trop jeune peut-être. En temps normal, un fondateur aurait rencontré beaucoup plus de contre-pouvoirs avant d'acquérir une telle autorité et la responsabilité de former de futurs prêtres. L'histoire particulière du Mexique ces années-là, l'urgence avec laquelle l'Église souhaite opposer une force catholique aux évangéliques protestants qui commencent à lui faire de l'ombre en Amérique latine, va en décider autrement. L'évêque mexicain de Cuernavaca, Mgr Francisco

Gonzáles Arias, sert désormais de parrain à sa Légion. Il recommande Marcia Maciel à la curie, dans un rapport où il souligne sa « piété profondément enracinée », « de solides vertus acquises tout au long des années par les épreuves » : « il est jeune mais son expérience et sa maturité sont riches ».

En avril 1946, à 26 ans, le jeune prêtre part à Rome dans l'espoir de faire reconnaître sa congrégation et d'obtenir des bourses pour ses séminaristes. L'Europe sort alors de la Seconde Guerre mondiale, Pie XII a certainement d'autres préoccupations. Pourtant, d'après les Légionnaires, le jeune prêtre mexicain parvient à se faufiler jusqu'à lui et à obtenir une audience. Au cours de cet entretien, le souverain pontife insiste sur l'importance de former des leaders catholiques en Amérique latine. Cette préoccupation ne va cesser de grandir chez ses successeurs. Elle explique la montée en puissance des Légionnaires du Christ au sein de l'Église, malgré leur réputation sulfureuse. Pie XII commence par mettre en contact le fondateur avec le cardinal Montini (futur Paul VI) pour qu'il l'aide à rédiger sa constitution, une étape nécessaire pour déposer toute nouvelle congrégation. En attendant, le pape délivre un *nihil obstat*, qui équivaut à une approbation officielle de l'Église catholique. En principe, il est donné par un censeur en vue d'éditer un manuscrit. Mais il n'y a aucun manuscrit en vue, ni aucun contenu doctrinal en voie de publication. Le pape cherche simplement à encourager cet ordre naissant, par une procédure rapide et symbolique. L'étape suivante, celle de la reconnaissance en tant que congrégation, sera plus longue. Il faudra deux ans d'insistance et de multiples recommandations pour que la future Légion devienne une congrégation de « droit diocésain », en 1948. La mission assignée par le pape est claire : « Vous serez comme une armée rangée pour la bataille. »

C'est bien ainsi que Marcial Maciel conçoit sa mission auprès du Saint-Siège. Les Missionnaires du Sacré-Cœur vont d'ailleurs changer de nom suite à cette première expérience hors du Mexique. En quelques jours, le jeune leader mexicain a été reçu par le pape à Rome mais aussi par le ministre des Affaires étrangères de Franco en Espagne. L'Espagne franquiste voit forcément d'un bon œil ce mouvement de missionnaires catholiques souhaitant résister aux révolutionnaires en Amérique latine. Les premiers mécènes des Légionnaires du Christ, ceux qui ont permis d'envoyer ses séminaristes se former au sein de la prestigieuse université de Comillas en Espagne, viennent donc du gouvernement franquiste. L'enthousiasme est réciproque. L'un de ces premiers séminaristes envoyés à Comillas, José Barba, se souvient de leur fascination pour l'Espagne du général : « Nous allions combattre notre ennemi personnel, le communisme, et son lot d'histoires atroces contre des prêtres et des nonnes et des catholiques durant la guerre civile espagnole[6]. » Franco ne sera pas le seul dictateur ami. La Légion s'empresse bientôt d'ouvrir deux universités, des écoles privées et une station de radio au Chili, grâce au soutien de Pinochet. En quelques années, les Missionnaires du Sacré-Cœur deviennent les Légionnaires du Christ.

C'est probablement à Rome, où Mussolini avait jadis fondé ses légions fascistes, que le jeune mexicain a trouvé l'inspiration. Il est subjugué par l'histoire des hauts lieux de la chrétienté du temps des gladiateurs : « J'ai vu l'endroit des gladiateurs, les grottes des fauves. Ces murs qui ont été témoins de tant de foi, de tant d'espérance et de tant d'amour m'ont aussi parlé de la présence de Dieu. (...) J'ai senti le sang de tant de martyrs et je suis sorti enthousiasmé pour donner toute ma vie au service de mes frères[7]. » Cette confession est troublante. *A priori*, on ne voit pas bien en quoi l'exemple des légionnaires romains peut séduire un disciple de Jésus. L'appétit martial et le goût du martyre font pourtant la spécificité des Légionnaires du Christ : des héritiers des Cristeros admirant Franco et se voyant comme les nouveaux gladiateurs du Vatican.

Des méthodes de gladiateurs

La congrégation des Légionnaires se distingue moins par une adhésion rigoriste à la liturgie que par l'adhésion à une discipline quasi militaire. Marcial Maciel n'est pas un érudit mais un soldat du Christ. Parti très tôt au séminaire, il a reçu une éducation religieuse assez sommaire. À 14 ans, de son propre aveu, il ne savait ni lire ni écrire. Ses années de séminaires lui ont à peine permis de compenser ce handicap. Avec le recul, l'ancien secrétaire particulier de Maciel parle d'un homme « extrêmement charismatique » mais « très peu éduqué », faisant beaucoup de fautes de grammaire et mentant sur le nombre réel de ses disciples pour flatter d'éventuels donateurs : « Il disait qu'il avait pratiquement 300 étudiants alors qu'il n'en avait que 100[8]. » L'ancien secrétaire particulier se souvient également que le « père » insistait pour que l'on recrute « des enfants intelligents, n'ayant pas l'air indiens ». Les deux allant visiblement de pair dans l'esprit du fondateur. Il insistait beaucoup sur ce point. Lui-même n'était entouré que de jeunes hommes au profil européen, c'est-à-dire non indiens. Une sélection que l'on retrouve dans les dépliants vantant les mérites de ses écoles. En plus d'un culte évident pour l'esthétique nordique, le manque de culture du fondateur des Légionnaires explique son goût pour l'éducation militaire, le sport et la discipline de fer comme alternative à l'éducation par le savoir.

Obligés de dormir à même le sol, dans des abris de fortune, de manger frugalement, les premiers séminaristes des Légionnaires endurent l'épreuve de la résistance physique, due à l'adversité et au manque de moyens dont souffre à l'époque l'Église mexicaine, mais aussi à la philosophie de leur maître à penser. À l'étranger, notamment l'université de Comillas – où les premiers élèves de cette future congrégation suivent des cours en 1946 –, cette obsession militaire surprend. « Le groupe fait grande impression à l'université à cause de l'uniforme, de la piété et de la façon de faire du sport », nous raconte Gonzague Monzon, prêtre chez les Légionnaires du Christ. Pourtant, un haut responsable de cette université, jésuite, prend la peine d'écrire au Saint-Siège pour s'inquiéter des méthodes et de l'inexpérience du fondateur des Légionnaires. La mise en garde est suffisamment sérieuse pour retarder sa validation en congrégation. D'après d'anciens légionnaires ayant connu cette époque, des séminaristes auraient également profité de l'absence de Marcial Maciel pour confesser des attouchements sexuels.

Ces confessions s'ajoutent à d'autres, recueillies par des jésuites au Mexique. Alors qu'il essaye d'obtenir l'érection canonique de sa communauté, le fondateur est donc sévèrement mis en cause. Rome nomme un assesseur pour suivre l'évolution de la congrégation, le père Lucio Rodrigo, qui tire la sonnette d'alarme. Sur la base de témoignages de séminaristes se disant violentés et abusés, il dénonce avec vigueur le caractère affabulateur de Marcial Maciel, ainsi que des pressions morales inacceptables. Grâce aux nombreuses complicités dont il bénéficie au Mexique, Maciel s'arrange toutefois pour faire signer le document consacrant de façon définitive la Congrégation des Missionnaires du Sacré-Cœur juste avant l'arrivée de la lettre de Lucio Rodrigo... Et comme il est très difficile de défaire une congrégation consacrée, cette dernière poursuit donc sa route malgré la méfiance. En 1950, le nouveau recteur de l'université de Comillas refuse néanmoins d'accepter les séminaristes envoyés par la congrégation. Peu importe, grâce à plusieurs bienfaitrices fortunées, dont Ana Cecilia Branger – qui vend ses deux villas à Cannes pour faire un don à la congrégation –, les futurs Légionnaires du Christ peuvent ouvrir leur première université à Rome.

La route vers Rome

À 30 ans, moins de dix ans après sa première maison pour séminaristes, le père Maciel est à la tête d'une congrégation reconnue par la curie et emménage à deux pas du Saint-Siège. Deux ans plus tard, les Légionnaires du Christ procèdent à leurs premières ordinations, l'école apostolique mexicaine ne cesse de s'agrandir[9]. Mgr Montini lui envoie des bienfaiteurs désireux de faire un don à l'Église. Ce sont grâce à ces subsides, envoyés par la curie, que la Légion se développe. En 1954, Pie XII charge les Légionnaires de bâtir une église entièrement consacrée à la Vierge de Guadalupe, vénérée au Mexique. La première pierre posée est bénie par le souverain pontife l'année suivante. Quelques mois plus tard, une grave crise manque pourtant de mettre fin à ce soutien de l'Église.

Le 30 septembre 1956, au retour d'un voyage en Espagne avec ses séminaristes, le père Maciel est informé qu'il est démis de ses fonctions auprès des jeunes de sa congrégation. Il peut rester directeur général mais une enquête est en route, et un vicaire a été nommé pour gouverner à sa place. Une lettre venant du Mexique a alerté le Vatican. Signée par plusieurs personnalités de l'Église mexicaine, elle réitère les inquiétudes au sujet de cet homme, qu'elle accuse d'exercer des pressions morales sur ces jeunes et de se droguer. Une fois encore, l'hagiographe de Maciel est étrangement muet sur les détails de ces accusations. Impossible de savoir si les soupçons d'agressions sexuelles, confirmés des années plus tard, sont déjà présents, ou ne serait-ce que suggéré en des termes plus vagues. Une chose est sûre, les doutes sont suffisamment graves pour que des personnalités de l'Église mexicaine, où Maciel a pourtant des soutiens, recommandent de l'envoyer en hôpital psychiatrique pour « désintoxiquer son organisme ». Cette dernière recommandation fait allusion aux drogues antidouleur que Maciel demande à ses disciples de lui injecter presque quotidiennement. De condition fragile, notamment à cause de son estomac, le fondateur a cru plusieurs fois mourir à cause de la fatigue et de la douleur physique. Des années plus tard, on apprendra qu'il utilise également cette excuse pour expliquer aux jeunes séminaristes que le pape l'a relevé de ses obligations de chasteté... et leur demander de le masturber sous prétexte de soulager la douleur.

En attendant, dès 1956, les Carmélites mènent l'enquête et il est question de dissoudre la congrégation. Cette épreuve sera décrite bien plus tard comme une « grande bénédiction » par les Légionnaires. Car si le père Maciel a dû se mettre en retrait quelque temps en Espagne, où il dit avoir beaucoup souffert et maigri, il finit par s'en sortir, notamment grâce au soutien moral de Mgr Montini, bientôt pape. L'enquête est bouclée en 1958. À en croire les Légionnaires, elle disculpe le fondateur du soupçon de drogue, mais le rapport n'a bizarrement jamais été rendu public. Le seul document mis en avant est celui signé par le vicaire de Rome, Clemente Micara, qui confirme la validité de la congrégation en 1959.

En fait, Marcial Maciel a profité du bouleversement considérable entraîné par la mort de Pie XII, le 9 octobre 1958. Dans l'attente d'un successeur, le Vatican est sens dessus dessous. Les rares personnes encore influentes, comme le cardinal Montini, comptent parmi les soutiens du père Maciel. Les témoignages des séminaristes en souffrance sont bien vite oubliés et la Légion revient en odeur de sainteté. Quelques années plus tard, elle reçoit même les louanges officielles du Saint-Siège : « Le Saint-Siège reconnaît que votre institut a réalisé un bon travail apostolique dans l'Église. Cette reconnaissance officielle est une preuve de la confiance qu'il a en vous », écrit le cardinal Antoniutti dans son décret de louange, adressé à la Congrégation des Légionnaires du Christ le 6 février 1965. Désormais, les Légionnaires du Christ entrent de plain-pied dans l'Église.

Enrôler la jeunesse

Non seulement la congrégation n'a pas revu et corrigé ses méthodes d'encadrement des séminaristes, mais elle les applique désormais à de jeunes laïques à travers sa branche Regnum Christi – le Royaume du Christ – fondée en 1965. Sous l'influence des débats ayant clôturé le Concile de Vatican II, le père Maciel comprend qu'il ne peut plus se contenter de former des prêtres saints : il doit aussi étendre le royaume du Christ en évangélisant au cœur même de la société, à travers l'éducation et la famille. Ce sera le véritable objectif de la branche laïque. Selon les mots de Gonzague Monzon, elle est chargée de « transmettre l'Évangile là où le prêtre ne peut pas arriver[10] ». Présent dans de nombreux diocèses, ce mouvement laïque développe des missions en parfaite « collaboration avec les évêques[11] ». Il faudra toutefois attendre le 25 novembre 2004 pour que le Saint-Siège promulgue le décret d'approbation définitive des statuts du mouvement « Regnum Christi », essentiellement à cause des difficultés que pose tout mouvement laïque au droit canonique. Les rares mouvements élus sont ceux qui savent se rendre incontournables, notamment pour enrôler des jeunes sous la bannière du Christ. Comme l'Opus Dei ou les Légionnaires du Christ.

L'éducation est le principal mode d'action des Légionnaires, qui encadrent près de 200 instances éducatives réparties dans 25 pays du monde : des universités, des écoles et des centres de spécialisation. Les premières écoles, baptisées Mano Amiga (« La main amie »), affichent un triple objectif : « l'éducation des enfants défavorisés, la promotion de leurs familles et le développement des communautés marginalisées[12] ». En d'autres termes, il s'agit de séduire les familles d'Amérique latine n'ayant pas les moyens de scolariser leurs enfants pour mieux prendre en charge leur éducation spirituelle. Cette technique s'est sophistiquée et s'adresse désormais aux classes moyennes et supérieures d'autres pays, à travers un réseau d'universités et de centres de formation spécialisés. Ne serait-ce qu'aux États-Unis, Regnum Christi contrôle 24 établissements scolaires. À en croire l'Institut Acton, trois de ses lycées figurent parmi les cinquante meilleurs lycées américains[13]. Mais ce classement doit être relativisé, puisque l'Institut Acton a pour objectif de « contribuer à changer le cours des tendances néfastes dans l'éducation catholique : la perte de l'identité catholique, la baisse du niveau académique, et le soutien public à des positions contraires au magistère de l'Église. »

Parmi les lycées tenus par les Légionnaires, la Pinecrest Academy d'Atlanta est dotée d'un magnifique campus entouré par 64 hectares de forêt. La vidéo à l'intention des parents prévient : cette école a pour but de préparer les enfants à être les leaders chrétiens de demain. Et visiblement, les Blancs ont plus d'aptitude. Bien qu'implantée au cœur de la capitale de la Géorgie, dans l'une des rares villes des États-Unis à majorité afro-américaine, ses élèves sont presque tous blancs. Sur près de 100 enfants montrés par les vidéos de l'école, on aperçoit en tout et pour tout 2 élèves noirs.

L'éducation sélective concerne aussi le genre. La Pinecrest Academy accueille des filles et des garçons, mais elle ne les éduque pas ensemble : « Chez nous les garçons et les filles sont éduqués séparément permettant ainsi aux enfants d'être stimulés dans un environnement qui servira mieux les modes d'apprentissage de chaque genre[14]. » Les Légionnaires n'ont pas du tout les mêmes projets pour les leaders filles et les leaders garçons. En France, une « leader Academy » destinée aux jeunes filles de 11 à 16 ans a eu lieu en février 2007 dans un château loué en Touraine. Au programme : « Des cours d'esprit critique sur les magazines, la publicité, la mode, cours de caractérologie, de présentation personnelle, de maquillage, classes d'expression en public, de savoir-vivre à table, balades et jeux dans le parc, veillées inoubliables, grand jeu, karaoké, dîner de gala, remise de prix. » Il semble que les cours dispensés aux garçons soient plus sportifs. Très sportifs même. Dans les deux cas, le but n'est pas de transmettre un savoir quelconque mais d'inculquer une discipline de fer au service du Christ. Notamment au sein des groupes appelés ECYD (Éducation, culture et sport, selon la traduction des initiales en espagnol), essentiellement destinés, selon les mots du fondateur, à transformer des jeunes en « leaders chrétiens » capables de transmettre la foi.

Passé par cette formation, le père Alvaro Corcuera se souvient des mots très simples employés par le père Maciel pour convaincre les jeunes d'une paroisse dont il faisait partie en 1971 : « Nous avions 13 ou 14 ans. On nous a appelés un jour pour participer à une réunion avec le père Maciel. Il a commencé par nous parler de la foi comme du don le plus grand de notre vie. Il nous a aussi parlé des idéaux non chrétiens que d'autres de notre âge avaient et de ce qu'ils faisaient pour ces idéaux. Il nous a demandé si nous étions prêts à travailler pour le Christ de la même façon qu'eux (...). Il nous a expliqué que l'ECYD était un moyen pour vivre notre baptême et que l'Église avait besoin de chrétiens authentiques, vraiment convaincus de leur foi. Il a bien souligné que la motivation principale de tout cela était l'amitié avec le Christ. Il nous demandait : “Es-tu vraiment l'ami du Christ ?”[15] » Voilà bien l'essentiel de la formation : être convaincu pour être convaincant. Avec une obsession pour le repérage de vocation. Un ancien adepte se souvient des consignes distribuées aux Légionnaires envoyés dans les paroisses pour recruter : « Votre mission est de recruter trois étudiants de chaque classe pour le programme ECYD. Jouez au basket-ball avec eux, amenez-les à s'inscrire pour le programme. L'objet est le recrutement[16]. » Toute l'éducation vue par les Légionnaires est à cette image. Le père Maciel s'en cache à peine. Dans une lettre adressée à ses fidèles en 1992, il insiste pour que l'éducation serve avant tout à susciter des « vocations » : « Nos écoles doivent (...) faire naître un grand nombre de vocations pour la Légion et pour le royaume. » Il reconnaît n'avoir jamais pensé l'éducation autrement : « Quand notre Seigneur nous a donné l'occasion de commencer notre travail apostolique primaire en 1956, nous avons choisi de commencer un centre éducatif. Dès ce moment j'ai clairement vu que ce serait le chemin que Dieu a visé pour nous. En premier lieu son importance primaire était, est et sera dans la formation humaine et chrétienne des enfants et des adolescents. Deuxièmement, ceci nous permettrait d'être en contact avec un éventail de personnes – par les rapports avec des parents et des professeurs (...). Je l'ai dit à de nombreuses reprises : à nous ces écoles servent principalement de moyens ouverts de recrutement. »

Détacher les futurs légionnaires de leurs familles

En vue de recruter, le mouvement doit persuader des parents de leur confier leurs enfants lors de camps d'été ou de stages à l'étranger, souvent sous prétexte d'apprendre l'anglais à Dublin ou aux États-Unis. Un apprentissage qui se transforme vite en mise sous tutelle de ces enfants par des directeurs de conscience, des *team leaders* à qui l'on confie la tâche de les diriger vers le séminaire. Pour les rendre plus dociles, ces leaders n'hésitent pas à employer la méthode coué : un programme minuté, un sommeil réduit au maximum (de 22 h 30 à 4 h 30), et un emploi du temps où chaque minute est prise en charge par un ordre ou un livre donnant un ordre. Les élèves doivent notamment mémoriser les 368 versets du livre rouge leur servant de guide pour chaque seconde de leur vie. Lorsqu'ils sont mineurs, les jeunes confiés aux écoles des Légionnaires n'ont le droit d'écrire à leur famille qu'une fois par mois et doivent se garder de tout contact direct jusqu'à la fin de leur formation. À l'exception des fêtes de Noël. Même majeurs, ils n'ont qu'un accès limité à leur intimité : leur courrier est inspecté et leurs appels téléphoniques sont écoutés. Pour les Légionnaires, résume un ancien adepte, « le monde est divisé en deux camps, les légionnaires et les profanes (y compris la famille, les amis ou d'autres religieux). Les relations avec les profanes doivent être limitées à l'intérêt de la Légion ». Les élèves sont seulement invités à écrire des lettres destinées à recruter d'autres jeunes, où ils doivent dire combien ils se sentent bien à l'intérieur de la Légion. En dehors de quoi, on les invite à limiter leurs contacts avec l'extérieur. « Nos religieux peuvent répondre aux lettres qu'ils reçoivent à condition qu'il ne s'agisse pas d'un échange régulier qui leur fasse perdre le temps qu'ils devraient consacrer à leur apostolat », précise la constitution de la Légion[17].

Il est aussi interdit de s'épancher. Une femme qui fut membre de Regnum Christi se souvient du jour où elle apprit que son meilleur ami venait de se tuer dans un accident de voiture. Elle a fait part de son émotion à sa directrice de conscience. Mais cette dernière lui a répondu qu'elle n'avait pas le temps de s'y intéresser et qu'elle devait donc oublier. « C'était ma première année, raconte l'ancienne adepte, alors je cherchais à faire plaisir et à suivre les ordres. (...) Je l'ai laissée seule envoyer la carte. Mais je n'ai pas trouvé cela bien. »

Sur le site de Regain, créé par d'anciens adeptes de la Légion du Christ, un ex-Légionnaire se dit révolté par les méthodes de la congrégation. Doté d'un diplôme supérieur à Los Angeles, il a rejoint le programme des vocations des Légionnaires en 2000, contre l'avis de sa famille. Il avait bien entendu certaines rumeurs mais on lui expliqua qu'il s'agissait de critiques venant des « ennemis de l'Église voulant détruire le travail de Dieu ». Les premiers jours sont rassurants. « En commençant le programme, je me suis retrouvé dans un monde idéal pour adolescents. J'étais entouré de jeunes de mon âge dans un environnement comportant quelques règles. Pendant deux mois, nous allions pouvoir jouer au football, au basket-ball, et voyager à travers la Nouvelle-Angleterre. » Emballé, le jeune homme s'étonne toutefois de ne recevoir aucune nouvelle concernant sa formation pour le noviciat et plus encore lorsqu'il constate que certains jeunes participant au programme ne se doutent pas une seconde qu'il s'agit d'un séminaire et non d'un simple centre de vacances pour perfectionner leur anglais... Comme si la Légion dissimulait le véritable objectif du programme. Lui est heureux de compter désormais parmi l'« élite » des jeunes pour Jésus-Christ. Il se sent comme un « élu » s'engageant dans une légion au service de Dieu. « Mon premier jour au noviciat fut une vraie douche froide. Notre programme chaotique s'est vite transformé en un environnement très rigide. Je m'attendais à ce que nous consacrions notre vie aux idéaux de la Légion. Mais on nous donnait des livres dont les règles dictaient chaque aspect de nos vies. Jusque dans les moindres détails, ces livres nous disaient comment manger, marcher et parler. Ils dictaient aussi la marche à suivre avec nos amis et notre famille. » Cette vision quasi militaire de l'engagement auprès de Dieu le fait douter de sa vocation, mais il est bien vite envoyé suivre son programme en Irlande, où il se sent plus isolé que jamais. « À notre descente de l'avion, nous étions attendus par cinq légionnaires. En les regardant, la première chose que je notais, c'est combien ils se ressemblaient. On aurait dit des robots : ils avaient exactement la même allure et ils parlaient de la même manière. » Le malaise du jeune recruté s'accroît les jours suivants. Il voudrait s'en ouvrir à sa famille, mais on lui apprend que les visites sont interdites et qu'il peut espérer revoir sa famille dans six ans. Il n'a droit qu'à deux coups de téléphone par an. Ses seuls confidents possibles sont ses supérieurs. Quant au modèle paternel, il n'a qu'à se tourner vers « notre père », Marcial Maciel, dont les portraits recouvrent les murs du centre. Sa vie, son œuvre constituent la principale source d'enseignement. Même le calendrier des fêtes du centre est réglé sur les grands événements de la vie du fondateur, comme son anniversaire qui est férié. Les seules autres fêtes donnant lieu à des récréations et pouvant même être l'occasion de voir sa famille sont Noël et le jour de l'an. Et encore, ces concessions n'ont pu être obtenues que sur pression de l'archevêché.

Au centre, le jeune homme fait connaissance avec des adolescents mexicains. Leurs familles les ont confiés en pensant qu'il s'agissait d'une école préparatoire pour apprendre l'anglais. Il commence à comprendre que la dissimulation fait bel et bien partie d'une stratégie prosélyte. Ses supérieurs lui confient le soin de repérer les futurs bons prêtres et de les pousser à s'engager au sein de Regnum Christi ou d'accepter de poursuivre leurs études à l'école du New Hampshire, qui se trouve être un séminaire. Un détail que les supérieurs expliquent vouloir dissimuler aux parents pour éviter qu'ils ne « perturbent leur vocation pour la Légion ». Le jeune recruté ne supporte plus de voir ces jeunes Mexicains constamment insultés et humiliés par les formateurs. Plusieurs s'en ouvrent à lui. L'image de ces jeunes en pleurs le hante. Il veut déposer une plainte auprès de sa hiérarchie, mais on lui explique que cela ne se fait pas au sein des Légionnaires. Amaigri et pris de crises de pleurs incontrôlables, il cherche à fuir cette atmosphère irrespirable. La peur de ses supérieurs prend le dessus, il comprend qu'il ne peut pas s'en aller librement. Il en fait la demande, mais la réponse doit venir du fondateur lui-même et elle tarde. En attendant, pour avoir demandé à s'en aller, il est montré du doigt, boycotté par ses camarades, décrit comme une « personne détestable », et affecté aux tâches les plus ingrates. Finalement, devant son insistance, son maître en noviciat le sermonne en lui expliquant « qu'il ne s'agit pas d'une école préparatoire où l'on peut aller et venir comme bon lui semble ». Il réclame 1 500 dollars pour le laisser partir. Feignant d'appeler sa mère pour lui réclamer la somme, le novice lui demande en réalité de prévenir l'archevêché et de lui dire qu'il est retenu contre son gré s'il n'est pas de retour chez lui dans la semaine. La Légion le libère le lendemain, avec un billet d'avion en poche. « Les premiers mois après mon départ de la Légion furent horribles. Je n'arrivais pas à dormir, j'avais l'impression que j'irais en enfer parce que j'avais refusé ma vocation... Je voulais retourner à la Légion, leur dire que j'étais désolé, les supplier de me reprendre. De jour en jour, je devenais plus agressif. Pour la première fois de ma vie, je hurlais sur ma mère sans raison. J'ai commencé à haïr l'Église et Dieu pour autoriser l'existence d'un tel groupe. Ma foi était en extrême danger. » Ce témoignage est d'autant plus troublant qu'il vient d'un jeune croyant, déterminé et volontaire pour le noviciat. On imagine l'impact de telles méthodes sur des jeunes n'ayant pas du tout cette vocation.

Plusieurs anciens adeptes de la congrégation font état de pressions psychologiques et morales telles qu'on en rencontre dans les sectes. Une jeune femme ayant fréquenté Regnum Christi de l'âge de 12 à 20 ans nous permet d'en savoir un peu plus sur cette obsession de la non-mixité et de l'éducation en fonction du genre. Recrutée par une femme mexicaine – qui lui avait dit « qu'elle avait quelque chose de spécial » –, cette jeune adepte mexicaine s'est retrouvée sous les ordres de Marie-Carmen, la directrice du Centre des femmes consacrées de Dublin. Son frère, lui, était chez les Légionnaires du Christ, réservé aux hommes. Un jour de pluie torrentielle, elle propose à l'un des légionnaires qu'elle connaît de s'abriter à la « résidence des femmes consacrées » : « Il est devenu très rouge, il a bafouillé une excuse et il est parti me laissant me demander ce que j'avais fait de mal. L'une des nonnes m'a expliqué qu'il serait allé à l'encontre de l'une des règles de son ordre s'il était resté seul avec une femme. » Davantage que le sexisme, c'est la volonté de couper les membres de la Congrégation du reste du monde, y compris de ses parents, qui finit par la choquer : « Regnum Christi m'a isolée de ma famille et de mes amis. Cela ne m'a (pas) soutenue dans mes relations familiales. Cela ne m'a pas préparée aux relations en général. Cela ne m'a pas donné d'outils pour la vie. Cela ne m'a pas rendue tolérante aux autres. Cela ne m'a pas appris à faire confiance à mon jugement ou même à m'apprécier. »

Ces témoignages sont perturbants quand on sait que la Légion persuade des parents de leur confier leurs enfants en disant « faire la promotion de leurs familles ». Le mouvement dirige des centres de formation familiale au Mexique à travers leur branche FAME (Famille mexicaine) dont le but affiché est de faire la « promotion des valeurs de la famille dans les domaines spirituel, moral et social[18] ».

Parfois, le fait de couper un individu de sa famille ne sert pas à enrôler mais tout simplement à enrichir la congrégation. En janvier 2005, un retraité a écrit une lettre ouverte pour interpeller l'épiscopat américain. Originaire du Connecticut, John T. Walsh Jr s'est fait quasiment détrousser par la Légion. Sensibilisé par des démarcheurs de la congrégation, il commence par de petites sommes, 10 $ par mois, puis 30 $. Mais en 2002, deux séminaristes lui demandent une aide financière plus importante, en vue de leur prochaine ordination à Rome, par le pape. Le retraité explique qu'il préférerait diversifier ses dons. Mais après une longue négociation, il accepte toutefois de donner 10 000 $ sur quatre ans pour aider à la formation d'un prêtre. Quelque temps plus tard, l'homme perd sa femme et sombre dans une dépression. Il n'a pas beaucoup de revenus : une pension de 1 600 $ et une maison. Plusieurs autres membres de la Légion reviennent à la charge. Ils lui conseillent de ne pas parler à sa famille de leurs visites et finissent par le convaincre de leur léguer son domicile. Il prétend que les Légionnaires l'auraient assuré de leur assistance en cas de besoin, et surtout qu'il n'aurait pas à payer les taxes dues au transfert ni aucun frais. Les Légionnaires lui offrent même les services d'un avocat pour régler les détails. Mais contrairement à leur promesse, ils ne règlent pas les frais. John Walsh doit donc payer 2 000 $ de plus par an. Très vite, il finit par ne plus pouvoir faire face à ses dépenses[19]. Mais ce n'est pas, loin de là, l'un des abus les plus graves attribués aux Légionnaires.

Les abus sexuels

Selon la règle établie par Marcial Maciel, les légionnaires font le vœu privé de ne jamais traîner en justice, témoigner ou même critiquer un autre légionnaire : « Je promets et souhaite ne jamais critiquer les actes et les décisions de mon supérieur et l'informer si je connais quelqu'un qui a enfreint cette promesse. » Cette consigne a été inspirée par le père du fondateur, qui interdisait à ses enfants de dire du mal de l'un des membres de la famille. Le fils a repris cette tradition et l'a transformée en règle du secret au sein de sa congrégation. Grâce à cette règle, il ne sera accusé que très tardivement d'abus sexuels sur neuf garçons... Les seuls à avoir osé briser le silence. Leurs versions concordent et se recoupent. Elles éclairent d'un jour nouveau certains oublis dans l'hagiographie de Marcial Maciel, régulièrement expulsé des séminaires ou mis en cause par d'autres prêtres ayant recueilli les confessions de ses séminaristes. Elles permettent surtout de mieux comprendre l'intérêt de certaines règles dictées par le fondateur : la non-mixité, le besoin de couper les jeunes de leurs attaches et de leurs familles, le culte de la personnalité, l'interdiction de dénoncer un autre légionnaire et enfin le contrôle strict de leur parole vers l'extérieur... Tout est en place pour faciliter les abus sur ces jeunes, éperdus d'admiration pour Marcial Maciel, et traumatisés à l'idée de lui déplaire.

Juan Vaca, l'un des tout premiers séminaristes mexicains, a mis des années avant de trouver le courage de raconter ce que lui avait infligé « notre père » lorsqu'il était sous son influence. Son histoire est assez emblématique des abus racontés par d'autres légionnaires. Son père dirige l'une des sections de la Catholique Action au Mexique lorsque Maciel vient visiter sa paroisse en 1947. Le fondateur repère immédiatement ce garçon athlétique au visage franc : « J'ai besoin de garçons comme toi. » Flatté d'avoir été choisi, Vaca compte parmi les toutes premières recrues de la congrégation. Mais sa famille lui manque. Le fondateur décide pourtant de l'éloigner en l'envoyant étudier à l'université de Comillas en Espagne, ce qui achève de l'isoler. Il fait partie du petit cercle de douze séminaristes entourant le père fondateur, alors à peine âgé d'une trentaine d'années. Un soir, juste après le coucher, on vient le chercher : « Notre père veut te parler. » Dans la chambre, allongé sur son lit, Maciel se plaint de ses organes qui le font souffrir et demande au jeune homme de lui masser l'estomac. « Il fait un cercle autour de son estomac pour me montrer. Je tremblais, j'étais effrayé mais j'ai commencé à le masser. » « Fais-le plus bas », lui demande alors le fondateur, qui est en érection. « Je ne savais rien de la masturbation. J'étais à l'aube de ma puberté. Il a placé ma main sur son pénis. J'étais terrifié. Finalement, il fut soulagé et feignit de s'endormir[20]. » Le jeune homme, lui, est sous le choc. « C'était un saint homme... Un homme aimant. Mon père ! » Les demandes de Maciel deviennent régulières. « Plus tard, il le fera les lumières allumées. Parfois, il m'utilisait comme une fille. Il mettait son pénis entre mes jambes. Une autre fois, il abusa de deux d'entre nous ensemble. » Et quand Juan Vaca confie se sentir très mal et vouloir se confesser, le saint homme le rassure : « Il n'y a rien de mal à cela ». D'autres fois, il lui dessine une croix sur le front : « Tiens, je te donne l'absolution. » Maciel a même une justification à fournir à ses victimes. À l'en croire, Pie XII l'aurait relevé du devoir de chasteté à cause de ses douleurs chroniques... Bien sûr, si Marcial Maciel avait assumé ses désirs en s'assurant du consentement et de l'âge des garçons avec qui il couchait, et surtout s'il n'avait pas monté un ordre puritain pour mettre ces jeunes hommes sous sa dépendance, il n'aurait pas fait tant souffrir autour de lui. Mais cet homme inculte, élevé dans la martyrologie chrétienne, ne semble pas avoir vu d'autres moyens pour assouvir ses désirs que d'imaginer une immense entreprise de soumission, dont les membres sont sortis broyés. Juan Vaca a mis douze ans avant de parler. Pendant toute cette période, son silence a été acheté par des récompenses, mais aussi à coups de menaces lui faisant craindre la damnation éternelle. « Il ne fallait jamais parler en mal de la Légion à l'extérieur sinon le diable allait la détruire. » Cette phrase pourrait faire sourire si elle n'était le fruit d'années de propagande et si elle n'expliquait pourquoi si peu de cas d'abus sexuels ont été signalés, malgré une chaîne de prêtres pouvant reproduire sur les plus jeunes le traumatisme auquel ils ont été initiés par le fondateur.

Le 13 mai 2002, une équipe de News Channel 8 Connecticut est retourné sur les lieux où d'anciens Légionnaires du Christ avaient été abusés. L'un des garçons se rappelle s'être plaint à ses supérieurs ; on lui a répondu qu'il était faible. Un autre s'est vu conseiller d'aller prendre un bain. Juan Vaca se souvient aussi de plusieurs cas réglés en interne. Une année, il fut envoyé à Ontaneda comme vice-recteur du petit séminaire. Il découvre alors que quatre jeunes se plaignent d'« attouchements » de la part du recteur. « J'ai immédiatement téléphoné à Maciel à Rome[21]. » Vaca ne manque pas de signaler que le père de l'un des jeunes garçons est policier... Le fondateur ordonne aussitôt de transférer le recteur dans une autre province, au Yucatán, où les parents indiens protesteront moins. Pour avoir couvert ces abus, Vaca est récompensé. On l'envoie présider les Légionnaires du Christ aux États-Unis et prendre la tête du séminaire du Connecticut. Son prédécesseur à ce poste, le père Félix Alarcon, lui aussi abusé par Marcial Maciel, a fini par quitter les Légionnaires. Vaca se décidera à suivre son exemple en 1976. Libéré de son serment, il écrit à Rome pour raconter ce qui se trame au sein de la Légion et réclamer la révocation du père Maciel. Nous sommes en octobre 1978. Depuis deux ans déjà, deux autres prêtres, victimes des mêmes abus au cours de leur séminaire à Rome et en Espagne entre 1940 et 1950, ont prévenu la hiérarchie. Ils se sont notamment confiés à un évêque, John McGann, qui a tiré la sonnette d'alarme. Le Saint-Siège accuse réception mais ne réagit pas.

Il faudra attendre 2002 et la pression de l'opinion publique pour que l'Église veuille bien sortir du déni concernant les viols commis par des prêtres aux États-Unis. D'après un rapport de l'Église, 4 392 prêtres américains ont violé 10 667 enfants entre 1950 et 2002[22]. Les associations de victimes, elles, parlent de presque 100 000 enfants abusés, dont 80 % ne veulent pas parler. Une telle ampleur s'explique par la technique de la « tournante » pratiquée sous Jean-Paul II, donc sous le cardinal Ratzinger. Lorsqu'une famille venait rapporter un viol commis par un prêtre à son supérieur, les évêques choisissaient de culpabiliser la famille, de dissuader les parents de porter plainte, de nier la souffrance de l'enfant et de soutenir le prêtre violeur en le transférant dans une autre paroisse, souvent à quelques kilomètres de là. Au risque de faire de nouvelles victimes[23]. Au vu de ses bons et loyaux services, le père Maciel risquait encore moins qu'un prêtre de base.

Caution pontificale

Sous Paul VI, le fondateur des Légionnaires était intouchable. L'ère de Jean-Paul II s'annonce tout aussi clémente. Obsédé par la lutte contre le communisme et la résistance à la théologie de la libération en Amérique latine, le nouveau pape a désespérément besoin de mouvements missionnaires tels que les Légionnaires du Christ. En janvier 1979, Jean-Paul II effectue le premier voyage officiel de son pontificat au Mexique. Le père Maciel l'accompagne à chaque étape, dans son avion privé. Impressionné par la capacité de Regnum Christi à mobiliser autour de sa venue, le vicaire de Rome repart nécessairement convaincu qu'il dépend de cette énergie pour reconquérir le continent. En guise de remerciement, la congrégation et son fondateur sont invités dans les jardins de la Cité du Vatican le 28 juin 1979. Pour Gonzague Monzon, c'est le début « d'une longue amitié » entre Jean-Paul II et les Légionnaires[24]. Le 3 janvier 1990, Jean-Paul II célébrera le 50e anniversaire de la fondation de la congrégation par un geste symbolique : il ordonne soixante prêtres légionnaires du Christ à la basilique Saint-Pierre. En octobre de la même année, le pape invite Maciel à participer au synode des évêques sur la formation sacerdotale. C'est dire si l'éducation dispensée par les

Légionnaires est appréciée. En 1994, plusieurs grands journaux mexicains ont publié une demi-page à la gloire du fondateur. On peut le voir baiser la bague du pape sous ce titre : « Un guide efficace pour la jeunesse ». Ce compliment, extrait d'une lettre ouverte adressée par Jean-Paul II à Marcial Maciel, retourne le sang de ses victimes.

Entre 1978 et en 1989, d'autres anciens légionnaires ont alerté la curie, sans recevoir de réponse. Durant toute cette période, l'attitude de la Légion consiste à nier ou à parler d'accusations venant d'ennemis souhaitant détruire la Légion. La congrégation ne répond quasiment jamais à la moindre demande d'interview, dont la nôtre[25]. Ces entretiens l'obligeraient à s'expliquer sur ses méthodes : « Les Légionnaires ne veulent aucune publicité » fait donc office de réponse. Le Vatican pourrait les contraindre à s'expliquer, mais il se garde bien de le faire. Dans les années 90, alors que sept anciens légionnaires viennent de sortir du silence pour dénoncer les abus sexuels pratiqués au sein des Légionnaires, le père Maciel commence à s'inquiéter. Lors d'une cérémonie de béatification en 1992, il aurait confié : « Ne commencez par le processus de la canonisation moins de trente ans après ma mort[26]. » Le temps que les victimes de ses abus sexuels soient toutes décédées ?

Il faut attendre mars 1997 pour que Marcial Maciel, alors âgé de 76 ans, daigne prendre le temps de démentir les accusations de viols portées contre lui, mollement. Dans une déclaration accordée à la revue américaine *Inside the Vatican*, il se contente de déclarer : « Il s'agit d'accusations complètement fausses. » Exaspérées par un tel déni et un tel mépris, plusieurs de ses victimes écrivent à la Congrégation pour la doctrine de la foi, donc au cardinal Ratzinger, pour exiger un procès canonique. Dans leur lettre, les anciens légionnaires expliquent que Maciel utilisait le confessionnal pour « pardonner » à ses victimes « leurs » péchés, en l'occurrence les viols que le confesseur avait commis sur eux. L'ambassadeur du pape, chargé de rédiger le dossier, insiste sur ce point : « profaner le confessionnal était un crime ». Malgré un dossier accablant, le cardinal Ratzinger choisit d'arrêter l'instruction à charge du dossier en vue du procès, sans donner d'explication. Quelques mois plus tard, en 1998, Jean-Paul II multiplie même les gestes d'amitié en direction des Légionnaires. Le 19 mars, il visite le Centre d'études supérieures de la communauté à Rome et s'entretient avec les séminaristes. La même année, les Légionnaires et Regnum Christi sont conviés au grand rassemblement des nouvelles communautés. Les victimes de Maciel désespèrent de voir l'Église se porter à leur secours. Certains choisissent de chercher justice à l'extérieur. En 2002, l'association Regain, créée pour fédérer les témoignages des anciens légionnaires ou d'anciens adeptes de Regnum Christi, commence à faire parler d'elle : « Les membres présents ou passés et tous ceux qui recherchent la justice et la vérité, la guérison sont appelés à nous rejoindre » peut-on lire sur leur site[27]. La Légion a essayé à plusieurs reprises de faire fermer ce site, mais il reste accessible, et le Saint-Siège feint de l'ignorer.

Le 30 novembre 2004, alors que le scandale des

prêtres violeurs éclabousse l'Église depuis deux ans, Jean-Paul II reçoit le fondateur des Légionnaires du Christ à Rome pour le 60e anniversaire de son ordination sacerdotale, en compagnie de 4 000 légionnaires du Christ. Loin de freiner leurs ardeurs, le souverain pontife leur demande de proclamer l'Évangile en « témoins intrépides » et « d'annoncer la vérité sur Dieu, sur l'homme et sur le monde avec courage et profondeur intellectuelle, en écartant toute forme de peur pouvant paralyser » leur action... Moins d'un mois plus tard, Regain produit un nouveau témoignage accablant. Celui d'un novice violé par un prêtre des Légionnaires : « J'ai été dans la Légion pendant cinq ans. J'ai été recruté à l'âge de 13 ans et suis devenu novice à 16 ans. (...) J'ai été abusé en 1995. J'en ai parlé en 2000 à mon conseiller (...). Aucune action n'a été engagée par la Légion. [Mon agresseur] a été entendu et il a nié. On m'a alors demandé comment j'avais pu inventer une histoire pareille. (...) Ils m'ont traité de menteur et [mon agresseur] vient d'être nommé directeur d'une école de Légionnaires à Medellín. (...) Ils n'ont agi que lorsque je me suis plaint à la police. » Jusque-là, l'agresseur était couvert par la Légion.

Un an plus tard, la curie se décide enfin lui aussi à donner suite aux plaintes déposées contre Marcial Maciel. Un promoteur permanent de justice est chargé de vérifier si les victimes veulent poursuivre la procédure. En toute hâte, la congrégation élit un nouveau membre à sa tête, Alvaro Corcuera, pour servir de paravent et sauver les apparences. À 47 ans, le recteur du collège supérieur des Légionnaires du Christ à Rome a surtout l'avantage de ne pas avoir été accusé de viols comme le fondateur. Concernant Maciel, la sanction tombera en mai 2006, et elle est incroyablement clémente. Alors âgé de 85 ans, Rome se contente de lui demander de « renoncer à tout ministère public et de mener une vie discrète de prière et de pénitence ». Il n'est ni poursuivi ni révoqué, et sa Légion continue d'être reconnue. Même s'il n'est pas question de béatifier son fondateur. En octobre 2006, le pape choisira plutôt de canoniser son bienfaiteur : le grand-oncle du fondateur, l'évêque Rafaël Guizar Valencia.

À partir d'octobre 2007, l'Église prend quelques mesures. Elle considère que les vœux privés non communiqués à la curie sont nuls et non avenus. Ce qui permet en principe de lever la règle du silence proclamée mais non communiquée servant à protéger depuis trop longtemps les abuseurs au sein de la Légion. Dans les faits, à la même époque, les Légionnaires reçoivent de leurs supérieurs un contrat leur interdisant de communiquer des informations concernant d'éventuels abus sexuels. La règle de silence supprimée est donc remplacée par un contrat de confidentialité qui garantit le maintien de l'omerta. Du reste, jusqu'à sa mort, Marcial Maciel a coulé des jours heureux auprès de ses disciples au Mexique.

Les Légionnaires ont également pu continuer à ouvrir de nombreuses « écoles de la foi », ainsi que des écoles pour enfants pauvres permettant d'apprendre des métiers techniques. Les opposants aux Légionnaires ont pourtant raconté la dureté de l'éducation, le recrutement des très jeunes, mais rien n'y fait. Depuis le

16 novembre 2007, grâce aux familles de certains enfants, les abus sexuels sont pourtant rapportés. Une mère de famille porte plainte contre l'école Mano Amiga de Zomeyucan pour viol et violences aggravées contre sa fille. Le père Ricardo aurait demandé à la fillette de le rejoindre à l'écart puis l'aurait caressée sous le prétexte que Dieu le lui avait demandé. À cette occasion d'autres plaintes sont médiatisées comme celle de la famille Bonilla, dont le fils de 3 ans, élève au sein du prestigieux Colegio Oxford Preschool, présentait des signes d'abus sexuels. En tout, neuf parents ont signalé des abus sexuels aux enquêteurs.

Cela n'empêche pas l'Église de laisser la Légion continuer à diriger des écoles, des centres de formation et des activités pour la jeunesse aux quatre coins du monde. Plusieurs écoles jadis gérées directement par la hiérarchie catholique lui sont même confiées, comme l'école Donnellan, cédée par l'archevêché à la Légion en 1999. Peu de temps après leur reprise en main, le principal et trois membres de l'équipe étaient licenciés pour « action de mutinerie ». L'un d'eux, thérapeute, a été envoyé à Rome pour une séance de coaching chez les Légionnaires. Motif ? Avoir refusé de révéler au prêtre les confidences de son patient recueillies lors d'une séance. Malgré les protestations des parents contre ce non-respect du secret professionnel et contre ces méthodes, la hiérarchie catholique a choisi de soutenir la Légion. William Weigand, évêque de Sacramento, a même demandé aux Légionnaires de créer une université dans sa région. Quant à l'archevêque d'Atlanta, John Donoghue, il a donné tous pouvoirs à la Légion et à Regnum Christi pour enseigner le catéchisme aux enfants de son diocèse. Idem pour le cardinal Roger Mahony qui, malgré les différentes mises en garde, a confié plusieurs écoles aux Légionnaires. Nous sommes alors en 2004 et l'archevêché de Mahony (Los Angeles) compte déjà près de 500 procédures contre des prêtres pour abus sexuels. Le cardinal les ignore. Il faut attendre juillet 2007 pour qu'il fasse des excuses publiques aux centaines de personnes abusées. Personne ne songe pour autant à démettre les Légionnaires du Christ de leur mission éducative.

Trop utiles pour lutter contre la théologie de la libération et les sectes

Joseph Ratzinger s'est montré plus soucieux que Jean-Paul II de « nettoyer les écuries d'Augias » en matière de pédophilie au sein de l'Église. Mais ni Jean-Paul II ni Benoît XVI n'ont songé un instant à faire jouer le principe de précaution au point de mettre les Légionnaires du Christ hors de l'Église, comme ce fut le cas pour les traditionalistes ou les partisans de la théologie de la libération. La Légion est bien trop serviable et utile pour que l'on songe à se passer de ses services. Et pour cause. La nouvelle congrégation fait notamment partie du dispositif voulu par Jean-Paul II, le cardinal Ratzinger et le secrétaire d'État Angelo Sodano, ancien nonce au Chili et fin connaisseur de l'Amérique latine, pour lutter contre la théologie de la libération. « Par peur de contamination idéologique, par souci pastoral ou par ignorance, Rome et un certain nombre d'évêques se sont évertués à rectifier ces orientations », explique Guzman Garriguiry Lecour, uruguayen et sous-secrétaire du Conseil pontifical pour les laïques, plutôt favorable à la théologie de la libération[28]. Le faible rendement en termes d'évangélisation sert de prétexte pour écarter tout évêque soupçonné de se préoccuper davantage du social que du religieux... Tandis qu'à l'exact opposé, Rome ne ménage pas son soutien aux Légionnaires du Christ, lesquels présentent l'immense avantage de ne pas être soupçonnables de sympathie envers le marxisme. Pour eux, le social n'est pas une fin en soi, mais un moyen au service du prosélytisme. Dès lors, cette congrégation est comme une formidable réserve de cadres pouvant remplacer ceux qu'il faut purger. Pour l'Église, mieux vaut des prêtres fascinés par Pinochet ou Franco que par Marx !

La Légion fait aussi partie des rares congrégations catholiques suffisamment offensives – en termes d'esprit missionnaire – pour permettre au giron catholique de résister aux assauts prosélytes des autres religions, notamment des sectes évangéliques. Benoît XVI le sait et les soutient aussi pour cela. En mai 2007, lorsqu'il s'est déplacé à Aparecida, au Brésil, les Légionnaires sont venus en nombre l'écouter tonner contre les « assauts de l'agnosticisme, du relativisme et du laïcisme », ou encore le « prosélytisme agressif des sectes » faisant tanguer la « foi fragilisée » des baptisés. Qui mieux que les Légionnaires pourraient aider l'Église à résister face à ce « prosélytisme agressif » ?

Jeunesses missionnaires et Familles missionnaires, les deux mouvements d'apostolat de Regnum Christi, ont justement été créés au milieu des années 80 dans l'idée de reconquérir les paroisses susceptibles de se laisser séduire par les évangéliques. Gonzague Monzon le raconte dans son livre consacré au fondateur : « Ces derniers temps, de nombreuses sectes menacent la foi au Mexique. L'une de ces sectes préparait alors son arrivée à Cotija de la Paz, le village natal du père Maciel. Un groupe de jeunes de Regnum Christi se proposa alors auprès du curé de la paroisse pour organiser une semaine de mission du 10 au 16 octobre 1986. L'objectif était de visiter les foyers chrétiens pour fortifier et encourager la foi catholique des habitants du village par le biais d'une petite catéchèse qui prévenait les dangers des sectes[29]. » Et l'auteur d'ajouter : « Depuis cette première expérience, beaucoup d'évêques et de curés du monde entier ont accueilli favorablement cette initiative. »

Ces encouragements, les nombreux messages de félicitations venant des papes successifs, font partie des signes permettant à la congrégation de considérer le Mexique comme « une terre de mission confiée aux Légionnaires du Christ ». Ils se consacrent au moins deux fois par mois à des missions d'évangélisation dans tout le pays et font régulièrement de nouvelles recrues. En 2005-2006, la Légion organise une campagne de sensibilisation auprès de ses sympathisants pour les inciter à rejoindre la Mission Mexique en ces termes : « Qu'est-ce que la Mission au Mexique ? C'est mener une mission d'évangélisation dans une paroisse défavorisée de Cancún, menacée par les sectes et touchée par l'ouragan Wilma en octobre 2005. C'est annoncer au plus grand nombre de personnes possible la Grande Nouvelle : le Christ a souffert, Il est mort et Il est ressuscité : Il est toujours VIVANT ! Il est la Réponse à tout ! » Pour participer à la mission, chaque participant devra débourser 1 300 euros mais aussi « trouver deux autres jeunes intéressés pour former un groupe », « être prêt à témoigner dans les maisons et dans les rues de sa joie, de son authenticité de vie, de ses convictions, de son enthousiasme, de sa foi ardente, de sa disponibilité pour servir et pour se donner, de son amour de l'Église et du prochain, surtout du plus petit, de sa "jeunesse" ». Parmi les objectifs affichés de la mission de 2006 : reconquérir la péninsule du Yucatán. Les Légionnaires consacrent également beaucoup de leur énergie en direction du Chiapas. D'après les anciens Légionnaires, leur prosélytisme y est si important au Mexique que si l'un des convertis s'avisait de quitter la Légion, il ferait mieux de quitter le pays.

À la différence d'autres courants de l'Église, les Légionnaires affichent un désir décomplexé de convertir. Chaque conversion est célébrée dans la joie et la fierté. Son annonce est traduite dans toutes les langues. Depuis 1994, la Légion organise aussi chaque année ce qu'elle appelle des « mégamissions » pendant la semaine sainte. De grands rassemblements où l'on célèbre son nombre croissant dans un esprit proche des JMJ (Journées mondiales de la jeunesse). Pour se reconnaître, chaque missionnaire – qu'il soit mexicain ou étranger – reçoit un pack contenant un livre de prière, un livre-guide de mission, une croix en bois et un uniforme : un teeshirt blanc frappé de l'écusson du Christ en croix imprimé en noir sur fond rouge et jaune, les couleurs espagnoles, une casquette et un bandana rouge. Des petits groupes sont formés en vue de faire du porte à porte, d'organiser des activités pour les jeunes, d'aider le curé pour les cérémonies, de distribuer de la nourriture, de reconstruire des bâtiments, ou d'apporter les premiers soins médicaux aux Mexicains les plus pauvres lors de « missions médicales ».

Voilà comment la Légion décrit les activités organisées lors de la mégamission de 2005 :

« Les missionnaires vont de maison en maison, parmi les populations les plus démunies, et catéchisent les familles, les enfants, les jeunes et les adultes ; ils visitent les malades et les personnes âgées et les invitent à recevoir les sacrements.

Ils les invitent tous à se rendre l'après-midi aux activités de formations catéchétiques organisées par les missionnaires ou à prendre part aux célébrations de la semaine sainte. Les prêtres légionnaires du Christ qui les accompagnent célèbrent de douze à quatorze heures par jour des baptêmes, des mariages, des messes et surtout des confessions.

À la fin de la semaine sainte, les missionnaires dispersés dans les villages retournent à la ville pour prendre part à la messe du dimanche de la Résurrection. Chacun d'entre eux éprouve la joie d'être témoin du Christ ressuscité, cette joie intime, fruit du don de soi-même, du partage de la foi avec ses frères, de cette foi qui est le trésor le plus élevé que nous possédons comme chrétiens.

"J'ai vraiment vu les fruits de cette mission. Nous avons apporté Dieu dans le cœur de ce peuple", *nous a dit, au*

terme de la mégamission 2004, Valeria Rodriguez, membre de Jeunesse missionnaire, qui depuis six ans passe ses vacances de la semaine sainte à évangéliser les populations de la Sierra Norte de Puebla, au Mexique. »

Le repos est en principe prévu. Plusieurs jours sont consacrés à la visite du Mexique. Ce qui joue sans doute dans la motivation des plus novices. En 2002, d'après la Légion, ces missionnaires auraient rencontré un million de personnes dans 22 États du Mexique[30]. En 2005, pour sa douzième édition, le mouvement aurait rassemblé plus de 160 000 jeunes et 17 000 familles venant de 30 pays pour « participer à cet effort de Nouvelle Évangélisation[31] ». Toujours à les en croire, « les Missions d'évangélisation ont touché quelque 9 000 000 de maisons lors des douze dernières années ». Il faut toutefois prendre ces chiffres avec précaution. Par esprit prosélyte, la Légion a souvent tendance à exagérer. Il n'empêche qu'en quelques décennies, à force d'organisation et d'aide aux plus pauvres, les Légionnaires ont tissé un véritable réseau d'influence au Mexique et en Amérique latine. Un réseau qui leur permet de gagner du terrain sur ce que l'Église appelle les « sectes ».

Benoît XVI n'a pas manqué d'adresser un message d'encouragement aux participants de la « mégamission » 2006 : « Sa Sainteté salue cordialement les membres du mouvement Regnum Christi qui participent aux missions d'Évangélisation de la semaine sainte. » Son messager, le cardinal Angelo Sodano, secrétaire d'État du Saint-Siège, a même délivré un ordre de mission très explicite, lu aux missionnaires par le père Rodolfo Mayagoitia, directeur territorial de la congrégation des Légionnaires du Christ pour Mexico :

« Le pape vous encourage tous à être témoins des valeurs de l'Évangile au Mexique, pour que, renouvelant ses racines chrétiennes, ce pays puisse construire jour après jour une société plus digne de l'homme et pour l'homme, en protégeant ses droits et ouvert à une coexistence fraternelle. Avec ce fervent espoir et avec la protection maternelle de Notre-Dame de Guadalupe, le Saint-Père prie le Seigneur de répandre des grâces abondantes sur ceux qui ont participé à ces missions d'Évangélisation. Le pontife suprême Benoît XVI envoie sa bénédiction apostolique au père Alvaro Corcuera, directeur général des Légionnaires du Christ, aux membres du mouvement Regnum Christi et à tous ceux qui ont participé aux missions[32]. »

Les encouragements du Vatican ne s'en tiennent pas là. Bien que Marcial Maciel ait su lui-même tisser un solide réseau de mécènes, la plupart de ses bienfaiteurs ne donneraient pas un centime si les Légionnaires n'étaient pas officiellement adoubés par l'Église. Cet argent représente bien le nerf de la guerre permettant de résister aux églises protestantes. Mais comment faire en sorte que le Mexique ait à nouveau plus de prêtres que de pasteurs s'il n'y a personne pour salarier ces nouveaux prêtres ? Comment séduire les classes populaires et les tourner vers la prêtrise si la vocation ne nourrit pas son homme ? Le cardinal Rivera a imaginé un ambitieux programme : former 14 000 catéchistes sur trois ans – dont les salaires, s'ils étaient choisis par la Légion pour devenir prêtres, seraient entièrement assurés par des mécènes. Un projet qu'Alfredo Marquez, légionnaire, explique très bien : « Les prêtres de chaque paroisse choisiront les candidats qui seront formés dans les Écoles de la foi de notre mouvement séculier Regnum Christi, et qui seront payés par les fonds que nous récolterons[33]. »

Lutter contre la sécularisation en Europe

Le pape aurait-il demandé aux Légionnaires du Christ d'évangéliser l'Europe ? En 1992, à la fin d'une réunion représentative organisée dans toute congrégation pour faire un bilan et déterminer les objectifs de l'année à venir, le souverain pontif s'entretient avec quelques convives dont Marcial Maciel, qui raconte : « Après son discours, nous avons pu discuter et il m'a parlé de l'Europe de façon brève, seulement quelques mots. Il m'a dit qu'il fallait que nous nous préparions pour évangéliser l'Europe[34]. » L'ordre de mission est court, mais le père Maciel est un soldat très discipliné, et il ne cesse d'accentuer ses efforts d'évangélisation en direction de l'Europe.

Le mouvement est d'ores et déjà bien implanté en Espagne, par facilité de langue mais aussi grâce au soutien du gouvernement franquiste. *El País* demandait récemment au porte-parole de la Légion en Espagne, le père Rafael Pardo, si les Légionnaires vivaient mieux sous la dictature franquiste. La réponse est embarrassée mais suffisamment claire pour être comprise : « Je ne sais pas quoi dire à ce sujet. On ne peut pas passer son temps à se lamenter, à regretter un passé où l'on vivait mieux[35]. » Autrement dit, il s'agit moins de regretter le passé que de s'appliquer à retrouver cet âge d'or. Les élites réactionnaires formées dans les laboratoires des Légionnaires conservent un vrai pouvoir d'influence. Le gouvernement de José María Aznar comportait deux ministres issus de la Légion : le ministre de l'Intérieur, Angel Acebes, et celui de la Justice, José María Michavila. Une de leur priorité fut de concocter une loi rendant l'enseignement religieux obligatoire du cours préparatoire à la première. Si le gouvernement n'avait pas perdu les élections de 2004 au profit du socialiste José Luis Zapatero, cette loi aurait pu être votée. D'ailleurs elle figure toujours dans le programme de la droite espagnole. Elle aurait non seulement facilité l'extension des écoles tenues par les Légionnaires mais favorisé la reconfessionnalisation de l'Espagne. Seule la non-réélection d'Aznar, battu au profit de José Luis Zapatero, a permis de l'éviter.

La droite espagnole reste à tout moment un relais possible pour les visées des Légionnaires du Christ et leur nostalgie de l'époque franquiste. Ce lien entre les Légionnaires et la droite espagnole est à la fois idéologique et historique. Il est maintenu grâce à l'entremise de certaines personnalités comme Ana Botella, l'épouse de José María Aznar, ou encore Alicia Koplowitz, une femme d'affaires connue en Espagne. Mais aussi grâce au fait que plusieurs membres du parti populaire madrilène scolarisent leur enfant à l'école Everest ou à l'université Francisco de Vitoria, toutes deux tenues par les Légionnaires.

Les Légionnaires ouvrent régulièrement de nouvelles écoles privées pour les transformer en lieu de prosélytisme. À la rentrée 2003, une trentaine de parents ont appris que Villa del Bosque, l'école privée où leurs enfants recevaient jusque-là une éducation laïque, venait d'être rachetée par cette congrégation. Parmi les nouveautés imposées, l'éducation des garçons et des filles se fait désormais de façon séparée, une chapelle a été construite au cœur de l'école et la récréation se passe désormais à communier.

En Espagne, plus qu'ailleurs, la montée en puissance d'un mouvement s'inspirant aussi clairement de l'intégrisme ayant servi de corset au franquisme irrite les héritiers des républicains laïques. Un comique, Leo Bassi, tout particulièrement connu pour son irrévérence envers l'Église, est ainsi devenu presque l'ennemi intime des Légionnaires. Issu d'une longue lignée de saltimbanques anticléricaux, il a pris l'habitude d'emmener des journalistes et des curieux en bus pour une visite exotique et comique sur les traces du patrimoine des Légionnaires du Christ, ponctuée de commentaires irrévérencieux. La tension entre les nostalgiques de Franco et l'humoriste est montée d'un cran à l'occasion de son spectacle intitulé *La Révélation*, produit dans un théâtre de Madrid en 2005. Une charge féroce mais argumentée contre l'hypocrisie et l'absurdité d'un certain christianisme. Pas celui de Jésus-Christ, apôtre de l'amour et défenseur des pauvres, précise Leo Bassi, mais celui des nervis du Vatican et des faucons de la Maison Blanche. Il faut le voir en Benoît XVI, s'agitant sous une immense croix baignée d'encens, en train d'égrener une longue série de repentances au nom de l'Église catholique : l'inquisition, la lutte contre la théologie de la libération en Amérique latine, le sida... avant de bénir ses ouailles en distribuant des préservatifs multiparfums. Le spectacle a été déjà joué en Norvège, en Allemagne, en Italie, et en France, mais c'est en Espagne qu'il a mis le feu aux poudres. Très exactement à 500 grammes de poudre noire, mélangée avec de l'aluminium et de l'essence. L'engin explosif n'a pas été conçu pour plaisanter, mais pour faire des dégâts. La mèche était allumée lorsqu'un permanent du théâtre a été alerté par l'odeur d'essence répandue sur un tas d'affiches, prêt à s'enflammer. La police n'a aucune piste. Mais une chose est sûre. Les poseurs de cette bombe-là ne sont pas musulmans... Depuis des semaines, la presse intégriste catholique vomissait le spectacle. *La Razòn*, un journal d'extrême droite espagnol proche des Légionnaires, parle d'un « spectacle ordurier », sous la plume d'un membre de Regnum Christi. Quinze jours plus tôt, une association d'intégristes fascistes a organisé une manifestation bras levés en entonnant des chants franquistes et en jetant des boulons sur les spectateurs faisant la queue pour le spectacle. L'un deux s'est même fait tabasser. Des opposants à la pièce sont allés jusqu'à balancer un sceau d'essence sur la façade du théâtre pour y mettre le feu. Le jour même où nous l'avons rencontré, Leo Bassi venait de recevoir un mail le menaçant de mort. Tandis qu'une centaine d'antifascistes se rassemblaient devant le théâtre pour le soutenir, aux cris de « No pasarán » et de « Fascistes, ce sont vous les terroristes ».

De par leur radicalité, les Légionnaires du Christ ont besoin d'un terreau particulier pour s'épanouir et importer la martyrologie qui sied si bien aux Cristeros mexicains. Ce n'est pas un hasard si leur évangélisation a porté ses fruits sont l'Espagne et l'Irlande, soit deux pays traversés par une guerre civile où l'identité catholique a joué un rôle majeur. En Irlande, où transitent la plupart des novices venant du Mexique sous prétexte d'apprendre l'anglais, la Légion a posé ses valises vers 1962, alors que l'Ira arrête en principe son combat armé mais que les plaies sont encore à vif[36]. Comment imaginer meilleur climat pour une Légion inspirée par l'esprit guerrier et en mission pour résister à un éventuel recul du catholicisme ? D'après le père John, cette implantation s'est faite grâce aux recommandations du Saint-Siège et au concours de l'archevêque de Dublin, John Charles McQuaid. Et elle a porté ses fruits. À la fin des années 90, grâce aux dons des parents, la Légion a pu acheter un immeuble imposant au sud de Dublin, d'une valeur estimée à 400 000 euros. Irlandais, John a été légionnaire pendant trente-sept ans. Il se souvient du jour où des missionnaires de la Légion sont venus susciter des vocations dans son diocèse. Ils n'avaient pas la permission de l'évêque, seulement la bénédiction du principal de son école religieuse. Le futur prêtre des Légionnaires est alors en dernière année lorsque deux hommes, un jeune prêtre mexicain et un américain, s'adressent à sa classe dans un anglais approximatif. Cette année-là, Che Guevara vient de mourir en Bolivie et les deux jeunes missionnaires font rêver la classe en leur demandant de rejoindre l'armée du Christ qui résistera à l'avancée du communisme. Ils font passer une feuille et prennent les noms de ceux qui pourraient être intéressés pour suivre une formation. « C'était la seule chose qui les intéressait », raconte le père John. L'Américain l'invite à participer à des activités organisées à Dublin pendant la semaine sainte en lui faisant miroiter la présence d'autres jeunes originaires comme lui de Cork. Il est accueilli dans un superbe nouvel établissement de la banlieue de Dublin, en compagnie d'autres gens de son âge, à qui l'on donne des cours sur l'esprit missionnaire, le communisme rampant et l'Amérique latine. Bien que ses parents soient opposés à l'idée de le voir rejoindre une congrégation mexicaine, le jeune homme ne voit pas alors de formation plus tentante et dynamique pour devenir prêtre. L'Irlande traverse une période d'intense conflit religieux, presque tous les Irlandais se rendent à la messe le dimanche. Les premiers affrontements entre catholiques et protestants agitent ce pays plutôt pauvre et fervent par réaction. Le 12 juillet 1969, le voilà enrôlé. Les sept premières années, il ne verra sa famille que deux jours. Une fois, ses parents achetèrent un ticket pour venir le voir à Rome, lors de son ordination, mais il était déjà parti... Lui n'aura pas le temps d'y penser. Une fois les premières attractions sportives passées, le régime sec a commencé et il ne permet plus au légionnaire de réfléchir. Rosaire à 5 h 15, prière à 5 h 50, une heure de méditation puis la messe du matin suivie d'un petit déjeuner en silence. La matinée se poursuit à coups de vaisselle, de nettoyage et de récurage, avant le retour à la chapelle pour le saint sacrement, suivi de prières à 10 h 30 et d'un autre rosaire. Commence alors la classe du matin, entrecoupée d'une intense séance de sport. Au programme : des cours d'espagnol et beaucoup de mémorisation automatique de règles, de parties du Nouveau Testament ou des Épîtres de saint Paul. Avant le déjeuner, un court examen de conscience de dix minutes. Puis retour à la chapelle pour une nouvelle séance de prière. Vient le déjeuner, en silence ou accompagné de la lecture de certains livres sur l'histoire de l'Église. Après le déjeuner, honneur au sport et à l'entraînement physique, comme le football. Parfois, certains peuvent se contenter d'une petite partie de billard. D'autres doivent s'occuper du jardin. Puis revient le temps des prières, de 16 heures à 17 heures, où l'on demande souvent aux Légionnaires de méditer sur des lettres du fondateur. Suivent la bénédiction et le dîner de 18 heures, toujours en silence. Puis des lectures des discours du pape venant de *L'Osservatore Romano*, cette fois en anglais. Le temps de la vaisselle et le droit de marcher un peu. Avant de rejoindre de nouveau la classe où le maître des novices leur rappelle les règles de la congrégation. À 20 h 45, une pause snack en silence. Et à 21 heures, retour à la chapelle pour de nouvelles prières. Jusqu'à 21 h 30, où il est temps d'aller au lit. Un vrai tunnel, pensé pour robotiser.

Après trente-sept années à ce régime, John se rend compte qu'il approche de la retraite et que les Légionnaires n'ont jamais cotisé pour lui. Quelques mois après avoir rompu son engagement, il apprendra que l'un de ses compagnons fut régulièrement abusé par le maître des novices et son assistant lorsqu'il avait

19 ans. Il ne se doutait de rien. Comme beaucoup de jeunes fréquentant les centres des Légionnaires. L'Irlande n'est pas le Mexique, mais son centre de formation a justement le mérite de pouvoir former des jeunes venant d'Amérique latine loin de leurs familles. C'est la première vocation du centre irlandais, mais pas la seule, puisque, avec les années, il a su devenir un lieu servant à radicaliser aussi les catholiques irlandais. Au moment de la sortie de *La Passion du Christ*, Sean Ascough, qui dirige une organisation de jeunes chrétiens baptisée Youth 2000 Ireland, a fait imprimer 100 000 brochures pour faire la promotion du film controversé de Mel Gibson à la sortie des églises et des cinémas. « J'ai tout de suite compris qu'il y avait là une opportunité de montrer cette foi que nous aimons tant », explique-t-il, enthousiaste[37]. Au lieu de la trentaine de copies de films nécessaires en moyenne, le distributeur irlandais a dû mettre près du double en circulation à la demande des cinémas.

La France peut-elle être une terre de mission ?

Les Légionnaires peuvent-ils séduire en France, pays laïque par excellence et où le protestantisme n'est pas vraiment l'ennemi ? De l'aveu même d'un légionnaire, ils ne seraient qu'une poignée de Français à avoir eu l'envie de participer à la dernière mégamission : « Vous avez dit mégamission ? C'est vrai, le père Chad m'avait parlé d'une mégamission, il m'avait montré les photos du Mexique avec des dizaines de milliers de missionnaires, un reportage télé, et tout et tout... Pourtant, en France, nous n'étions que 12 adolescents... Comme les apôtres[38]. » N'est-ce pas suffisant pour y croire ? À l'image de leurs camarades mexicains, les douze « apôtres » ont « voulu passer cette semaine sainte au service de l'évangélisation, pour aider les prêtres diocésains dans leur ministère ». Ils ont notamment été accueillis par la paroisse de Sacy-sur-Marne (en Seine-et-Marne) et son curé, le père Piotr Kacprowski. Neuf villages dont les églises sont d'ordinaire plutôt désertes ont ainsi été visités par les « apôtres » des Légionnaires. Outre l'évangélisation, les journées étaient rythmées par des prières mais aussi des activités sportives : foot et base-ball. Elles finissaient par des veillées ou par la projection de *La Passion du Christ*. Ces missions-là ne mobilisent que les plus motivés. Les Légionnaires du Christ touchent un public autrement plus large si l'on en croit le recensement lors des Journées mondiales de la jeunesse de Paris.

Le 17 août 1997, le centre Saint-Vincent – chargé de répertorier les inscriptions – a établi que Regnum Christi était le deuxième mouvement à envoyer des participants (1 356) après l'Emmanuel (6 035)[39]. En principe, ce décompte ne concerne que les 58 122 Français enregistrés par le biais de différentes organisations, mais il est fort possible que Regnum Christi ait fait venir des troupes de l'étranger pour améliorer son score et accroître sa visibilité. D'autant que cette année semble correspondre à sa première tentative réelle de s'implanter en France. Son nom apparaît pour la première fois dans une dépêche AFP en décembre 1998, pour des faits remontant à un an. Le moins que l'on puisse dire, c'est que la publicité n'est pas positive.

Décrite comme une « nouvelle confrérie qui n'a pas été identifiée », elle n'est pas l'objet principal de la dépêche. Un militaire se plaint parce que son fils, scout d'Europe, reçoit depuis quelque temps toutes sortes de prospectus d'extrême droite : le catalogue Durandal, des livres de Maurice Barrès, un ouvrage retraçant la vie du colonel de la Roque, un magazine permettant de commander des vidéos sur Mussolini, le fascisme ou les Waffen-SS, ainsi qu'un courrier des Légionnaires du Christ. C'est la première fois que le nom des Légionnaires apparaît et il est déjà associé à l'extrême droite. Suite à cette affaire, le président des Scouts d'Europe, François de Portzamparc, sera convoqué au ministère de la Jeunesse et des Sports afin de s'expliquer sur les documents[40]. Pour les Légionnaires, la contre-publicité n'augure rien de bon. Mais elle n'empêche pas Mgr Lustiger de leur confier l'enseignement du catéchisme dès l'année suivante.

Depuis 1999, grâce aux bons soins de l'Église, la direction du patronage du « Chantier » installée dans le XIIe arrondissement est entre les mains des Légionnaires et de son mouvement Regnum Christi. Le Chantier est décrit comme « un lieu où on aime se retrouver ». Des activités y sont proposées aux enfants à partir de 6 ans. Durant la semaine, après l'école, les responsables formés par Marcial Maciel s'occupent de leur soutien scolaire, leur entraînement sportif et de diverses activités culturelles. Côté spirituel, le Chantier prend en charge tous les aspects de la vie d'une paroisse : messe dominicale au catéchisme, première communion, confirmation, animation de cercles de réflexion, organisation de retraites ou de pèlerinages. Les Légionnaires du Chantier possèdent une dépendance sous la forme d'une propriété située au bord du lac Léman, pour leurs activités.

Ils animent également deux centres tout spécialement destinés aux jeunes garçons. À Paris, le Centre Flambeau se présente comme « Un club pour les garçons de 10 à 15 ans qui font une alliance avec Dieu et entre eux pour découvrir, vivre et partager les trésors de la foi catholique ». Il organise des activités sportives et religieuses. À Roubaix, le Centre Esplanade organise des camps de vacances permettant en principe de perfectionner son anglais ou son espagnol. Ils sont comme toujours surtout destinés à susciter des vocations. En août 2008, une mission d'évangélisation était prévue en Côte d'Ivoire. Le Centre s'adresse exclusivement à des garçons ayant entre 10 et 16 ans. Pour reprendre la formulation de son site Internet, il « propose aux jeunes garçons catholiques de se rassembler dans une ambiance joyeuse et saine pour grandir humainement et spirituellement ». On notera le besoin d'insister sur le fait que l'« ambiance est saine ». Le reste du message Internet promet une expérience inoubliable aux jeunes intéressés par ces activités : « Tu seras amené à faire une expérience personnelle du Christ comme ton ami intime et ton modèle, à vivre et accepter ta foi par conviction personnelle et à connaître et aimer l'Église et ses enseignements. Pour cela, nous accordons une attention particulière à la prière, à l'enseignement et aux sacrements. Nous te suivrons personnellement dans ce chemin spirituel[41]. »

Les parents sont d'autant moins méfiants que la réputation des Légionnaires du Christ n'a guère franchi les frontières et que leur signe n'apparaît pas toujours sur les brochures, puisqu'ils dépendent de sa branche laïque, Regnum Christi, encore moins connue. À Bordeaux, toutefois, le Centre Aigle – qui organise des camps pour filles et garçons tout au long de l'année – affiche la couleur : « Le Centre Aigle est un club de jeunes catholiques de 10 à 16 ans qui veulent vivre leur foi dans une ambiance saine et joyeuse. Ce club est affilié au Catholic Youth World Network, une organisation internationale encadrée par les Légionnaires du Christ et les membres du Regnum Christi, encouragée vivement par le pape et de nombreux évêques en communion avec Lui[42]. » Idem pour le Club Altior à Boulogne-Billancourt, qui reconnait s'inscrire dans le cadre de l'ECYD, de Regnum Christi et de Marcial Maciel. Frappé du même logo (un aigle) et doté du même esprit, le Centre Zénith est moins clair sur son site. Mais tous arborent le sigle de l'ECYD ou celui des Jeunes missionnaires. Parfois, ils utilisent le sigle NET pour faire branché, même si sa traduction exacte veut dire « Nouvelle évangélisation du troisième millénaire ». Sans faire mystère de leur vocation ni de leurs liens avec Regnum Christi, ces centres insistent surtout pour préciser qu'ils agissent en liaison avec la hiérarchie catholique : « Jeunesse missionnaire est une œuvre internationale d'apostolat du mouvement Regnum Christi qui cherche à collaborer avec les évêques des diocèses dans la rechristianisation de la société par l'organisation de missions dans les villes et dans les campagnes.

Elle utilise les moyens de la justice et de la charité évangélique, suivant la consigne donnée par le Christ lui-même[43]. » Et de citer l'Évangile : « Laissez venir à moi les petits enfants. »

Il est difficile d'établir le nombre de jeunes participants aux camps organisés chaque année par l'ECYD, le Net ou Jeunes missionnaires. Au vu des photos souvenirs, il semble que les différents camps réunissent au moins une trentaine de jeunes, plusieurs fois par an. Pour le moment, la branche laïque de la Légion vise surtout les classes bourgeoises et les familles huppées via des activités familiales, qui se présentent comme « une réponse aux nécessités de la famille chrétienne d'aujourd'hui ». Au programme : thérapies individuelles et séances de groupe. En fait, il s'agit surtout de se retrouver entre catholiques. On multiplie les journées à thèmes pour favoriser la sociabilité : journées de renouvellement des promesses du mariage, journées en famille, journées de préparation au mariage, informations sur les méthodes naturelles de régulation des naissances... Les buts affichés : « Promouvoir les valeurs de la famille, obtenir une relation harmonieuse entre conjoints et enfants. Obtenir une transformation profonde de la personne et non uniquement la transmission des connaissances. Motiver et aider la jeunesse et l'adolescence dans la phase décisive de leur maturation psychosociale, culturelle, humaine, éthique et religieuse. Augmenter et actualiser le patrimoine culturel relatif à la vie conjugale et familiale. Transmettre ce qu'enseigne le magistère de l'Église dans le domaine matrimonial et familial. Offrir des services de consultation et d'assistance médicale, psychologique, thérapeutique, pédagogique et légale dans le domaine de la famille. » Les Légionnaires proposent une formation à l'éducation des enfants, ainsi qu'une formation pour « une meilleure unité entre les conjoints ».

En réalité, comme toujours, il s'agit de recruter, si ce n'est de futurs prêtres, au moins des missionnaires pour Regnum Christi. En avril 2007, 44 familles de la région de Lille ont ainsi participé à une retraite en famille sur le thème du renouvellement des promesses de mariage. Les couples y auraient appris « comment se dire je t'aime ». Une journée répartie en trois conférences, toutes trois données par un célibataire, le père Julien Durodié : « le jardin de l'amour », « les 15 déclinaisons de l'amour » et enfin « la source de l'amour ». Chaque couple était invité à répondre à un questionnaire destiné à « travailler dans la relation » qui les unit. Attirer les parents, à partir de thématiques qui les concernent, est un bon moyen de les convaincre de confier un jour leurs enfants à une institution des Légionnaires du Christ.

Les écoles publiques françaises étant gratuites, Regnum Christi ne peut toutefois pas espérer le même succès auprès des classes populaires qu'au Mexique. Mais même en France, les écoles privées sont de plus en plus recherchées pour leur niveau et leur capacité à sélectionner. À la rentrée 2008, l'enseignement catholique disait avoir refusé 35 000 dossiers faute de place. Nicolas Sarkozy et son gouvernement ne cachent pas vouloir aider et même soutenir financièrement l'implantation de ces écoles privées catholiques jusqu'au cœur des quartiers populaires. Ce projet fait même partie des priorités du plan « Espoir banlieue » porté par Fadela Amara, ancienne présidente de Ni putes ni soumises, dont on oublie parfois que le poste de secrétaire d'État est placé sous la tutelle de Christine Boutin, connue pour son militantisme catholique[44]. Le plan « Espoir banlieue » – qui prévoit d'« encourager la contribution de l'enseignement privé à l'égalité des chances » – a surtout été revu et corrigé par Emmanuelle Mignon, l'une des conseillères très catholiques de Nicolas Sarkozy. On lui doit notamment le discours de Latran, qui fit tant polémique, l'idée de faire un livre sur la « République, les religions et l'espérance[45] » et l'engagement en faveur d'« une laïcité positive », plus ouverte aux religieux et même aux sectes. Dès 2006, lors d'une convention de l'UMP, elle plaidait pour que les « familles de banlieue puissent bénéficier des savoir-faire des établissements catholiques et d'un vrai choix entre école privée et école publique ». Les Légionnaires du Christ et leur mouvement laïque pourraient être tentés de tirer profit de ce nouveau climat politique en France. Son impact possible est moins celui d'une déferlante missionnaire, comme au Mexique, que d'une reprise en main lente et progressive des paroisses désaffectées au fur et à mesure que l'identité catholique fera son retour. Un mouvement que les Légionnaires s'emploient à favoriser non seulement via leur action mais aussi à l'aide d'un lobbying politique insidieux contre la laïcité à la française.

Ce modèle ambitieux en termes de séparation de l'Église et de l'État est en ligne de mire du Saint-Siège et du département d'État américain depuis longtemps.

Tous deux y voient une atteinte intolérable à la liberté religieuse. Notamment à cause d'une législation anti-secte contraignante pour des mouvements comme les Témoins de Jéhovah ou la Scientologie, reconnus comme religions aux États-Unis. Les Légionnaires, qui militent si ardemment contre les « sectes » quand il s'agit de concurrents protestants, font partie des réseaux considérant ces sectes-là comme « nouveaux mouvements spirituels », victimes de la dureté de la laïcité française. La Légion elle-même a témoigné devant l'OSCE (Organisation pour la sécurité et la coopération en Europe[46]) contre la laïcité française. Mieux, en décembre 2001, lors de la formation de leurs séminaristes à l'université Regina Apostolorum de Rome, les intervenants ont réservé un sort tout particulier à la France lors d'un colloque intitulé « France, témoin d'espérance pour le nouveau millénaire ». Parmi les participants, le cardinal Poupard a vanté le patrimoine culturel religieux français et regretté la présence de « courants étonnamment hostiles [à l'Église] à l'intérieur de la société française[47] », alors que « la présence française elle-même au sein du Saint-Siège ne va pas sans diminuer ». Un Français, André Mulliez, industriel et membre de la famille fondatrice du groupe Auchan, est venu sauver l'honneur en témoignant « d'initiatives fondées sur la foi et la doctrine sociale de l'Église dans le milieu économique » français[48].

Des entrepreneurs au service du Christ

Pour viser l'élite, les Légionnaires sont bien décidés à trouver des mécènes en pénétrant les milieux économiques européens. La Fondation Guilé fait partie de ces tentatives. Elle est née en 1997, au pays du secret bancaire, des amours d'un couple de cigarettiers suisses (les Burrus) et de la Légion. Une union concrétisée grâce à la bénédiction du diocèse de Bâle, sous la forme d'une fondation entièrement dévouée aux Légionnaires mais ouverte à « toutes les religions qui respectent la dignité humaine ». L'ancienne propriété des parents de Charles Burrus, le domaine de Guilé à Boncourt, lui sert de siège. La maison et le parc ont été rénovés pour devenir un lieu de rencontre, d'échange et de réflexion pour entrepreneurs résidant en Suisse. « La Fondation a pour premier objectif d'orienter ses activités autour de ces thèmes, d'importance décisive, qui englobent les valeurs et la responsabilité entrepreneuriale », nous explique le site Internet de la Fondation : « le monde actuel, d'une complexité croissante, se trouve confronté à une concurrence et à une mondialisation dont le rythme s'accélère toujours plus. Dans cet environnement en mutation, les décideurs se voient sans cesse exposés à relever des défis et à solutionner des problèmes : notamment ceux ayant trait aux valeurs, à la quête de sens et de repères qui doivent servir à nous guider. En raison de ces mutations et des problèmes qu'elles occasionnent, il est urgent de trouver une réponse adaptée aux besoins de nos leaders au-delà des modes, des idéologies, des contraintes et de la pression qu'exerce notre temps ». Par « valeurs » et « repères », il faut bien entendu comprendre qu'un entrepreneur peut faire face au défi de la mondialisation en s'inspirant de la religion catholique. Un défi présenté comme une question de civilisation car « une civilisation sans projet est une civilisation malade ». Pour les aider à guérir le monde, la fondation offre aux « décideurs » « des conditions privilégiées d'échanges interdisciplinaires et des parcours d'enrichissement personnel dans des lieux et des moments de qualité, d'aborder avec loyauté et bienveillance les questions communes que tous les décideurs se posent sans pouvoir toujours les exprimer faute de temps ou d'interlocuteur disponible ». Ces séminaires sont donc prévus pour éduquer les entrepreneurs aux grands dangers de notre temps. Or la laïcité semble en faire partie, puisque des séminaires lui sont régulièrement consacrés sous le titre « Des lois laïques au néopaganisme contemporain » ou encore « Sécularisation : la dérive émotionnelle des valeurs ». Quelques militants viennent aussi donner des leçons comme Tugdual Derville, assistant parlementaire de Christine Boutin, ministre du Logement, sans doute la femme politique française de premier plan la plus proche du Saint-Siège. Parmi les autres personnalités ayant accepté de participer à ces échanges, on note la présence attendue de l'archiduc Michel de Habsbourg ou encore d'Otto de Habsbourg, deux grands soutiens de la droite catholique radicale, mais aussi celle de Rodrigo de Rato y Figaredo (ancien directeur du Fonds monétaire international)[49] et Georges Blum (président d'honneur de la Société de banques suisses). Il y a même quelques Français : Jean-Loup Dherse (ancien vice-président de la Banque mondiale et ex-directeur général d'Eurotunnel), Jean-Didier Lecaillon (professeur d'économie à l'université de Paris Val-de-Marne), François Jusot (président de la faculté des langues de l'université Lyon-III) ou Jean-Philippe Douin (ancien chef d'état-major des armées). Ce dernier a même été membre du comité d'honneur de la Fondation. Contacté par téléphone, il n'en fait pas mystère : « Je ne suis pas membre des Légionnaires, je suis membre de la Fraternité Saint-Jean, mais je les admire[50] ». Une admiration assumée qui en dit long sur le prestige des Légionnaires au plus haut niveau des institutions françaises.

La Légion profite de ce cadre enchanteur pour diffuser ses valeurs auprès de décideurs, à travers des intitulés de conférences souvent innocents. Les participants espèrent y trouver un cercle et un réseau, ce qui est toujours recherché dans les milieux des affaires. Mais la Fondation ne touche pour l'instant que quelques initiés. Le 18 octobre 2007, elle s'est intéressée au futur de l'Afrique du Sud. Officiellement, plusieurs grands patrons sud-africains devaient venir présenter leurs problèmes en espérant le soutien de quelques banquiers suisses. Mais seul Harry Hollier, responsable de Siemens au Cap et dans le Natal, s'est présenté. En face, aucun politique n'était présent et n'avait pris le risque de s'afficher dans un cercle aussi marqué. La Fondation a plus de succès lorsqu'elle organise des conférences-rencontres en petits comités destinées « quatre fois par an aux personnalités intéressées à dialoguer avec des leaders des mondes économique, politique, scientifique et de la société civile ». Le 18 avril 2007 par exemple, elle avait invité trois décideurs d'importance : l'ambassadeur Peter Maurer (chef de la mission suisse auprès de l'Onu à New York), Bertrand Gacon (haut cadre spécialisé dans ce domaine à BNP Paribas) et Pierre Veya (rédacteur en chef adjoint du journal *Le Temps*). L'intitulé était *a priori* innocent : « La globalisation à caractère durable ». Il a sans doute séduit ces décideurs, sans qu'ils sachent forcément qui dirige en sous-main la Fondation Guilé. C'est l'intérêt de ce type de cercles : permettre des contacts que la Légion n'obtiendrait jamais si elle avançait à visage découvert.

La Légion du Saint-Siège

Les Légionnaires du Christ ne menacent pas l'Europe occidentale en termes d'évangélisation. Leur influence est plus indirecte, via le Saint-Siège lui-même. Fort de son succès en Amérique latine, la Légion a réussi à s'imposer au fil des ans comme l'une des nouvelles gardes incontournables de l'Église. En retour, les universités et les séminaires des Légionnaires sont très appréciés par l'élite du Saint-Siège. Regina Apostolurum est même dotée d'un statut pontifical. En février 2005, elle organisait aussi un séminaire contre l'exorcisme : sept cours de trois heures étalés du 17 février au 14 avril pour le prix de 180 euros, destinés aux prêtres et aux séminaristes. Selon le recteur de l'université, le père Paolo Scafaroni, ces cours permettraient de mieux résister au développement de la mode du satanisme dans la musique, l'habillement et les objets, mais également face à l'essor de l'occultisme, de la magie et des expériences mystiques. Une centaine d'étudiants a suivi ce séminaire. Une autre université prestigieuse tenue par les Légionnaires, l'Université européenne de Rome, sert même à l'occasion de porte-voix diplomatique au Saint-Siège. Comme lorsqu'il fallut désamorcer la crise provoquée par les propos du pape sur l'islam en septembre 2006. À l'invitation du gouvernement islamiste de Turquie, le souverain pontife cherche à recoller les morceaux en échange d'un assouplissement de sa position sur l'entrée de la Turquie en Europe. Le 29 mai 2007, alors que tous les réseaux catholiques s'élèvent contre l'entrée de la Turquie conformément à la doctrine du cardinal Ratzinger, les Légionnaires accompagnent la volte-face de Benoît XVI en organisant un colloque intitulé : « Oui à l'entrée de la Turquie dans l'Union européenne ».

Le siège romain des Légionnaires est devenu si chic que les personnalités y font parfois halte avant d'aller rendre visite au pape. À l'image de Jim Caviezel, l'acteur américain interprétant Jésus dans *La Passion du Christ* de Mel Gibson. Il a assisté à une projection privée au siège des Légionnaires avant d'être reçu en audience privée par le pape le 15 mars 2004. Le 26 novembre de la même année, Jean-Paul II confiait l'Institut pontifical Notre-Dame de Jérusalem aux Légionnaires du Christ. Tout un symbole. L'Institut dont la première pierre a été posée en 1885 a longtemps été le principal hébergement des pèlerins français. Situé au nord de la vieille ville de Jérusalem, à quelques pas du Saint-Sépulcre, il peut accueillir 280 pèlerins et possède des salles de conférences que les Légionnaires utilisent aujourd'hui pour diffuser leur vision du catholicisme au cœur de Jérusalem.

Mais s'il ne fallait retenir qu'un seul exemple de l'institutionnalisation des Légionnaires du Christ, adoubé comme bras armé officiel du Saint-Siège, il suffirait de noter qu'ils dirigent l'agence Zenit.

Créée en 1999, Zenit se présente comme une agence internationale d'information dont le but est de fournir gratuitement sur Internet « une couverture objective et professionnelle des événements, des questions, des documents touchant l'actualité de l'Église catholique et du monde vu de Rome ». Elle couvre les activités quotidiennes du pape, et tout ce qui intéresse le Saint-Siège. Elle publie aussi des entrevues d'hommes et de femmes engagés dans l'Église ou encore une revue de presse des différents médias du Saint-Siège : Radio Vatican, *L'Osservatore Romano*, l'agence internationale Fides. Le tout diffusé en six langues (espagnol, anglais, allemand, français, portugais, italien). Les dépêches sont parfois reprises sans citation dans la presse du monde entier. Avec la puissance de Zenit, la congrégation a donc mis la main sur une partie de la communication du Vatican.

Chaque cardinal ou chaque évêque souhaitant faire connaître un avis passe par cette agence. L'occasion de s'entretenir avec des Légionnaires, qui lui rappelleront les soucis qu'ils ont dans son diocèse et pourront le convaincre de leur ouvrir ses portes... que l'on sait ensuite si difficiles à refermer. Mais en prime, les Légionnaires peuvent filtrer et radicaliser la communication au nom du Saint-Siège.

En juin 2007, le cardinal Renato Martino est interviewé sur National Catholic Register, proche des Légionnaires. On peut lire : « Si Amnesty International persiste dans ce type d'action, les organisations et les fidèles catholiques doivent suspendre leur soutien, parce que, en décidant de promouvoir les droits à l'avortement, Amnesty International a trahi sa mission. » Le cardinal est invité à plus de fermeté. Les Légionnaires transforment son entretien en véritable consigne publique. C'est donc en tant que président du conseil pontifical Justice et Paix, via l'agence de presse du Vatican, que le prélat demande aux catholiques de ne plus financer Amnesty International : « Plus de financement catholique à Amnesty International », intime-t-il. En effet Amnesty a intégré dans sa charte le droit à l'avortement pour les femmes victimes de viol ou en danger de mort. Et le cardinal de poursuivre : « Il est extrêmement grave qu'une organisation méritante comme Amnesty International se plie aux pressions de ces lobbies (...) proavortement qui continuent leur propagande dans le cadre de ce que Jean-Paul II appelait la culture de mort. »

Zenit cherche aussi à être le fournisseur unique d'informations sur les persécutions chrétiennes, un rôle pourtant jusqu'ici rempli par une organisation évangélique anticommuniste intitulée Aide aux Églises en détresse.

À l'avenir, le Saint-Siège souhaite se doter d'une seconde agence de télévision pour compléter la première, C2TV, qui se contente de vendre les images officielles des déplacements du pape aux autres chaînes. Provisoirement intitulée H20 News, cette seconde chaîne proposera en prime un contenu et des programmes distribués via vidéo, Internet, téléphones portables, etc. Soit un public minimum visé de 20 millions de personnes. Or elle sera confiée à Jesus

Colina, un Légionnaire. Le porte-parole du Saint-Siège a très vite tenu à rassurer : cette télévision serait indépendante de la Légion. La Légion, elle, n'a rien dit.

Un instrument de Benoît XVI contre l'œcuménisme

L'alliance entre Rome et les Légionnaires ne promet pas de faiblir. Nouée sous Paul VI, amplifiée sous Jean-Paul II, elle risque de connaître son apogée avec Benoît XVI. L'artisan de la lutte contre la théologie de la libération mène depuis toujours une véritable croisade contre le « relativisme » dogmatique né du dialogue interreligieux et les « sectes » évangéliques, deux dossiers pour lesquels il a besoin des Légionnaires du Christ.

Cardinal, il a toujours veillé à ce que ce dialogue interreligieux voulu par Jean-Paul II ne tourne pas au « relativisme », donc à la fragilisation du dogme dont il était le gardien en tant que préfet de la Congrégation pour la doctrine de la foi. Notamment en refusant de considérer l'œcuménisme comme une forme de « sororité » entre les différentes Églises chrétiennes. En juin 2000, dans une « Lettre adressée aux présidents des conférences épiscopales », il met ainsi en garde contre l'utilisation de l'expression « Églises sœurs », qui favorise à ses yeux cette confusion : « On induit ainsi à penser qu'en fait l'unique Église du Christ n'existerait plus, mais qu'elle pourrait être rétablie suite à la réconciliation entre les deux Églises sœurs. » Une précision relayée par Jean-Paul II[51]. Moins de deux mois plus tard, Joseph Ratzinger et son secrétaire, Tarcisio Bertone, publient un « Dominus Iesus sur l'unicité et l'universalité salvifique de Jésus-Christ et de l'Église » rappelant à l'ordre ceux qui pratiqueraient le dialogue interreligieux au point de « relativiser » la supériorité du message de l'Église catholique. Le texte insiste sur la mission universelle de l'Église catholique comme détentrice de la vérité et donc porteuse d'un message pour toute l'humanité : « Pour remédier à cette mentalité relativiste toujours plus répandue, il faut réaffirmer avant tout que la révélation de Jésus-Christ est définitive et complète. » Pour Richard Bergeron, franciscain et professeur émérite de la faculté de théologie de l'université de Montréal, cette posture « rejette d'entrée de jeu la validité du "pluralisme religieux", non seulement *de facto*, mais aussi *de jure* (ou en tant que principe)[52] ». Le pape Benoît XVI ira-t-il aussi loin que le cardinal Ratzinger pour limiter l'œcuménisme à une politesse de façade ?

Bien qu'il s'efforce parfois de gommer cette image intransigeante, l'un des premiers mots de son pontificat fut de dénoncer le « relativisme » culturel et la pente glissante du pluralisme religieux. Les associations charismatiques, saluées comme le « printemps de l'Église » sous Jean-Paul II, ou encore les anciennes « Églises sœurs » s'en sont inquiétées. Leur émoi est même parvenu jusqu'aux oreilles des cardinaux.

Le 23 novembre 2007, à l'issue d'une réunion au Vatican sur l'œcuménisme, ils publient un communiqué rappelant que l'Église catholique doit éviter de « blesser la sensibilité des autres chrétiens ». Selon l'Agence France-Presse, « cette formulation laisse supposer que des critiques ont été exprimées sur un récent document du Vatican affirmant que l'Église catholique était "la seule véritable Église du Christ"[53] ». En langage moins diplomatique, il s'agit d'un vrai rappel à l'ordre œcuménique. Le cardinal Kasper, qui a représenté l'Église catholique à la Commission de foi et constitution du Conseil œcuménique des Églises, profite de la présence de journalistes pour souligner que la mouvance pentecôtiste, issue du protestantisme, « représente 400 millions » de fidèles et « ne peut être ignorée ». N'est-ce pas, justement, ce qui inquiète Benoît XVI ? Un peu comme un homme politique avec les sondages, son secrétariat semble suivre les chiffres des croyants de très près. En 2008, de façon passée presque inaperçue, Mgr Vittorio Formenti, responsable des études statistiques du Saint-Siège, a déclaré dans *L'Osservatore Romano* que pour la première fois de l'histoire le nombre de musulmans dans le monde dépassait le nombre de catholiques[54]. La façon dont ce calcul a été fait en dit long. Car autant le Saint-Siège englobe tous les musulmans sous la même étiquette (qu'ils soient sunnites, chiites ou autre), autant il n'englobe pas tous les chrétiens sous la même enseigne (catholiques, protestants, orthodoxes...). Soit pour rendre ce constat chiffré plus alarmiste, soit parce que Benoît XVI considère décidément les autres chrétiens comme des concurrents, fondamentalement différents, même face à l'islam.

Le 11-Septembre pèse incontestablement sur les bonnes volontés en matière de dialogue islamo-chrétien, comme en témoigne la polémique soulevée par les propos de Benoît XVI à Ratisbonne[55]. Certes, les relations n'ont jamais été aussi bonnes avec les orthodoxes. Pour la première fois depuis longtemps, les travaux de la Commission internationale pour le dialogue enter catholiques et orthodoxes avancent. Mais les partisans du dialogue entre les religions le soulignent surtout pour nier le tournant anti-œcuménique de Benoît XVI. Car si les relations avec les orthodoxes sont bonnes (justement parce qu'ils défendent une orthodoxie qui plaît à l'ancien préfet de la Congrégation pour la doctrine de la foi), elles n'ont pas été aussi froides depuis longtemps avec les musulmans, les juifs et les protestants.

Le 14 décembre 2007, Rome a publié une « note doctrinale » réaffirmant la mission donnée à tous les croyants d'évangéliser les non-catholiques, y compris les membres d'autres religions chrétiennes, en évitant cependant « toute pression indue ». Le document est signé par le préfet de la Congrégation pour la doctrine de la foi, c'est-à-dire par le successeur du cardinal Ratzinger, mais bien entendu il a reçu l'aval de Benoît XVI. Il traduit bien sa volonté de réagir à « une confusion sans cesse grandissante » conduisant selon lui de nombreux catholiques à s'abstenir, au nom du respect de la liberté, de témoigner publiquement de leur foi pour convaincre les autres de sa « vérité ». Il s'élève contre l'idée de plus en plus répandue selon laquelle toutes les religions ont la même valeur. Et rappelle que le christianisme a toujours été animé par la « passion de conduire toute l'humanité au Christ dans l'Église », c'est-à-dire de convertir les non-chrétiens, y compris au prix du martyre. L'ordre de mission est clair. Et dans ce domaine, le pape peut compter sur la détermination d'un mouvement particulièrement bien nommé pour la remplir... Les Légionnaires du Christ.

1 Voir notamment l'hagiographie écrite par un prêtre Légionnaire du Christ, Gonzague Monzon, *Un oui inconditionnel, la vie du Père Maciel*, Pierre Tequi, 2005, p. 158.

2 http://fr.youtube.com/watch?v=pnHOMl1ULdA.

3 Au sujet des Cristeros, lire Jean Meyer, *Apocalypse et révolution au Mexique*, Gallimard-Julliard, 1974.

4 Gonzague Monzon, *op. cit.*

5 *Ibid.*

6 Jason Berry et Gerald Renner, *Vows of Silence : the Abuse of Power in the Papacy of John Paul II*, Free Press, New York, 2004, p. 160.

7 Cité par Gonzague Monzon, *op. cit.*, p. 94.

8 Jason Berry et Gerald Renner, *Vows of silence*, *op. cit*, p. 164.

9 En 1954, la congrégation compte 272 membres dont 8 prêtres, 34 religieux, 30 novices, 33 postulants et 167 apostoliques.

10 Gonzague Monzon, *op. cit.*, p. 164.

11 Mission de Regnum Christi, site Internet de l'organisation.

12 Gonzague Monzon, *op. cit.*, p. 170.

13 La Pinecrest Academy à Atlanta, The Highland School à Dallas, et The Gateaway Academy ont tous les trois été classés parmi les 50 premiers lycées.

14 http://www.pinecrestacademy.org/content/view/250/596/.

15 Cité par Gonzague Monzon, *op. cit.*, p. 165.

16 Jason Berry et Gerald Renner, *op. cit.*, p. 136.

17 Extrait de la Constitution de la Légion du Christ.

18 Gonzague Monzon, *op. cit.*, p. 170.

19 Rick Ross, « Elderly Man Says Catholic Lay Organization "Exerted Undue Influence" to Take his Assets », 15 janvier 2005, http://www.cultnews.com.

20 Jason Berry et Gerald Renner, *op. cit.*, p. 143.

21 Jason Berry et Gerald Renner, *op. cit*, p. 145.

22 Le document précise qu'il ne s'agit pas du nombre de prêtres accusés ou d'allégations mais de ceux dont les éléments ont été vérifiés. Sont exclus des 4 392 prêtres ceux dont les témoignages concordent mais qui sont morts. Le rapport émane de la commission des évêques américains : *A Report on the Crisis in the Catholic Church in the United States* (158 pages). Bien que le rapport soit très sévère envers l'aveuglement de l'Église, cette introspection et cette recherche d'éclaircissement n'ont pas été jusqu'à trouver un titre clair et direct.

23 Voir le très bon film documentaire d'Amy Berg, *Délivrez-nous du mal*, qui raconte l'histoire du père Oliver O'Grady, un prédateur d'enfants systématiquement protégé par ses supérieurs, qui l'ont déplacé de paroisse en paroisse alors que les plaintes contre lui s'accumulaient.

24 Gonzague Monzon, *op. cit.*, p. 180.

25 Nous avons sollicité à plusieurs reprises un entretien avec des membres de la Légion, ou même le service de communication, en vain. Finalement, nous avons décidé d'envoyer une liste de questions au service communication qui nous a demandé nos CV, une copie de nos derniers articles, ce que nous allions dire dans le livre avec un droit de relecture. Les responsables de ce

service n'ont jamais donné suite.

26 Cité par Jason Berry et Gerald Renner, *op. cit*, p. 148.

27 http://www.regainnetwork.org.

28 Guzman Garriguiry Lecour, cité par *La Croix*, 12 mai 2007.

29 Cité par Gonzague Monzon, *op. cit.*, p. 172.

30 Aguascalientes, Baja California Norte, Chiapas, Chihuahua, Durango, État du Mexique, Guanajuato, Guerrero, Hidalgo, Jalisco, Michoacán, Nuevo León, Oaxaca, Puebla, Querétaro, San Luis Potosí, Sinaloa, Sonora, Tabasco, Veracruz, Yucatán y Zacatecas.

31 Essentiellement du Mexique, du Salvador, du Guatemala, du Costa Rica, du Venezuela, de Colombie, d'Argentine, du Brésil, d'Irlande, d'Espagne et d'Italie et dans une moindre mesure « d'une douzaine d'autres pays ».

32 Bureau de la secrétairerie d'État, communiqué du Vatican, le 5 avril 2006. Traduction non officielle réalisée par le site www.regnumchristifrance.org

33 Alain Hertoghe, *La Croix*, 22 janvier 1999.

34 Rapporté par Gonzague Monzon, *op. cit.*, p. 184.

35 « Les Légionnaires du Christ infiltrent les allées du pouvoir », *El País*, traduit par le *Courrier international*, 25 novembre 1999.

36 De 1948 à 1962, date du cessez-le-feu, l'Ira est une organisation qui poursuit une campagne armée. L'Ira réapparaît en 1970. Le 30 janvier 1972, suite à une manifestation réprimée par l'armée britannique (Bloody Sunday) qui fait treize morts, l'Ira réplique le 21 juillet et fait exploser 22 bombes en une heure à Belfast (Bloody Friday, 16 morts).

37 AFP, 10 mars 2004.

38 http://www.regnumchristifrance.org/La-Megamission-version-francaise?var_recherche=Chad.

39 « L'explosion surprise des JMJ de Paris », Ludovic Laloux,

paru sur le site de la Fondation de service politique (catholique de droite).

40 « Le président des Scouts d'Europe convoqué au ministère de la Jeunesse », AFP, 15 décembre 1998.

41 http://www.centreesplanade.org/article.php3?id_article=1.

42 http://www.centreaigle.org/.

43 http://www.campscatholiques.com/articlevrac.php3?id_article=12.

44 Mediapart, avril 2008 : http://www.mediapart.fr.

45 Nicolas Sarkozy, entretiens avec Thibaud Collin et Philippe Verdin, Éditions du Cerf, Paris, novembre 2004.

46 Notamment le 15 juin 2006 au Kazakhstan lors de la réunion « Promouvoir l'entente culturelle, interreligieuse, et interethnique ».

47 Yves Pitette, *La Croix*, 6 décembre 2001.

48 *Ibid.*

49 Parlementaire et ministre espagnol, Rodrigo de Rato a été directeur général du FMI de juin 2004 à octobre 2007. Né à Madrid, le 18 mars 1949, M. de Rato est de nationalité espagnole.

50 Entretien par téléphone réalisé le 5 mai 2008.

51 La note précise : « Les indications qu'elle donne doivent donc être considérées comme autorisées et obligatoires, même si cette Note n'est pas publiée de manière officielle sur les Acta Apostolicae Sedis, en raison de sa finalité, qui est seulement de préciser la terminologie théologiquement correcte à ce sujet. »

52 Richard Bergeron, « Dominus Ratzinger », *Culture et Foi*, septembre 2000.

53 AFP, 23 novembre 2007.

54 « Pour la première fois de l'histoire, nous ne sommes plus les premiers : les musulmans nous ont dépassés », *L'Osservatore Romano*, 30 mars 2008.

55 En septembre 2006, le pape a provoqué une polémique prévisible lors d'une visite à l'université de Ratisbonne. Alors qu'il s'essaye à une dissertation sur « foi, raison et violence », le nouveau pape commente longuement les propos tenus par l'empereur byzantin Manuel II Paléologue au XIVe siècle :

« Dans ce discours, je voudrais seulement aborder un point – plutôt marginal dans le dialogue – qui m'a captivé, en rapport avec le thème de la foi et de la raison, et qui me sert de point de départ pour mes réflexions sur ce thème. Dans la Septième Controverse éditée par le professeur Khoury, l'empereur aborde le thème du djihad (la guerre sainte). L'empereur devait savoir que la sourate 2-256 dit : "Il n'est nulle contrainte en matière de foi" – selon les spécialistes, c'est l'une des premières sourates, datant de l'époque où Mahomet était encore sans pouvoir et menacé. Mais l'empereur connaissait aussi naturellement les commandements sur la guerre sainte contenus (...) dans le Coran. Sans s'attarder sur des détails, comme la différence de traitement entre les "croyants" et les "infidèles", il pose à son interlocuteur, d'une manière étonnamment abrupte pour nous, la question centrale du rapport entre religion et violence. Il lui dit : "Montre-moi donc ce que Mahomet a apporté de nouveau. Tu ne trouveras que des choses mauvaises et inhumaines, comme le droit de défendre par l'épée la foi qu'il prêchait." L'empereur, après avoir tenu des propos si forts, explique ensuite en détail pourquoi il est absurde de diffuser la foi par la violence. »

Plusieurs observateurs du monde musulman ont pensé que Benoît XVI faisait siens les propos de cet empereur byzantin. Autrement dit qu'il adhérait à l'idée selon laquelle l'islam est par essence une religion débouchant sur le refus de la raison et donc sur la violence. Dans le cadre d'un dialogue interreligieux apaisé, ce commentaire de texte serait sans aucun doute passé inaperçu.

Dans le monde de l'après-11-Septembre, alors que des dessinateurs et des journalistes viennent d'être menacés de mort pour avoir simplement osé caricaturer Mahomet, Benoît XVI – qui avait condamné la publication des caricatures de Mahomet comme mettant de l'huile sur le feu – rouvre les plaies. Lire notamment l'analyse de Leïla Babès, « Le pape et l'Islam. Par-delà la polémique : pour un débat franc et fraternel », publié dans *Vues d'ensemble, la revue de l'université catholique de Lille*, n° 31, octobre 2006.

PURIFIER LE SIÈCLE GRÂCE À L'OPUS DEI

Sans l'approbation de l'Église, sa caution et son soutien, l'Opus Dei ne serait qu'une secte espagnole. Son culte du secret et des mortifications fascinent mais révulsent, surtout depuis le succès du *Da Vinci Code*. Dans ce livre, Dan Brown est parvenu à catalyser toutes les peurs suscitées par l'Œuvre à travers le personnage de Silas, un albinos se flagellant jusqu'au sang, missionné par l'Opus pour protéger l'Église d'une révélation qui pourrait bien remettre en cause son dogme patriarcal. Bien que très romancée, l'intrigue recycle une part de son imaginaire et de ses codes. Dans la vraie vie, le quotidien de l'opusien est toutefois bien moins spectaculaire. L'exagération propre à la fiction, le contraste avec la réalité, va peut-être même finir par servir l'image de l'Opus Dei. En tout cas, elle s'y emploie. Devant le succès du best-seller, l'Œuvre déploie une véritable opération de séduction et de transparence. Arnaud Gency, son porte-parole en France, est tout particulièrement chargé d'assurer la contre-attaque : « Nous profitons de l'immense publicité que nous fait ce roman pour montrer que nous ne sommes ni une organisation criminelle, ni une secte de fanatiques, ni une Église dans l'Église[1]. » Méditant l'échec des campagnes contre *La Dernière Tentation du Christ* de Scorsese, l'Œuvre résiste à la tentation d'exiger la censure du livre. En janvier 2006, elle saisit tout de même la justice mais pour exiger que le film tiré du roman soit interdit aux mineurs, au motif qu'« un adulte peut distinguer la réalité de la fiction », mais pas un mineur[2]. En interne, en revanche, l'Opus Dei interdit la lecture du *Da Vinci Code* à l'ensemble de ses membres. Considérerait-elle ses fidèles comme des enfants ne sachant pas faire la différence entre fiction et réalité ? Est-ce vraiment le meilleur moyen de démontrer que l'œuvre est une structure dénuée de tout esprit sectaire ? Sa consigne a en tout cas été suivie par l'Église, notamment par le cardinal Tarcisio Bertone. L'archevêque de Gênes a demandé à l'ensemble des catholiques de ne pas lire le *Da Vinci Code.*

Le culte du secret

L'Opus Dei a-t-elle quelque chose à cacher ? On la surnomme parfois la « sainte mafia », on la décrit comme une « secte au cœur de l'Église ». Cette réputation doit beaucoup à ses activités au Chili et en Espagne, deux pays où elle a prospéré à l'ombre des dictatures de Pinochet et Franco. Sous Franco, on a compté jusqu'à 19 ministres issus de l'Opus Dei. Quant à Pinochet, plusieurs membres éminents de son entourage appartenaient à l'Œuvre. Aujourd'hui encore, la mort des anciens cadres de la dictature donne lieu à des messes organisées par l'Opus. Ses superbes universités, sa très grande bibliothèque de Santiago servent régulièrement à organiser des cocktails mondains et des conférences en faveur de l'utralibéralisme, où se retrouve le gratin des catholiques ultra-libéraux, qui sont aussi souvent des nostalgiques du général. Ce mélange d'intégrisme catholique et d'idéologie sanctifiant le travail sur un mode ultra-libéral caractérise l'Œuvre. Mais il est suffisamment répandu pour qu'on en vienne parfois à surestimer l'appartenance opusienne de certaines élites ultra-libérales, en réalité simplement très catholiques et très à droite. En France, son influence est bien moins forte qu'en Amérique latine ou en Espagne. Si l'on en croit Arnaud Gency, un grand nombre des personnalités que nous lui avons citées ont été classées à tort comme faisant partie de l'Opus Dei, par fantasme. Il le confesse presque embarrassé, l'essentiel des troupes françaises – environ 800 membres – appartient aux classes moyennes, et n'exerce que rarement des métiers prestigieux. L'élite est par définition une denrée rare. La plupart des personnalités associées à l'Œuvre sont en fait des personnalités ayant accepté de donner des conférences dans ses cercles de réflexion ou dans ses universités, comme Jean-Pierre Raffarin[3] ou Xavier Lemoine, maire de Montfermeil[4]. Ces personnalités ne font pas partie de l'Opus Dei, mais leur présence en dit long sur l'institutionnalisation grandissante de l'organisation, y compris en France. Soutenue par l'Église, elle est devenue si fréquentable que des personnalités françaises de très haut niveau acceptent d'y donner un cours et donc, quelque part, de cautionner son action. Pour le reste, l'essentiel de ses troupes de haut rang est composé d'aspirants au corps préfectoral, aux affaires ou à la politique. Ceux-là voient dans l'Opus Dei un réseau de contacts à cultiver, même si leur engagement se limite le plus souvent à une fréquentation ponctuelle, comme « coopérateurs » et non comme membres à part entière. Ce qui n'interdit pas l'Opus Dei de rêver diffuser sa pensée à travers ces décideurs. Ni certains décideurs de sauter le pas vers un engagement plus conséquent. Le soupçon demeure toujours puisqu'il est impossible d'obtenir une liste vérifiable des membres de l'Opus Dei. La seule source réellement officielle permettant d'infirmer ou de confirmer les soupçons concernant l'appartenance d'un individu est posthume : il s'agit de la liste que l'Opus publie chaque semestre pour rendre hommage à ses membres décédés. Elle ne comporte à ce jour aucun des noms les plus glorieux associés à l'Œuvre. On y trouve essentiellement des hispaniques dont la notoriété n'a pas franchi les frontières. Pour le reste, il faut donc se contenter des estimations fournies par l'Opus Dei. À l'en croire, ils seraient environ 85 491 dont 57 % de femmes. Auxquels il faut ajouter un réseau de 900 000 personnes prenant part aux réunions ou aux activités de l'Opus Dei, sans en être membres et peut-être même parfois sans être au courant qu'il s'agit d'activités gérées par l'Opus Dei.

Des intégristes au cœur du monde laïque

Son image élitiste ferait presque oublier qu'il s'agit d'un mouvement autrement plus large, destiné à former des catholiques laïques se sanctifiant par leur travail, et donc tourné vers le prosélytisme via la formation professionnelle. Fondée en 1928 par Josemaría Escrivá, l'Opus compte beaucoup plus de membres laïques que de religieux. Selon l'annuaire officiel de l'Opus Dei, sur 85 491 membres de par le monde, on dénombrerait à peine 1 850 prêtres, dont 23 évêques sous la direction de la prélature[5], et 18 évêques appartenant à la Société sacerdotale de la Sainte-Croix, non dépendants de la prélature[6]. Le gros des troupes agit au sein de la société civile et a été recruté via son réseau éducatif et professionnel comportant 15 universités, 7 hôpitaux (gérant 300 000 patients, 1 000 médecins), 11 écoles de commerce, 36 écoles, 97 établissements d'enseignement technique et 170 résidences universitaires.

Les clercs sont donc minoritaires au sein de l'Opus Dei. Pour une raison simple : l'Œuvre n'a pas été pensée pour offrir à l'Église des bataillons de prêtres, mais des soldats agissant dans le siècle. Le fondateur a beaucoup insisté sur le fait qu'il s'agit d'inciter des laïques à mener une vie saine tout en restant actifs au sein de la société : « L'Œuvre est née pour contribuer à ce que ces chrétiens, insérés dans le tissu de la société civile – par leur famille, leurs amitiés, leur travail professionnel, leurs nobles aspirations –, comprennent que leur vie, telle qu'elle est, peut être l'occasion d'une rencontre avec le Christ, c'est-à-dire qu'elle est un chemin de sainteté et d'apostolat[7]. » L'un des symboles de l'Opus Dei, une simple croix dans un cercle, témoigne de cette volonté d'accéder à la sainteté en vivant selon les principes de l'Évangile au milieu du monde. Par le travail, et non par la seule prière. Une mini-révolution qui donnera bien du fil à retordre au droit canonique pour trouver un statut adéquat à l'Opus Dei. Car avant la création de l'Œuvre, la seule voie noble pour accéder à la sainteté au sein du catholicisme paraissait devoir être la vie monacale et le retrait du monde ; ou la voie ecclésiastique. Balaguer, lui, propose de suivre le Christ dans sa vie quotidienne au milieu des autres : « La plupart des chrétiens reçoivent de Dieu la mission de sanctifier le monde du dedans, en demeurant au milieu des structures temporelles ; l'Opus Dei s'attache à leur faire découvrir cette mission divine, en leur montrant que la vocation humaine – la vocation professionnelle, familiale et sociale – ne s'oppose pas à la vocation surnaturelle ; bien au contraire, elle en est partie intégrante[8]. » En soi, cette troisième voie n'est pas fondamentalement révolutionnaire. Les catholiques libéraux ont, eux aussi, choisi de suivre plutôt l'exemple de Jésus que celui de l'Église. Ainsi que tous ceux ayant entendu l'appel du concile de Vatican II comme une invitation à reprendre son bâton de pèlerin pour agir au sein de la société. La différence, c'est que l'Opus Dei utilise cette ouverture encouragée par Vatican II pour mieux diffuser un catholicisme d'avant-Vatican II. Chez ses adeptes, le culte de la sainteté débouche sur une surenchère dans l'abnégation, la dévotion et la recherche de la douleur. D'où l'importance des mortifications et la tendance à accepter un endoctrinement potentiellement abusif et liberticide. D'autant qu'au sein de l'Œuvre, bien que majoritaires, les laïques restent dominés par les clercs. Balaguer le rappelle dans son petit guide à l'intention des fidèles, *Chemin* : « Les laïques ne peuvent être que disciples. » Et pour certains même, nous le verrons, des semi-esclaves.

Selon un vocabulaire typiquement opusien, l'œuvre se compose à 70 % de « surnuméraires », soit des hommes ou des femmes mariés « pour lesquels la sanctification des devoirs familiaux constitue une partie primordiale de leur vie chrétienne ». Auxquels il faut ajouter les « agrégés », soit des « hommes et femmes qui s'engagent à vivre le célibat, pour des motifs apostoliques » et qui « vivent avec leur famille, ou à l'endroit qui leur convient le mieux pour des raisons professionnelles ». Viennent ensuite les « numéraires ». Ceux-là sont célibataires et « vivent dans des centres de l'Opus Dei », où ils « s'occupent des activités apostoliques et de formation des autres membres de la prélature ». Ils sont secondés par des « numéraires auxiliaires », des femmes « qui se consacrent principalement aux travaux domestiques dans les sièges des centres de la prélature ». Ces femmes auxiliaires dévouent leur vie aux tâches ménagères, et doivent s'occuper des résidences de l'Œuvre en toute discrétion, sans même dire bonjour et si possible sans être vues des autres membres. Elles sont les plus exposées au risque d'être exploitées et coupées de leur famille. Comme l'explique l'association ODAN, fondée par des anciens de l'Opus Dei : « Ces femmes sont recrutées parmi les couches les plus pauvres de la société pour s'occuper de la cuisine, de l'entretien et du blanchissage des centres. On les convainc qu'il s'agit d'une vocation venant directement de Dieu et qu'elles doivent abandonner l'idée de se marier et d'avoir des enfants pour pouvoir répondre aux besoins de l'œuvre. Elles doivent travailler durant de très longues heures et produire un travail considérable. » D'où les témoignages d'anciennes adeptes exploitées ayant accentué la réputation sectaire de l'Opus. Un procès que l'Opus Dei évacue un peu facilement en expliquant que ses membres de l'Opus n'agissent pas en tant que dépositaires du groupe... Autrement dit, l'organisation ne se sent pas concernée par les actes de ses membres lorsqu'ils gênent. Cette défense tient d'autant moins la route que les opusiens sont guidés dans les plus petits instants de leur vie quotidienne par un directeur de conscience de l'Institut. Mais elle présente l'immense avantage d'esquiver les critiques.

L'école Dosnon

Le cadre est enchanteur. Une vieille bâtisse disposant d'un parc verdoyant et d'une salle de restaurant où les jeunes femmes peuvent s'exercer à servir à table. L'ambiance est typique de l'idéal opusien : des jeunes femmes soignées et serviables, dans un cadre propre et aseptisé.

Elles s'appellent Claire, Marie, Morgane, Mathilde ou Carmen. Elles viennent d'Europe ou d'Amérique latine. Et posent en uniforme blanc et vert, l'air grave, sur les marches de la bâtisse. On les voit servir à table ou montrer fièrement leurs plats. Nous sommes à l'école hôtelière Dosnon, rue de l'Église à Couvrelles, en Picardie. Non pas dans leurs locaux mais sur leur site Internet. Car depuis que des journalistes ont révélé les liens existant entre cette école hôtelière et l'Opus Dei, les journalistes ne sont pas les bienvenus. Arnaud Gency, le porte-parole de l'Œuvre, dit avoir tenté de convaincre les dirigeants de l'école de nous rencontrer mais ils préfèrent rester discrets. Non pas qu'ils aient honte de leurs convictions (la directrice indique le site de l'Opus Dei parmi les « sites que j'aime » sur son blog) mais ils gardent visiblement un mauvais souvenir des derniers reportages qui leur ont été consacrés. Pour nous familiariser avec l'école, nous devrons donc parcourir de long en large son site, où plusieurs de ses élèves n'hésitent pas à dire leur enthousiasme et nous raconte aussi un peu leur parcours. Le plus souvent, il s'agit de jeunes femmes en difficulté dans leurs études. La plupart ont redoublé leur troisième et leurs familles ont cherché pour elle un BEP ou un CAP. L'école est privée et forme exclusivement des jeunes filles, pensionnaires ou demi-pensionnaires. En deux ans, elles obtiendront un CAP services hôteliers et un BEP des métiers de la restauration et de l'hôtellerie. Ce qui permet à l'école de bénéficier des subsides liés à la taxe professionnelle, en plus des frais de scolarité des élèves : 3 100 euros l'année si elles sont pensionnaires. Mathilde, par exemple, est entrée à Dosnon « après une année de troisième difficile » : « Je devais redoubler et mon avenir scolaire m'apparaissait plus qu'incertain. C'est en voulant m'occuper l'été que mes parents m'ont envoyée faire un stage à l'école Dosnon. » Elle se dit ravie de son expérience :

« Mes années à Dosnon m'ont permis de reprendre goût aux études, d'avoir confiance en l'avenir grâce à un travail concret dans lequel je voulais donner le meilleur de moi-même. Nous étions de plus très soudées entre les élèves, ce qui nous a beaucoup aidées dans les moments difficiles dus à l'éloignement de la famille et à la fatigue du travail. » Mathilde insiste sur l'importance de sa relation avec sa tutrice, très importante dans le coaching opusien : « La confiance que l'on m'a faite m'a toujours portée à croire que je pouvais aller plus loin que mes attentes. »

Officiellement, cette école privée technique d'hôtellerie n'appartient pas à l'Opus Dei, mais elle a été fondée par des opusiens, elle est dirigée par des opusiens et son aumônerie est officiellement tenue par l'Opus Dei : « Les élèves qui le désirent peuvent recevoir une formation chrétienne confiée à l'Opus Dei, institution de l'Église catholique fondée par Josemaría Escrivá » précise son site Internet[9]. En principe aussi, l'encadrement spirituel est optionnel. Dans les faits, on ne voit pas bien comment une élève pourrait refuser de s'y intéresser tant l'esprit de l'Opus Dei imprègne « la formation humaine et professionnelle » que l'école souhaite dispenser. On peut se demander en quoi l'encadrement spirituel des étudiants est nécessaire pour apprendre à servir dans un restaurant ou un hôtel ? Peut-être parce que le but est moins de former des jeunes aux métiers hôteliers que de former des jeunes voulant travailler dans la restauration à devenir de bons catholiques. Ce qui n'empêche pas de former de bons travailleurs, puisque le catholicisme de l'Opus Dei consiste à prôner la sanctification par le travail. Voilà sans doute l'une des caractéristiques des centres professionnels sous influence de l'Opus, dont la capacité à encadrer et donc à former des jeunes femmes travailleuses et rigoureuses n'est plus à démontrer. L'envers de la médaille, c'est qu'à force de considérer le travail comme une mission au service de Dieu, l'Institut et ses partenaires font difficilement la différence entre sacerdoce et exploitation domestique, surtout lorsqu'il s'agit des femmes.

En février 2007, suite à la plainte d'une ancienne élève, le juge d'instruction Dominique de Talancé a mis en examen les dirigeants de l'école ainsi que ceux de l'Association culturelle universitaire et technique qui l'encadre pour « recours systématique au travail dissimulé des élèves mineures de l'école de Dosnon en se soustrayant aux obligations légales du code du travail » et « conditions de travail contraires à la dignité humaine ». Entrée au service de l'association à l'âge de 15 ans, la jeune femme y a servi pendant treize ans au prix d'un demi-Smic. Dans le *Courrier picard*, la directrice de l'école hôtelière, Claire de Segonzac, se défend mollement : « Nous collaborons dans un climat de confiance. Son salaire n'était pas énorme, elle a été payée en liquide et nous n'avons pas fait de reçu. C'est une erreur dont nous avons tiré les enseignements. Nous avons été obligés par l'inspection du travail à lui payer 46 000 francs [de l'époque][10]. » Quant au fait que la jeune femme ne pesait plus que 40 kg, la directrice croit tenir une explication : « Les jeunes filles veulent rester minces et nous ne pouvons les en empêcher[11]. » L'affaire embarrasse suffisamment l'Opus Dei pour qu'elle cherche à minimiser. Dans un communiqué de presse, Arnaud Gency explique que « l'école dont il est question, l'école Dosnon, n'appartient pas à l'Opus Dei. À la demande de la direction de l'école, un partenariat avec l'Opus Dei a été établi, qui se limite à une assistance pastorale et à la nomination d'un aumônier. Les fidèles de l'Opus Dei sont pleinement autonomes et responsables, tant dans leur activité professionnelle ou familiale que lorsqu'ils prennent des initiatives éducatives ou sociales, comme la création et la gestion d'une école professionnelle ». Plus loin, il précise que « la seule finalité de l'Opus Dei est d'offrir une formation chrétienne qui aide chacun à rechercher l'identification à Jésus-Christ au milieu des événements ordinaires de la vie de tous les jours. Elle le fait dans le respect de la liberté et de la dignité des personnes qui s'adressent à elle, et dans le respect des lois civiles ».

On serait tenté de croire à cette version faisant de l'Opus Dei un simple « prestataire de service » de Dosnon, mais ce serait nier l'importance des liens entre l'Institut et cette école. En septembre 2004, lorsque des journalistes de Canal + ont souhaité interroger le directeur de communication de l'Opus, ce dernier leur a fait savoir qu'il n'avait pas apprécié l'attitude des journalistes à Dosnon. « En mars 2003, (...) vous aviez enregistré mes réponses en caméra cachée à mon insu. Votre équipe avait utilisé ce même procédé pour filmer des personnes, dont des mineures, à l'école Dosnon[12]. » Si Dosnon n'a aucun lien avec l'Opus autre que l'aumônerie, pourquoi son directeur de communication prend-t-il sa défense[13] ? Et qui peut croire qu'une école fondée par une association de l'Opus, encadrée spirituellement par elle, n'est pas sous son influence pour former « humainement et professionnellement » des jeunes ?

L'école Dosnon a été imaginée par l'Opus Dei en 1970, via l'ACUT, l'Association culturelle universitaire et technique qui lui sert à s'implanter dans le milieu de la formation professionnelle et technique depuis le milieu des années 50 en France. Fondée par un prêtre et trois étudiants opusiens, l'association a déposé ses statuts à la préfecture le 28 février 1956. Parmi ses objectifs affichés, il s'agit de « favoriser le séjour et les études en France des étudiants originaires des pays de langue française et des pays latins, favoriser leur formation culturelle, organiser toutes activités culturelles, scientifiques, sportives ou autres, destinées aux jeunes de tous âges et de toutes conditions ». L'intitulé est vague. Dans un premier temps, l'ACUT s'est surtout chargée d'acheter les futures résidences de l'œuvre, où pourront loger des étudiants étrangers, notamment sud-américains, lors de leurs études en France. À Strasbourg, par exemple, sept jeunes sont logés dans une résidence confortable et utramoderne tenue par l'Opus. Ils ne sont pas tous catholiques ni forcément numéraires, mais tous apprécient ces conditions d'études idéales, et ne cachent pas leur mépris pour un livre comme le *Da Vinci Code* lorsqu'une équipe de LCI vient les interroger. L'Opus sait rendre des services qui valent gratitude et reconnaissance, voire donne envie d'en faire partie. Comme dans presque tous les pays, elle espère attirer à elle des étudiants en quête d'ascension sociale ou simplement d'une formation à la fois professionnelle et catholique. L'enseignement public étant gratuit et ouvert à tous, elle ne peut concurrencer les lycées et les universités généralistes. Elle se tourne donc vers la formation aux métiers techniques, une filière qui attire les jeunes désireux de travailler au plus vite. Ce chantier fait partie des missions prioritaires de l'ACUT, qui accomplit son œuvre grâce au soutien financier d'héritiers et de rentiers issus du monde libéral et catholique, tels que Catherine Bardinet (héritière des rhums Négrita-Bardinet) ou le comte Jacques d'Armand de Châteauvieux (héritier des Sucreries et rhumeries de Bourbon, implantées à l'île de la Réunion). L'association s'est aussi dotée d'un comité de parrainage prestigieux, où figurent notamment des gaullistes historiques comme la maréchale Thérèse Leclerc de Hautecloque, ou encore feu Maurice Schumann (alors futur ministre des Affaires étrangères), Paul Baudoin (ex-ministre des Affaires étrangères de Vichy), René Capitant (juriste et ancien ministre), Jean Foyer (alors futur garde des Sceaux), Georges Vedel (futur membre du Conseil constitutionnel). On ne peut pas déduire que toutes ces personnalités soient membres de l'Opus (plusieurs sont décédées et les autres n'ont pas souhaité répondre à nos courriers[14]), mais toutes ont contribué au prestige de l'Opus Dei et ont cautionné son recrutement via l'école Dosnon, poursuivie par l'inspection du travail pour avoir exploité plusieurs jeunes travailleuses sous prétexte de les faire travailler pour Dieu. Avec la bénédiction de l'Église dont l'Opus Dei peut se prévaloir pour recruter.

Une secte mais dans l'Église

L'une des erreurs récurrentes des détracteurs de l'Opus Dei consiste à vouloir présenter l'Institut comme une secte agissant hors de l'Église. Comme si elle enrôlait en vue de se remplir les poches ou de manipuler des gouvernements pour son propre compte. Une vision simplificatrice que les chargés de communication de l'Opus Dei n'ont aucun mal à démonter, d'autant que l'Œuvre a considérablement revu ses méthodes de communication ces dernières années. Dans un article paru dans *Le Monde diplomatique*, Jérôme Anciberro raconte ce passage de « la légende noire à la normalisation médiatique[15] ». Avant même la nécessaire riposte au *Da Vinci Code*, l'Opus Dei s'est mise à réorienter et professionnaliser sa communication dès 1992, entre la béatification et la canonisation de son fondateur. Depuis 2006, en collaboration avec l'Association internationale des journalistes accrédités au Vatican, elle est même en charge d'un cours annuel destiné aux correspondants étrangers venant couvrir l'actualité religieuse à Rome. Un moyen de rappeler aux observateurs qui en douteraient encore que l'Opus est bien partie prenante de l'Église. Le soutien officiel de la hiérarchie catholique fait d'ailleurs partie des principaux arguments invoqués par les opusiens pour rejeter le soupçon d'être une secte. Y compris face aux critiques formulées par des familles catholiques ayant vu l'Opus Dei les couper de leurs enfants. Si certains prêtres conseillent discrètement aux parents de sortir leurs filles au plus tôt de l'Œuvre, d'autres ont plutôt tendance à répondre que « l'Opus Dei n'est pas une secte mais un institut très officiellement reconnu par l'Église[16] ». Ce qui laisse le champ libre à l'Opus Dei pour répondre à toute critique en expliquant qu'« il n'y a aucune définition ou théorie, universitaire ou populaire, qui permette d'appliquer les termes péjoratifs "secte" ou "culte" à l'Opus Dei ». Une version angélique régulièrement écornée. Plusieurs anciens membres témoignent d'un contrôle social de type sectaire. Mieux, la définition d'une secte donnée par l'Église peut s'appliquer à l'Opus Dei.

Le 7 mai 1986, le Saint-Siège a publié une note intitulée « Le phénomène sectaire ou nouveaux mouvements religieux : défi pastoral ». Il s'agissait surtout de fournir un mode d'emploi pour résister à l'avancée des mouvements évangéliques protestants, mais l'association américaine composée d'anciens opusiens, ODAN (Opus Dei Awareness Network), estime que les critères établis par le Saint-Siège pour définir une secte correspondent point par point à l'Opus Dei. C'est ce qu'elle écrit dans un *Guide sur l'Opus Dei à l'usage des parents* publié aux États-Unis en 1991 : l'Opus Dei « possède les caractéristiques distinctives d'une secte : autoritaire dans sa structure, utilisant un certain contrôle mental et entretenant une contrainte collective en inspirant des sentiments de culpabilité et de peur[17] ». À plusieurs reprises, des parlementaires ont d'ailleurs classé l'Opus parmi les sectes, comme en Belgique en 1997. Le travail d'enquête le plus abouti, celui ayant démontré son orientation sectaire, est souvent venu de catholiques libéraux, comme Catholics for a Free Choice, *Golias*[18], ou alors de jésuites[19]. L'élection de Benoît XVI marque un rafraîchissement brutal des relations entre le Vatican et ces deux courants, tandis qu'elles ne cessent de se réchauffer entre l'Église et l'Opus Dei. Ce contraste va bien au-delà de l'anecdote. Il trahit un véritable tournant réactionnaire. Car Rome a non seulement choisi de s'appuyer sur l'Opus par communauté de vues et de valeurs, mais l'Église va jusqu'à défendre l'Œuvre contre le moindre chrétien inquiet de ses méthodes.

Pour avoir mis en garde contre cet institut dès 1981, le père Longchamp, jésuite, n'a plus le droit au chapitre depuis plus de vingt ans. La revue qu'il dirigeait à l'époque, *Choisir*, a publié un dossier intitulé « L'Opus Dei : une Église dans l'Église ? ». Sérieux et étayé, il répondait sévèrement à cette question. Il s'inquiétait notamment de voir des jeunes adolescents formés par l'Opus « devenir de plus en plus intolérants et étroits d'esprit ». Pierre Emonet, qui a enquêté et rédigé l'article, dit avoir « découvert un goût du secret, un contrôle très strict de la part des supérieurs, le goût du pouvoir et une certaine collusion avec le monde de l'argent[20] ». Il était loin d'imaginer combien la collusion était surtout forte entre l'Opus Dei et le Saint-Siège. Le directeur de la revue est immédiatement rappelé à l'ordre. Un messager du Vatican, arrivé par avion spécialement pour le rencontrer, est venu lui apporter une lettre signée du cardinal Casaroli. Dans cette lettre, il lui est demandé de ne « pas blesser la charité de l'Église » et de ne plus diffuser aucune information sur l'Opus Dei, fût-elle exacte. Cette mesure n'a jamais été abolie par le Saint-Siège, malgré les demandes répétées du père Longchamp et la mobilisation de certains fidèles plaidant sa cause. En 2002, il a demandé une audience à Rome pour faire le point : « On n'a pas daigné me recevoir mais, en revanche, j'ai eu pour consigne de ne rien écrire contre la canonisation du fondateur de l'Opus Dei, Escrivá de Balaguer[21] ! »

Une Église au cœur de l'Église

Benoît XVI pourra difficilement égaler Jean-Paul II en termes de soutien et de confiance accordés à l'Opus Dei. Lui-même a été l'un des acteurs de cette proximité en tant que préfet de la Congrégation pour la doctrine de la foi, où il travaillait avec plusieurs collaborateurs de l'Œuvre choisis par ses soins, notamment Mgr Fernando Ocáriz (le n° 2 de l'Opus Dei), Mgr Angel Rodriguez Luno et Mgr Antonio Miralles. Le plus connu d'entre eux, Joaquin Navarro-Valls, fut le porte-parole de Jean-Paul II pendant vingt-deux ans. Médecin psychiatre, il travaillait comme journaliste et correspondant en Italie pour le quotidien madrilène *ABC*[22] lorsque le pape l'a contacté, en 1984, pour lui proposer de réformer de fond en comble la communication du Vatican. Les traditionalistes ont difficilement compris que l'on confie ce poste à un laïque, devenu le « laïque le plus puissant du Vatican ». Sa présence à ce poste, auprès du pape le plus médiatisé de l'histoire catholique, symbolisait pour beaucoup l'influence de l'Opus Dei. Selon le *Figaro*, « nombreux parmi les responsables de l'Église s'interrogeront sur l'influence dont l'Opus Dei, au travers de Navarro-Valls, disposait sur le souverain pontife. Élégant, raffiné, le porte-parole du Vatican menait la salle de presse d'une main de fer, n'hésitant pas à sanctionner, voire à exclure, les journalistes qui lui déplaisaient. Au point qu'on a pu parfois l'accuser de déformer les messages pontificaux suivant ses vues conservatrices[23] ».

La relève, difficile, sera assurée par le père Lombardi. Âgé de 63 ans, ce jésuite est entré dans les ordres en Italie avant de partir étudier en Allemagne, ce qui le rapproche du nouveau souverain pontife. Il s'est fait connaître pour ses talents de communication à la direction des programmes de Radio Vatican, puis de la télévision vaticane en 2001. Or Radio Vatican fait partie des médias dans le collimateur de l'Opus Dei à cause de ses critiques. Faut-il y voir dans cette nomination un symbole, celui du déclin de l'influence de l'Opus Dei sur le Saint-Siège ? Cela paraît difficile tant l'Opus a su se rendre incontournable au fil des années. L'actuel pape connaît l'œuvre depuis longtemps, au moins depuis 1978. En tant que préfet de la Congrégation pour la doctrine de la foi, il a certainement eu à cœur de limiter le pouvoir de cette Église au cœur de l'Église, mais pas de s'en priver. En 1983, devant des anciens élèves de Munich, il aurait expliqué avoir beaucoup milité pour que l'Opus Dei ne soit pas un diocèse personnel mais une simple prélature personnelle du pape[24]. On murmure également que la « vacuité idéologique et le caractère ennuyeux » de l'Œuvre lui taperaient sur les nerfs. Ce ne sont que des murmures. Joachim Navarro-Valls n'a pas été démissionné. Il songeait à prendre sa retraite depuis longtemps, et la mort de Jean-Paul II est venue logiquement incarner ce moment à ses yeux. Ce spécialiste de la communication a moins d'atomes crochus avec le nouveau pape, d'un naturel peu télégénique. Autrement dit, Benoît XVI n'a pas voulu son départ. Il aurait aimé garder auprès de lui cet homme incontestablement doué, dont le talent garantissait une certaine continuité. Le choix de son successeur n'est certes pas anodin. Il est possible que l'œuvre agace parfois cet amoureux d'une théologie autrement plus évoluée, qu'il se soit inquiété de leur pouvoir. Dans ce cas, la nomination d'un jésuite, qui plus est responsable de Radio Vatican, peut être interprétée comme le signe d'un rééquilibrage. Mais si ce rééquilibrage est devenu nécessaire, c'est parce que l'Opus Dei a obtenu un nombre impressionnant de postes clef sous Jean-Paul II. Outre Navarro-Valls, trois autres opusiens incarnaient cette forme de surreprésentation. Gio María Poles, laïque, dirigeait le ministère du Travail : le service du personnel du Vatican. Les opusiens ont également longtemps été représentés par Mgr Herranz à la tête du Conseil pontifical pour l'interprétation des textes législatifs, l'un des onze conseils pontificaux, chargé d'expliquer le droit canon. En février 2007, ayant atteint la limite d'âge, il a été remplacé par quelqu'un qui n'était pas membre de l'Opus. Pour veiller au maintien d'une certaine ligne, le pape a néanmoins veillé à nommer Mgr Juan Ignacio Arrieta Orchoa de Chinchetru, un autre membre de l'Opus Dei, au poste de numéro trois du Conseil.

Benoît XVI a donc souhaité veiller aux équilibres, mais il n'a pas pour autant pris ses distances avec l'Opus

Dei. De nombreux opusiens ou leurs alliés restent actifs au Vatican. Le secrétaire particulier du pape, Georg Gänswein, a enseigné le droit canon pendant cinq ans à l'Université romaine de la Sainte-Croix, l'une des universités de l'Opus Dei[25]. Un poste qu'il a abandonné pour travailler sous les ordres de Joseph Ratzinger, alors évêque de Ratisbonne, puis de Munich, avant de suivre le futur pape à Rome lorsque celui-ci a été nommé préfet de la Congrégation pour la doctrine de la foi. Il n'est vraisemblablement pas membre de l'Opus Dei (très peu se reconnaissent dans ce titre) mais il en est très proche, a suivi leur formation, et partage leur corpus théologique et idéologique. En tout, sept prêtres opusiens administrent ou président des commissions et des congrégations clefs telles que l'Accademia Ecclesiastica (chargée de former les diplomates du Saint-Siège), l'Académie pontificale pour la vie (qui œuvre tout particulièrement contre le droit à l'avortement au nom du Saint-Siège), le Conseil pontifical pour l'interprétation des textes de loi, la Congrégation du clergé, celle des évêques, ou encore le Conseil pontifical pour la famille[26]. Sept autres ont des postes de moindre importance au sein de commissions telles que la Congrégation pour l'évangélisation des peuples, la Congrégation pour la cause des saints ou le Conseil pontifical pour la laïcité[27]. Selon John Allen, le biographe autorisé de l'Opus Dei, il existerait ainsi 500 postes d'importance au Vatican dont 3,6 % occupés par l'Œuvre. Un chiffre peu impressionnant à ses yeux : « Comparé aux Jésuites, aux Dominicains, ou même aux Franciscains, c'est ridicule[28]... » Sauf que les ordres classiques cités sont autrement plus anciens et exclusivement voués à fournir les rangs du clergé ; tandis que cette branche cléricale n'est qu'une part émergée de l'Opus Dei, dont la vocation principale est de former des laïques. On ne compte que 1 850 prêtres opusiens sur 405 000 prêtres, soit 0,4 %. Si l'on tient compte de ce chiffre, et si l'on compare le nombre des postes clefs occupés par des opusiens au poids réel de leur Œuvre au sein du clergé, on peut estimer que l'Opus Dei est bien surreprésentée au regard d'un ordre comme celui des Jésuites. Cette reconnaissance institutionnelle illustre l'ascension en cours de l'Opus Dei, bien plus jeune que la Compagnie de Jésus, et qui forme bien moins de prêtres ou d'évêques. Serait-ce que ses valeurs et la rigidité de sa formation correspondent parfaitement à la ligne voulue par le Saint-Siège ?

En tant que gardien du trône de Pierre, Benoît XVI a visiblement à cœur de poursuivre la digestion de l'Opus par l'Église en vue de continuer à l'utiliser comme bras armé dans la lutte contre le « laïcisme », la théologie de la libération, l'évangélisme protestant et le relativisme. Echevarría laisse d'ailleurs volontiers entendre que les liens sont encore plus étroits que sous Jean-Paul II, ce qui paraît difficile, mais les signes amicaux sont là. Benoît XVI a accepté de devenir docteur *honoris causa* de l'une des universités phares de l'Opus Dei, à Pampelune. Enfin, au mois d'août 2005, il a volontiers participé à l'érection d'une statue de cinq mètres de haut à la gloire de Josemaría Escrivá à l'extérieur de la cathédrale Saint-Pierre à Rome. Une décision prise par Jean-Paul II, juste avant sa mort, mais confirmée par Benoît XVI et qui fait entrer le fondateur de l'Opus Dei parmi les 150 saints gravés dans la pierre de ce haut lieu de l'Église catholique.

Josemaría Escrivá

Son nom aurait pu lui porter malheur. En espagnol, Escrivá s'écrit parfois Escriba, soit le mot « scribe » associé de façon si péjorative aux pharisiens dans les Évangiles. Quant à « de Balaguer », les adversaires de l'Opus Dei relèvent qu'il s'agit d'un ajout tardif, destiné à anoblir le nom du fondateur, alors qu'il n'évoque rien d'autre que la terre catalane dont est originaire une branche de ses ancêtres. Josemaría vient néanmoins d'une bonne famille. Il est né le 9 janvier 1902 à Barbastro, en Aragon. Ses parents sont de fervents catholiques. Sa mère, Dolorès, vient d'une lignée catalane très pieuse et plusieurs de ses frères sont prêtres. Riche commerçant et militant catholique, son père fréquente des journaux comme *Le Croisé aragonais* et le Centre catholique de Barbastro, dont le but est surtout de « promouvoir la défense et la mise en place de l'ordre social et de la civilisation chrétienne selon les enseignements de l'Église[29] ». En ce début de siècle, l'Espagne traverse une intense époque de revendications sociales. Dans cette petite ville qui a connu l'invasion mauresque puis les croisades, sa famille fréquente les cercles où l'on vit surtout dans l'angoisse de voir l'Église défigurée par « la barbarie marxiste[30] », selon l'expression du biographe officiel du fondateur de l'Opus Dei.

Andrés Vázquez de Prada, écrivain, diplomate et ami personnel de Josemaría Escrivá, a consacré trois énormes volumes de plus de 600 pages à la « vie du fondateur de l'Opus Dei ». Aucun détail, pas même le plus rébarbatif et le plus insignifiant, n'est épargné au lecteur. Comme si la moindre des pensées d'Escrivá, même mal formulée et répétitive, devait être consignée. Malgré l'immense effort de l'auteur, on ne trouve pourtant guère trace de charisme ou d'une pensée exceptionnelle. Plutôt l'obsession masochiste d'un bourgeois élevé dans une famille très pratiquante, marquée par un revers de fortune, n'ayant pas la vocation pour être clerc et cherchant à former un ordre permettant d'assouvir son goût pour l'architecture et la mortification. L'un des côtés sombres de la foi d'Escrivá vient probablement de la série de drames que traverse sa famille lorsqu'il est encore jeune. Il voit mourir l'une après l'autre trois de ses sœurs. Second de cette famille de six enfants, il est alors persuadé que son tour approche, que Dieu cherche à l'éprouver personnellement et qu'il ne pourra trouver le salut que dans la douleur : « J'ai toujours fait beaucoup souffrir mon entourage. Non que j'aie provoqué des catastrophes ; mais le Seigneur, pour me frapper moi, qui étais le clou – pardon, Seigneur –, frappait une fois sur le clou et cent fois sur le fer[31]. » Un jour, à la première poussée de fièvre, ses parents eux-mêmes croient perdre leur fils. La légende veut que Josemaría ait miraculeusement guéri après que sa mère eut promis d'effectuer un pèlerinage à l'ermitage de Torreciudad, en hommage à la Sainte Vierge. Ce que le jeune couple fera à dos de mule. Josemaría est convaincu de devoir cette sortie de fièvre à un miracle de la Vierge Marie : « Notre Dame, ma mère, tu m'as donné la grâce de la vocation ; tu m'as sauvé la vie quand j'étais enfant[32] ! » Il passe une partie de son enfance à se demander ce que « Jésus attend de lui ». Une question qui le hante tout au long de sa scolarité, plutôt studieuse et brillante. Josémaria n'a jamais connu autre chose que des écoles religieuses, notamment maristes. Même lorsque son père fait faillite, trompé par un associé, la famille ne pourra se résoudre à l'envoyer à l'école publique de la nouvelle ville, Logrogno, où ils sont contraints de déménager. Ses parents, comme leur fils, vivent très douloureusement leur déclassement. Ce changement de situation jouera un rôle important dans le rapport ambigu qu'entretiendra toute sa vie Escrivá avec l'argent, qu'il recherchait avec avidité pour étendre son œuvre. Jeune, Escrivá n'est pas sûre de sa vocation : « La simple pensée de devenir éventuellement prêtre plus tard me gênait[33]. » Il se dit même « anticlérical », pas au sens d'être attaché à la laïcité bien sûr, mais au sens où il préfère servir le religieux en tant que laïque. Il hésite à intégrer une école d'architecture, mais atterrit tout de même au séminaire, où il vit très douloureusement les railleries de ses camarades – qui le traitent de « fils à papa » pour se moquer de son tempérament maniaque, pointilleux et parfois colérique. Son recteur le décrit comme un séminariste pieux, moyennement discipliné et appliqué, de caractère « inconstant et hautain, mais bien élevé et poli[34] ». Des traits de caractère qui, à défaut d'en faire un bon camarade, en font un bon chaperon. À la rentrée de

1922, sur recommandation du cardinal Soldevilla, il est nommé inspecteur au séminaire et tonsuré. Il bénéficie alors d'un statut assez exceptionnel pour son jeune âge : celui d'un clerc et d'un supérieur, à la fois étudiant et directeur. Autant dire qu'il tâtonne pour trouver sa place et imposer son autorité. Ce sont néanmoins ses premières passes d'armes en tant que leader. Il obtient de très bons résultats à ses examens et souhaite commencer des études supérieures civiles, de droit, en plus de ses études ecclésiastiques. À l'université de Saragosse, où il rencontre ses premiers vrais mentors, le séminariste choisit d'étudier le « droit naturel », les « institutions du droit romain » et le « droit canonique ».

L'année suivante, sa situation familiale connaît une nouvelle épreuve. Son père est foudroyé par une crise cardiaque. Son jeune fils décide de prendre les choses en main. Toute la famille doit déménager pour le suivre à Saragosse, où il loue un appartement et tente de subvenir aux besoins de sa mère, de ses frères et de ses sœurs. Le rythme est infernal, et Josemaría Escrivá doute plus que jamais de sa vocation. Bien que réclamé par son diocèse, il ne rêve que de finir ses études de droit à l'université de Madrid. La fondatrice de la Congrégation des dames apostoliques de la ville, doña Luz Rodriguez, lui permet alors de devenir aumônier de la Fondation des malades, l'une des œuvres de charité dont elle s'occupe. L'enfant torturé, fasciné par la maladie comme châtiment divin, se sent dans son élément lorsqu'il délivre les sacrements au chevet des malades, des pauvres et des nécessiteux, au milieu du siècle et de la douleur. Il aime aussi être dans le feu de l'action. Ces années-là, alors que l'extrême gauche monte en Espagne, la Congrégation des dames apostoliques souhaite œuvrer « à la préservation » de la foi catholique en Espagne. « Une œuvre difficile et ingrate » que le biographe du fondateur de l'Opus Dei décrit comme un « apostolat de choc », notamment « dans la zone prolétarienne de Madrid, où la propagande anticatholique faisait rage[35] ». Rivalisant d'esprit missionnaire, les Dames apostoliques tentent notamment de séduire les parents via leurs enfants, en édifiant un solide réseau d'écoles catholiques. En 1928, elles règnent sur 28 écoles scolarisant en tout 14 000 enfants madrilènes. Une charge énorme pour le jeune aumônier, affecté au suivi de 4 000 d'entre eux, mais qui lui a sûrement donné des idées pour la suite. Épuisé, le jeune homme effectue une retraite chez les pères de Saint-Vincent-de-Paul. Le 2 octobre, après quelques jours de repos et de méditation, il lui vient l'idée de bâtir une Œuvre au service de Dieu. Une révélation divine bien entendu. « L'œuvre de Dieu n'est pas sortie d'un cerveau humain », dira rétrospectivement Josemaría Escrivá. « Voici de nombreuses années que le Seigneur l'inspirait à un instrument inepte et sourd, qui le vit pour la première fois le jour des saints anges gardiens, le 2 octobre 1928[36]. » Comme dans chacune de ses confidences, le fondateur de l'Opus Dei utilise un vocabulaire extrêmement négatif ou dépréciatif pour parler de lui. Dans ses lettres ou dans ses notes, il se décrit volontiers comme « un petit gros », « une poubelle » ou « un chiffon mal lavé ». Plus souvent, il se compare à un « bourricot », mais à un bourricot pour qui Dieu a de grands projets. Le fait de se déprécier constamment en tant qu'être humain vise surtout à se présenter comme un instrument de Dieu, qui n'aurait jamais réussi s'il n'avait pas été élu par lui pour réaliser ses projets divins. Une Œuvre qu'il met tellement de temps à nommer qu'elle finit par s'appeler tout simplement l'Œuvre de Dieu : Opus Dei.

Des débuts besogneux

Les débuts sont extrêmement longs et besogneux. Loin d'électriser les foules ou de bâtir une congrégation dans un souffle, Josemaría de Escrivá passe des années à mûrir, petit à petit, cette idée. Tout en reprenant sa mission d'aumônier pour la Fondation des malades, il tente surtout de convaincre quelques jeunes prêtres de faire partie de son ébauche de congrégation, mais ses slogans chocs et son goût pour les mortifications ne séduisent pas vraiment. « Je continue de demander des prières et des mortifications à beaucoup de gens. Comme les gens ont peur de l'expiation[37] ! » s'exclame-t-il, réellement peiné et surpris[38]. Lui-même ne ménage jamais sa peine dans ce domaine. Il prie le Seigneur de lui envoyer une maladie, très dure et douloureuse, pour l'éprouver et vérifier qu'il est sur la bonne voie. Comme au temps où sa mère l'aurait guéri en priant la Vierge Marie. Il espère ne pas servir son ego en rêvant d'une nouvelle congrégation sous ses ordres... Tout en ayant l'obsession de ne pas être un soldat parmi d'autres mais le fondateur d'une congrégation se différenciant des autres, notamment de la

Compagnie de Saint-Paul, dont il apprend avec dégoût la mixité : « Même si l'Opus Dei ne se différenciait des pauliniens que par le fait de ne pas admettre de femmes, bien loin de là, ce serait déjà une différence appréciable[39]. » Ce mépris ne se démentira jamais et inspire encore aujourd'hui l'Opus Dei. Lorsque Josemaría Escrivá finira par comprendre qu'il lui faut une branche féminine, ce sera essentiellement pour cantonner les femmes à des travaux domestiques au service des hommes. Mais de même que les opusiens ne veulent jamais reconnaître aucune responsabilité, Josemaría ne se sent jamais responsable de ses décisions, qu'il impute à Dieu plutôt qu'à lui-même : « La fondation de l'Opus Dei s'est faite sans moi ; la section féminine, contre mon avis personnel[40]. » Pourtant ce sont bien les événements, le parcours et le tempérament de Josemaría Escrivá qui ont dessiné les contours de l'Opus Dei et ses règles.

En l'occurrence, l'Œuvre est l'un des fruits de la guerre civile espagnole déchirant l'Espagne entre républicains anticléricaux et nationalistes (conservateurs catholiques et/ou franquistes) après des années d'instabilité et de troubles. En juillet 1936, l'assassinat de José Calvo Sotelo, un leader monarchiste, sert de prétexte au général Franco et à ses hommes pour entamer un soulèvement militaire visant à renverser le gouvernement républicain au profit d'une dictature. Les républicains résistent. Selon les historiens, il y aurait eu entre 20 000 et 86 000 exécutions en zone républicaine (dont plusieurs milliers de prêtres et de religieux), et entre 40 000 et 200 000 exécutions en zone nationaliste. Prêtre et engagé, Escrivá milite bien entendu pour que l'Espagne reste guidée par le catholicisme. Le fondateur et ses premiers « fils » vivent dans la terreur d'être fusillés par des communistes ou des militants anarcho-syndicalistes de la CNT, qui réquisitionnent l'un des bâtiments utilisés par ses séminaristes pour se réunir. Le père doit vivre ailleurs. Il évite la soutane, tente de dissimuler sa tonsure, et célèbre la messe à voix basse pendant qu'un disciple fait le guet. Avec quelques compagnons, il finit même par se cacher dans un asile pour aliénés tenu par le consulat du Honduras. Pendant cette période, entre l'automne et l'hiver 1937, il écrit plus de 170 lettres à sa famille et à ses « fils » disséminés en Espagne, toujours en parlant de lui comme d'un « cinglé » ou d'un « âne », à la troisième personne, pour ne pas éveiller les soupçons. Bien qu'assez jeune, il parle également de lui comme d'un « grand-père » écrivant à ses « petits-fils ». Il quitte la clinique le 14 mars 1937, muni d'une lettre le déclarant non guéri et « inapte à quelque travail que ce soit[41] ». De fait, à Madrid où il se terre, il tombe gravement malade et perd 40 kg, mais semble heureux, comme après chaque douleur. Il ne doit pas être si traqué car il parvient sans difficulté à obtenir une carte de militant de la CNT, ce qui lui permet de circuler et de parer à d'éventuels contrôles. Avec un petit groupe, il traverse les Pyrénées pour se réfugier au Pays basque, dans la banlieue de Burgos, passée sous contrôle du général Franco et de ses hommes. Il y a des contacts, et peut reprendre une vie de prêtre en attendant la fin de la guerre civile. Le retard que prend l'Œuvre le torture : « Je suis malheureux, parce que je suis un pécheur, désordonné, et que je n'ai pas de vie intérieure[42] », écrit-il dans l'une des notes qu'il prend presque chaque jour sur des cahiers.

L'élan donné par Franco

En mars 1939, Escrivá fait son entrée à Madrid en soutane et au milieu des troupes nationalistes. Des gens viennent lui baiser la main. L'Œuvre dont il rêve et qui tâtonne depuis si longtemps va enfin pouvoir se développer à la faveur de deux événements : le retour en force du catholicisme suite à la victoire de Franco et l'arrivée d'un nouveau pape conservateur, Pie XII, à la tête de l'Église. Dans un message radio diffusé le 16 avril 1939, Pie XII adresse « ses paternelles congratulations pour le don de la paix et de la victoire » aux catholiques espagnols et donc au régime de Franco : « Nous exhortons les dirigeants et les pasteurs de la catholique Espagne à éclairer l'esprit de ceux qui se sont laissé abuser, en leur montrant avec amour les racines matérialistes et laïcistes d'où procédaient leurs erreurs et leurs malheurs. » Les troupes nationalistes viennent alors tout juste de récupérer Madrid. Dans une lettre adressée à ses « fils » écrite à la veille de ce qu'il qualifie de « victorieuse reprise de Madrid », Josemaría Escrivá se montre tout excité : « Je veux que vous commenciez à vous préparer à une lutte qui vient de loin, défense et service de l'Église romaine, Sainte, Une, Catholique et Apostolique, en priant, dans un esprit monastique et guerrier, car telle est la vibration de notre appel, le psaume de la Royauté du Christ », et il précise : « Je vous parle de luttes et de guerres et à la guerre, il faut des soldats[43]. » C'est donc dans cet esprit guerrier au service de la Royauté du Christ que le fondateur reprend son travail d'apostolat en direction des jeunes mais aussi des femmes, présupposées à l'administration domestique. Notamment grâce au soutien des évêques, qui le sollicitent aux quatre coins du pays pour organiser des retraites à la faveur de « cette renaissance spirituelle de l'Espagne[44] ».

On a souvent reproché au fondateur de l'Opus Dei d'avoir soutenu le franquisme[45]. Qu'il l'ait apprécié est incontestable, mais la position de Josemaría Escrivá est plus ambiguë. Dans l'ordre des pouvoirs qu'il respecte, le pouvoir temporel arrive toujours loin derrière le pouvoir spirituel. Autrement dit, Josemaría Escrivá admire en premier Dieu puis le Saint-Siège puis Franco. Contrairement à la coutume du moment à laquelle presque tous les catholiques de l'époque se plient volontiers, Josemaría Escrivá semble n'avoir jamais voulu faire le salut fasciste, qu'il « considérait comme une manifestation à caractère politique[46] ». Ce qui ne l'empêche pas de collaborer au régime ni de partager ses valeurs. Il devient membre du Conseil national de l'éducation à la demande d'un ministre de Franco, qu'il avait bien connu à Burgos. Mais à en croire Josemaría Escrivá, il fallut surtout l'insistance de l'évêque de Madrid pour qu'il accepte ce poste. Plus par peur d'être inféodé à un pouvoir temporel que par rejet des valeurs incarnées par ce pouvoir. Le fondateur de l'Opus Dei savoure pleinement la victoire de Franco dont le régime s'empresse de protéger l'Église et de soutenir toute personne pouvant diffuser l'esprit du catholicisme. Sans doute même rêve-t-il d'aller au-delà : vers une monarchie entièrement fondée sur le religieux et non limitée par ce pouvoir militaire conservant la royauté pour la forme. Il rêve aussi de convertir les rouges, mais il reste choqué par certaines exactions commises par la dictature, selon une position très exactement conforme à la volonté de Pie XII. Le pape souhaite un apostolat intense pour reconquérir les cœurs de ceux qui se sont laissé abuser – par la République, le marxisme ou l'anarchisme – mais « avec amour », c'est-à-dire sans violence. Ce qui n'est guère compatible avec la dictature sanglante qui s'installe. Selon les observateurs, le régime fera exécuter entre 30 000 et 200 000 opposants entre 1939 et 1943.

De même, si Escrivá fut incontestablement « germanophile » au début de la Seconde Guerre mondiale, il finira par se méfier du totalitarisme nazi. Moins par compassion pour le sort des Juifs que par inquiétude pour le sort des catholiques. Cette idéologie lui semble bien trop païenne et antireligieuse. Là aussi, il est à l'unisson de la position ambiguë de Pie XII, qui finit par produire une encyclique contre le nazisme... pour défendre les catholiques et les handicapés gazés. Dans son esprit, comme dans celui de Josemaría Escrivá, le critère catholique prime toujours sur le reste. Cette ligne de conduite avait déjà inspiré une position « nettement germanophile » au fondateur de l'Opus Dei lors de la Première Guerre mondiale : « J'avais quinze ans environ, et je suivais avidement dans les journaux les péripéties de la Première Guerre... Mais surtout je priais énormément pour l'Irlande. Je n'avais rien contre l'Angleterre, mais j'étais pour la liberté religieuse. » Dans le même esprit, le fondateur n'insistera jamais assez sur le fait que « l'œuvre de Dieu n'avait pas été imaginée par un homme pour résoudre la situation lamentable de l'Église en Espagne depuis 1931[47] ». Persuadé qu'il a reçu cette mission de Dieu, il rêve d'un destin autrement plus international et surtout plus intemporel. Si bien qu'il saisit la première occasion de fuir l'Espagne, fut-elle franquiste, pour s'établir à Rome.

Premiers soupçons

Un autre facteur a pu jouer. En Espagne, l'Opus Dei suscite soupçons et méfiance à mesure qu'elle grandit. Celui qui sera un jour le successeur du fondateur, Alvaro del Portillo, se charge tout particulièrement d'élever le niveau spirituel d'une bonne partie du clergé espagnol. L'Opus Dei développe aussi sa branche féminine, scientifique (avec le Conseil supérieur de la recherche scientifique) et pastorale (avec la Société sacerdotale de la Sainte-Croix). Cette montée en puissance déborde incontestablement sur le terrain d'un ordre autrement plus ancien et mieux implanté : les Jésuites. Une véritable guerre larvée, faite d'accusations et de contre-accusations, commence et elle fait du bruit jusqu'à Rome. Les Jésuites se disent choqués par le caractère sectaire du catholicisme propagé par l'Opus Dei. Comme ils le seront, quelques mois plus tard, en découvrant les Légionnaires du Christ sur le campus de l'université de Comillas. Cette fois, ce ne sont pas les méthodes militaires et les soupçons d'abus sexuels qui les alertent, mais plutôt le goût pour la dissimulation et les mortifications. En 1940, Manuel Vergès, célèbre orateur dirigeant la Congrégation mariale de Barcelone, profite d'une neuvaine à laquelle sont conviées toutes les congrégations pour donner la parole au père Carillo, très remonté contre les opusiens, leur fondateur et son livre, *Chemin*, qu'il cite à maintes reprises pour en démontrer l'hérésie. Le père Vergès lui-même mettra en garde contre « la propagande d'une association qui, sans la moindre approbation du pape ni de l'évêque du diocèse (...), se présente comme une spiritualité nouvelle... avec de nouvelles vertus ». Et d'interroger les fidèles : « La coercition, l'intransigeance et l'effronterie : depuis quand sont-elles devenues des vertus ? » Il met surtout en garde contre le vœu de dissimulation visiblement formulé par ses membres puisque « je sais pertinemment que certains y sont affiliés, et qu'ils l'ont nié devant moi[48] ». À l'époque, des membres de la Congrégation mariale de Madrid participant aux formations où interviennent des « fils » de l'Opus Dei se font également l'écho d'accusations plus burlesques, entendues déjà avant guerre, décrivant l'Œuvre comme une franc-maçonnerie blanche admirant la Croix nue (sans le Christ). Finalement, ce mélange d'accusations délirantes mêlées à des inquiétudes plus fondées finit par discréditer l'ensemble des méfiants. Surtout après qu'un tribunal de répression anti-franc-maçonnerie imaginé par les autorités civiles eut instruit le dossier de l'Opus Dei, sans succès. Daté de juillet 1941, l'acte d'accusation est très révélateur de l'atmosphère qui règne alors en Espagne. Le père Escrivá est accusé de constituer une branche maçonnique ayant des accointances avec des sectes judaïques ! Le tribunal conclut à la relaxe et classe l'affaire[49]. Mais l'époque franquiste est décidément propice à la paranoïa. L'année suivante, l'Opus Dei est montrée du doigt par la Phalange. Dans un « Rapport confidentiel sur l'organisation secrète de l'Opus Dei », les franquistes fustigent ses conceptions « internationalistes » et donc antinationalistes. Pour eux aussi, le goût de la dissimulation pose problème. « Sa clandestinité » et « son sectarisme » s'opposeraient aux buts de l'État, donc « à l'ordre des idées défendu par el Caudillo[50] ».

Dans un tel climat, torturé par la méfiance instinctive que son œuvre inspire, le fondateur de l'Opus Dei comprend très vite que seule la caution de l'Église peut le sauver de ses accusateurs. Le premier soutien réel viendra de Mgr Leopoldo Eijo y Garay, évêque de Madrid et ami de longue date de Josemaría Escrivá. Ils se sont connus à Madrid avant de nouer une relation amicale à Burgos, pendant les années de guerre passées en zone franquiste. Le 19 mars 1941, alors que les accusations venant des Congrégations mariales battent leur plein, l'évêque leur accorde un *Decretum laudis* et même un décret d'approbation : « Nous approuvons canoniquement par le présent décret l'Opus Dei, comme Pieuse union, en vertu du canon 78 du CIC (code de droit canonique) en vigueur[51]. » L'évêque va même recommander le fondateur de l'œuvre à Rome en soulignant « sa grande obéissance à la hiérarchie ecclésiastique » : « La marque particulière de son activité sacerdotale, c'est qu'il suscite, en paroles et en écrit, en public et en privé, l'amour de notre sainte mère l'Église et du souverain pontife de Rome[52]. »

Cette correspondance est révélatrice. Elle témoigne de l'état d'esprit du clergé et de la bonne disposition de l'Église à accueillir en son sein le moindre mouvement, fût-il sectaire, du moment qu'il jure fidélité et obéissance au pape. Néanmoins, l'Opus Dei va devoir se battre pendant presque soixante ans pour obtenir ce qu'elle désire réellement : un statut sur mesure.

Une structure ambiguë au regard du droit canon

L'Opus Dei ne deviendra prélature personnelle du pape que le 28 novembre 1982. La légende veut que cette quête ait épuisé Escrivá, mort avant d'avoir vu son vœu le plus cher exaucé. La difficulté vient moins de ses méthodes particulières, qui suscitent méfiance et même adversité, que de son statut particulier au regard du droit canon. L'ayant étudié, Josemaría Escrivá est tout particulièrement attaché à l'idée de trouver un statut qui corresponde parfaitement à sa création, qu'il pense tenir de Dieu. Or l'Opus Dei n'est ni une congrégation ni une simple association mais une œuvre intermédiaire, faisant vivre des laïques selon une règle hiérarchique et tutorale quasi cléricale, tout en leur demandant de mener leur vie au sein du siècle et d'exercer leur métier. Si le Saint-Siège éprouvait de réelles réticences envers son action sur le fond et non sur la forme, l'Opus n'aurait pas obtenu si facilement – dès 1943 – l'agrément pour sa Société sacerdotale de la Sainte-Croix, chargée de ses prêtres. Cette branche correspond aux critères régissant les congrégations, pensées pour offrir un statut à ceux qui s'engagent dans les ordres. Mais que faire des autres activités laïques de l'Opus Dei ? L'Église tarde notamment à trouver un statut approprié à la branche féminine, essentiellement destinée à recruter des femmes non religieuses pour les transformer en saintes femmes de ménage... Sans leur offrir la moindre sécurité ni le moindre statut, comme dans une congrégation. Or Josemaría tient à ce point, et le rappelle dans ses recommandations à Portillo : « Insiste clairement pour dire que mes filles ne sont pas des "religieuses". Il n'y a pas de raison de les assimiler à celles-ci[53]. »

Portillo a été envoyé à Rome pour faire avancer les négociations. Il rencontre la plupart des cardinaux dans ce sens depuis des mois. Mais au Vatican, les avis sont partagés. Certains pensent pouvoir incorporer l'Opus Dei dans l'ensemble normatif du code de droit canonique. D'autres la considèrent comme l'une de ces « formes nouvelles », l'une de ces « pieuses unions » ou confréries s'apparentant à une société de vie commune sans vœux, qui barbotent depuis un moment dans un certain vide juridique. Une commission est chargée d'examiner leur cas, dont celui de l'Opus Dei, depuis 1945. Le 3 avril 1946, Portillo cherche à faire avancer le dossier en prenant rendez-vous avec Pie XII en personne. L'idée d'un apostolat parmi les intellectuels et les citoyens ordinaires enchante le pape. Le numéro deux de l'Opus Dei lui remet un exemplaire de *Chemin*, que le pape feuillette en s'exclamant : « Cela paraît très bon pour la méditation[54]. » En sortant, le pape demande au préfet de la Congrégation des religieux d'examiner au plus vite cette question des « formes nouvelles » : l'Opus Dei figure désormais en tête de liste pour être approuvée. L'œuvre enthousiasme tout particulièrement le cardinal Montini, à qui Portillo remet une biographie du fondateur et une photo pour qu'elle soit dédicacée par le pape. L'institut obtint son *Decretum laudis*, soit l'approbation du Saint-Siège pour son apostolat. Ce n'est pas encore le statut rêvé par Escrivá, mais c'est une première réponse aux détracteurs de l'Opus Dei, qui lui permet d'aller chercher le soutien des diocèses dans chaque pays où il se considère en mission.

Tout au long de sa vie, le fondateur de l'Opus Dei aura deux obsessions nées des deux métiers qu'il aurait aimé exercer s'il ne s'était pas senti chargé d'une mission divine : trouver une forme juridique canonique appropriée à l'œuvre (sa vocation de juriste) et construire des maisons partout dans le monde pour la développer (il voulait devenir architecte). Les deux passions vont d'ailleurs de pair. En effet, la caution du Vatican était nécessaire pour faire face aux critiques, enrôler et donc encourager davantage de disciples à soutenir l'Œuvre, donc à financer les belles maisons dont rêvait le fondateur. Il a passé sa vie à lancer des chantiers de construction sans avoir le moindre argent en poche, quitte à considérablement s'endetter et à constamment se plaindre de soucis financiers, comme au temps du revers de fortune traumatique de ses parents. Mais l'argent finit toujours par arriver, comme par miracle. Les vitrines de l'Opus, son siège en Espagne, ses universités sont tous de très beaux bâtiments, luxueux et confortables. Le biographe d'Escrivá, pourtant obsédé à l'idée de nous raconter le moindre détail de la vie du fondateur, ne s'attarde pas sur la provenance de cet argent. L'Œuvre tient visiblement à rester aussi discrète sur ses mécènes qu'elle l'est sur ses adeptes. Tout juste sait-on que l'un de ses plus gros donateurs – plus de 60 millions de dollars en actions de Ben Venue laboratoires – a permis d'acheter le siège de l'œuvre au cœur de Manhattan. L'impressionnant Murray Hill Place existe grâce au don de la famille de Templeton Smith, fondatrice d'un empire pharmaceutique spécialisé dans la production d'œstrogènes synthétiques et de plasma humain lyophilisé dont on se demande ce que l'Église et l'Opus Dei auraient pensé en d'autres circonstances.

En dehors des mécènes, le financement vient d'un pourcentage pris sur le salaire des adeptes, que l'Œuvre encourage à se sanctifier par le travail. Le fondateur insiste : « Sans vocation professionnelle, on ne peut pas venir à l'Opus Dei (...). Car notre vie peut se résumer en disant que nous devons sanctifier la profession, nous sanctifier dans la profession et sanctifier par la profession[55]. » Voilà qui alimente sûrement les cotisations de l'Opus, mais ne simplifie pas la tâche du Saint-Siège pour lui trouver un statut approprié. La présence d'Escrivá à Rome semble bientôt indispensable. Il arrive en 1946, soit juste après la guerre. C'est le début de la « romanisation » réelle de l'Opus Dei. Bien qu'il retourne régulièrement en Espagne, le fondateur comprend que tout se joue ici. Il ne rêve que d'y bâtir « une maison qui sera comme le cerveau de notre dispositif[56] ». De fait, à force d'opiniâtreté, la première masure romaine, démembrée et humide, va bientôt devenir la dépendance d'un superbe Collège romain de la Sainte-Croix[57] et servir de base à un apostolat dans plus de 80 pays. Le fondateur ne s'y est pas trompé. Cette université symbolise l'institutionnalisation de l'Opus Dei. « Quand les gens tombent sur cette université à deux pas de la piazza Navona et voient que les étudiants viennent de partout et que les membres de la curie y enseignent normalement, ils se détendent », explique John Wauck, prêtre de l'Opus Dei et enseignant à la faculté de communication[58].

Il faut dire qu'entre-temps, le fondateur a obtenu ses entrées au Vatican, notamment grâce à la bienveillance de Mgr Montini, la « première main amie » comme la décrit Escrivá. L'homme connaît déjà l'Œuvre grâce à Portillo, et confirme son enthousiasme dans une lettre adressée au fondateur : « J'ai éprouvé le plus grand plaisir à connaître la Société de la Sainte-Croix et l'Opus Dei, et j'admire les objectifs qu'ils se sont fixés dans leurs activités et l'esprit avec lequel ils les accomplissent. J'ai remercié le Seigneur pour le bienfait qu'il a apporté à l'Église en citant des âmes qui cultivent des domaines aussi délicats et importants. Ainsi, même si mes moyens sont limités, sachez que je serai toujours prêt à vous aider quand vous aurez besoin de moi[59]. » Le ton modeste de la lettre ne doit pas faire oublier que Mgr Montini, numéro deux de Pie XII et futur Paul VI, peut beaucoup. Il est aussi la « main amie » qui aidera les Légionnaires du Christ, exactement à la même époque. Après leur premier entretien, le 1er juillet 1946, Montini s'emploie à présenter Escrivá à de nombreuses personnalités de la curie. Le fondateur commence une série d'entretiens directs avec les papes. Ils ne sont pas si nombreux, mais se déroulent toujours dans une très grande fébrilité tant Josemaría Escrivá est impressionné chaque fois qu'il rencontre le « vicaire du Christ sur la terre ». De fait, chaque rencontre accélère considérablement la reconnaissance de l'Opus Dei. Mais face aux critiques, étranglé par ses besoins financiers grandissants, Escrivá veut toujours aller plus vite et perd patience lorsqu'on lui demande des modifications sur certains points du codex qui lui paraissent rogner « la spécificité de l'esprit de l'Opus Dei » : « J'écris avec un stylo qui me rend nerveux. Patience, là aussi ! Je pense à celle dont notre Seigneur a dû faire preuve pour écrire des pages aussi belles en se servant de cet instrument digne de la poubelle que je suis[60]. » Pourtant, l'institutionnalisation avance. En 1947, dans un bref *Mirifice de Ecclesia* soulignant que la « raison d'être, l'essence et la fin propre de l'Opus Dei consistent à acquérir la sainteté au moyen du travail quotidien », le pape accorde des « indulgences » (des dérogations) permettant le travail manuel de ses membres, notamment celui des femmes : « Celles qui s'occupent des tâches du foyer et qui, à l'exemple du Seigneur, qui est venu pour servir et non pas pour être servi, et de la très Sainte Vierge Marie, esclave du Seigneur, accomplissent joyeusement, inspirées par une véritable humilité, les tâches manuelles et domestiques auxquelles s'adonnait Marthe, animée par l'esprit de Marie[61]. » Voilà, en quelques lignes, l'exploitation des femmes de l'Opus Dei sanctifiée.

Le 18 mars 1948, Pie XII va encore plus loin. À la demande d'Escrivá, il approuve un statut particulier permettant d'incorporer les personnes mariées ou célibataires, de toutes conditions et de toutes professions, dans les constitutions déjà approuvées de l'Opus. L'Œuvre obtient enfin son approbation définitive en 1950. Le répit n'est que de courte durée. Le 5 janvier 1952, Portillo, qui est alors procurateur général de l'Opus Dei, reçoit une lettre officielle du secrétaire de la Sacrée Congrégation des religieux, Mgr Larraona, lui demandant « copie des constitutions de l'Opus Dei ». Visiblement, suite à certaines plaintes, une mini-enquête est en cours. Escrivá est désespéré. Il décide d'écrire au pape pour s'en plaindre. L'affaire se tasse et n'empêche pas le développement de l'Œuvre. L'année suivante, elle inaugure le Collège romain Sainte-Marie, qui servira de centre international pour former les femmes de l'Opus Dei. Des femmes du monde entier, sans distinction de niveau social ou de nationalité, y convergent pour apprendre l'humilité et surtout à être une bonne servante de Dieu, donc des hommes de Dieu. Les hommes de Dieu, eux, reçoivent une formation autrement plus théorique. À l'occasion des 20 ans de l'Opus Dei, le préfet de la Sacrée Congrégation des séminaires et des universités félicitera le fondateur pour la qualité de la formation de ses « numéraires laïques », chacun faisant deux ans de philosophie et quatre ans de théologie à « l'égal des prêtres[62] ».

Tout au long des années 60, en Espagne et ailleurs, Escrivá est invité de toute part à assurer des formations. Le nonce demande à l'Opus de prendre en charge la basilique pontificale Saint-Michel à Madrid en 1960. Le fondateur est nommé membre numéraire du collège d'Aragon et membre *honoris causa* de l'université de Saragosse, à la demande de la faculté des lettres. Le 6 août 1960, enfin, le Saint-Siège érige l'université de Navarre et nomme Escrivá chancelier. Autant dire que l'œuvre apostolique par la formation est en bonne voie lorsque Jean XXIII remplace Pie XII. Escrivá reprend aussitôt ses suppliques en faveur d'une révision juridique reconnaissant pleinement le « caractère séculier de l'institut[63] ». Une opportunité qui s'ouvre avec le Concile de Vatican II.

Le tournant de Vatican II

Escrivá n'est en rien opposé au concile initié par Jean XXIII. Au contraire, il espère un « renouveau » du catholicisme et une ouverture juridique en direction des « nouvelles formes » de spiritualité comme l'Opus Dei. Mais il partage bientôt les craintes de son successeur, Paul VI, désireux de ne pas laisser l'esprit de rénovation l'emporter sur la tradition : « Vous savez bien, très chers fils et filles, combien me préoccupe et m'inquiète la confusion doctrinale – théorique et pratique – qui se répand partout de plus en plus », écrit-il à ses disciples le 2 octobre 1963. L'esprit de libération qui souffle sur le concile a des relents de marxisme inacceptables pour cet opposant au républicanisme espagnol. Il n'a pas de mots assez durs contre cette « légion de réformateurs improvisés, même dans le clergé et parmi les religieux, qui, avec un infantilisme consternant, prétendent changer les coutumes et les institutions, uniquement par désir de changement. Ils se laissent éblouir par le progrès du monde moderne et, sans saisir les valeurs profondes ou les meilleurs signes du temps, se lancent dans une course fébrile qui nuit à leur âme, rend leurs travaux stériles et fait sourire ironiquement les ennemis de l'Église et de l'État[64] ».

Le concile va pourtant doublement servir l'Opus Dei. D'une part, il ouvre la porte aux adaptations juridiques permettant de reconnaître « la vocation divine du laïcat », selon les termes d'Escrivá. D'autre part, il va inciter le Saint-Siège à s'appuyer sur des instituts comme l'Opus Dei, novateurs sur la forme mais intransigeants sur le fond et surtout totalement fidèles à Rome. Dans ce moment, plus que dans aucun autre, la fidélité est appréciée en haut lieu, où l'on doit faire face à la fois à la fronde libératrice des chrétiens progressistes et à la fronde sécessionniste des catholiques traditionalistes. Escrivá le comprend : « Les années qui suivent un concile sont toujours des années importantes, qui exigent de la docilité pour appliquer les décisions adoptées, qui exigent aussi de la fermeté dans la foi, un esprit surnaturel, l'amour de Dieu et de l'Église, la fidélité au pontife romain[65]. »

Le Saint-Siège a désespérément besoin de cette fidélité pour résister à l'« esprit du concile » qui menace de saper son autorité. Mais il est aussi plus soupçonneux que jamais. S'il doit s'appuyer pleinement sur l'Opus Dei, il faut d'abord lever certaines ambiguïtés. Paul VI décrit l'Œuvre comme « une expression vivante de la jeunesse pérenne de l'Église » et choisit de visiter en personne l'un de ses centres en 1965[66]. Sans que l'on sache s'il est question de féliciter ou d'inspecter. Sans doute un peu des deux. Une commission spéciale est également chargée d'enquêter une fois pour toutes sur les zones d'ombre de l'Opus à la fin des années 60, en vue de lui suggérer quelques adaptations. Des velléités de réformes et de reprise en main qui mettent le fondateur hors de lui. La colère lui dicte une lettre très directe à son ami Montini devenu pape : « Très Saint-Père, devant l'éventualité qu'une commission spéciale du Saint-Siège prenne des décisions à l'égard de l'Opus Dei, sans que nous soyons informés des motifs et sans qu'on nous ait demandé notre avis, après y avoir réfléchi longuement en présence de notre Seigneur, et songeant au statut éternel de mon âme ainsi qu'à celui de milliers de membres de l'Opus Dei, dont la vocation se verrait compromise, je ne voudrais pas que le jugement de l'histoire m'accuse de ne pas avoir fait ce qui était en mon pouvoir pour sauvegarder la configuration authentique de l'Opus Dei », écrit-il le 16 septembre 1969[67]. Le ton de la lettre sonne comme un ordre à la limite de l'acte de désobéissance. Autant dire qu'elle n'est guère appréciée du Saint-Père. Se serait-il trompé ? L'Opus Dei serait-elle de la graine des désobéissants ? Dans le doute, elle n'est plus tout à fait en odeur de sainteté. Le 25 janvier 1971, le cardinal Jean Villot écrit à l'institut pour lui demander, sèchement, de faire connaître la liste de ses membres travaillant à la curie romaine auprès du secrétariat d'État du Saint-Siège. Une sorte d'épuration se prépare-t-elle ? En tout cas les accusations visant à présenter l'Opus Dei comme une « Église dans l'Église » ne laissent plus indifférent le Saint-Siège. Il peut visiblement tout pardonner, sauf la mutinerie.

L'année suivante, en 1972, le même cardinal écrit une lettre « strictement confidentielle » au fondateur de l'Opus Dei, pour lui demander de « donner l'assurance explicite » que ni le droit particulier ni la pratique de l'Opus Dei « ne comportaient l'obligation ou la coutume de faire savoir à leurs supérieurs, ou à d'autres personnes qualifiées, des choses dont ils auraient eu connaissance dans leurs services rendus à l'Église ou au Saint-Siège en général[68] ». En d'autres termes, la curie panique à l'idée que des laïques, notamment des laïques qui exerceraient un métier d'importance au sein de gouvernements d'autres États, puissent servir d'espions ou faire fuiter des informations concernant le Saint-Siège. Une préoccupation d'autant plus sensible que sept membres du gouvernement espagnol sont présentés comme étant à l'Opus Dei et que certains sont impliqués dans un scandale financier retentissant. On comprend l'embarras du Saint-Siège et son besoin d'examiner de plus près l'une de ses brigades. Josemaría Escrivá tentera par tous les moyens de les rassurer. Il assure au secrétaire d'État du Saint-Siège que rien, dans la pratique de l'Opus Dei, ne les incite à violer le moindre « secret professionnel ». De fait, ses consignes seraient plutôt de cultiver le secret. La curie semble rassurée. Le fondateur est chaleureusement reçu le 25 juin 1973 par Paul VI, qui le qualifie de « saint » et se plaint de ne pas le voir plus souvent. Visiblement, les investigations et les soupçons de son entourage ne sont pas parvenus jusqu'à lui. Pendant toutes ces années, Escrivá aura surtout maille à partir avec le bras droit de Paul VI, Giovanni Benelli, cardinal de Florence. Non pas qu'il veuille freiner les activités de l'Opus Dei. Au contraire, la principale pomme de discorde entre Benelli et Escrivá concerne la création d'un parti politique démocrate-chrétien en Espagne. Le Saint-Siège a besoin de l'Opus Dei pour monter ce projet, mais cet affichage politique est jugé inapproprié par le fondateur de l'Opus. Bien que vexé par ce refus, le bras droit de Paul VI continue de porter Escrivá en haute estime. Il dira un jour de lui qu'il a été au concile de Vatican II ce qu'Ignace de Loyola, le fondateur des Jésuites, a été pour le concile de Trente. Mais la plus grande marque d'estime et de reconnaissance vient après sa mort, lorsque le Saint-Siège s'empresse de vouloir le béatifier.

Béatifié et canonisé

De nouveau malade, épuisé de devoir lutter en permanence contre le soupçon, Josemaría Escrivá meurt le 26 juin 1975, à l'âge de 73 ans, d'une crise cardiaque. Il rentre d'une tournée missionnaire à la rencontre de ses « fils et de ses filles » d'Amérique latine. L'année précédente, il avait demandé à la commission permanente du Conseil général de l'œuvre d'« approuver sur tous ses points » un codex se pliant aux demandes du Saint-Siège. Quitte à accepter, selon les mots mêmes d'Escrivá, « un habillage juridique qui ne répondrait pas à la nature de notre esprit ». Visiblement, cette concession lui coûtait. Jusqu'au bout, il tenait à se présenter comme étant par « volonté divine, le seul et exclusif dépositaire » de l'Opus Dei. Une fois Escrivá décédé, en revanche, plus rien ne s'oppose à faire de l'Opus Dei une main séculière entièrement contrôlée par le Saint-Siège. Le fondateur est remplacé par Alvaro del Portillo, ingénieur en Ponts et Chaussées et l'un des tout premiers prêtres ordonnés en 1944 par l'Œuvre. Il présente la double qualité d'être en partie l'architecte du développement de l'institut et l'homme le plus introduit au sein de la curie. À sa mort, en 1994, il sera remplacé par un autre fidèle de la première heure, Javier Echevarría.

Les deux successeurs d'Escrivà se sont appliqués à œuvrer en même temps aux intérêts du Saint-Siège et à ceux de l'institut. Si bien qu'ils se confondent de plus en plus. C'est une fois Josemaría Escrivá disparu, sous Jean-Paul II, que l'institutionnalisation de l'Opus Dei a réellement pris son envol. De l'aveu de John Allen, « aucun groupe appartenant à l'Église catholique n'a reçu autant de signes évidents d'approbation pendant le pontificat de Jean-Paul II (...). De nombreuses personnes, à l'intérieur de l'Église catholique ainsi que dans la presse populaire, en sont venues à considérer l'Opus Dei comme faisant partie des "sections d'assaut", des unités d'élite du pape ». Le fait que le pape prenne chaque année le temps de recevoir les jeunes de l'Opus Dei à l'occasion de leur université – dites de l'Univ' – a permis à l'Opus de recruter ces jeunes et de les convaincre qu'ils réalisaient la volonté du pape en s'engageant à ses côtés. Quant au pape, il soutient d'autant plus cet effort qu'il mise sur l'Opus pour résister à la modernité et à la sécularisation, jusqu'au cœur du siècle. En 1979, Portillo et Echevarría écriront au pape pour souligner l'intérêt de faire de l'Opus Dei une prélature personnelle en vue de mieux l'utiliser : « La transformation de l'Opus Dei d'une institution séculière à une prélature personnelle (...) offrirait au Saint-Siège la possibilité d'utiliser avec une plus grande efficacité une unité mobile de prêtres et de laïques bien préparés, pouvant être présents n'importe où avec un ferment catholique et spirituel de vie chrétienne, et par-dessus tout dans des contextes sociaux et des activités professionnelles où il n'est pas souvent facile de se montrer efficace avec les moyens de l'Église[69]. » Cet argument a visiblement touché juste. Jean-Paul II fera de l'Opus Dei une prélature personnelle en 1982, et béatifiera son fondateur dix ans plus tard, le 17 mai 1992. Soit à peine dix-sept ans après sa mort. Du jamais vu dans l'histoire de l'Église. Même Thérèse de Lisieux, une figure autrement moins controversée, a dû attendre vingt-six ans après sa mort pour être béatifiée. Josemaría Escrivá sera béatifié avant Jean XXIII, pourtant mort bien avant lui !

Pourquoi une telle précipitation ? Sans doute par peur que le pape, déjà affaibli, ne meure prématurément et qu'un éventuel successeur soit moins bien disposé. Cela n'explique pas comment l'Opus a pu obtenir une telle accélération du calendrier. Les liens unissant Jean-Paul II à son conseiller en communication, Joachim Navarro-Valls, ont pu jouer. La vitesse avec laquelle Escrivá a obtenu cette béatification n'en a pas moins choqué, y compris au sein de l'Église. Franz König, un cardinal autrichien connu pour son ouverture d'esprit mais qui a longtemps soutenu l'Opus Dei, estime « que l'on n'aurait pas dû accélérer les choses[70] ». Selon lui, « ce procès a révélé qu'il y a beaucoup de gens habiles à l'Opus Dei ». La critique la plus argumentée viendra d'un journaliste, Kenneth L. Woodward, collaborateur au *Newsweek* et essayiste : « Quelle que soit la manière avec laquelle on examine la cause de Josemaría Escrivá, des erreurs volontaires ou des omissions ont été commises, c'est évident[71]. » Faits à l'appui, il a démontré que la Congrégation pour la cause des saints a systématiquement écarté toute personne critique envers le fondateur de l'Opus Dei. La *positio*, étonnamment longue (plus de 6 000 pages), fait état de 82 témoins dont la moitié sont membres de l'Opus Dei. Sur 2 201 pages de témoignages, 832 seraient en fait fondés sur les seuls témoignages d'Alvaro del Portillo (prélat de l'Opus Dei) et de son adjoint Javier Echevarría. Malgré une liste potentielle éminemment fournie, un seul témoin plutôt critique a été entendu : le sociologue espagnol Alberto Moncada, ancien adepte de l'Opus Dei. Mais son témoignage, qui n'occupe que deux pages dans la *positio*, a été rejeté comme partial et religieusement inapte. « Le pire, écrit Kenneth L. Woodward, est que les témoins potentiels qui ont été radiés sont eux-mêmes sévèrement critiqués dans la *positio* par Javier Echevarría, à l'époque vicaire général de l'Opus Dei. D'une manière terrifiante, il attribue à certains d'entre eux des problèmes mentaux et un comportement sexuel pervers. » Un réflexe typiquement sectaire que l'Église couvre. En principe, la loi canonique veut que l'on recherche les témoins à décharge, autrement dit que l'on donne la parole à l'« avocat du diable ». Mais, fort opportunément, une réforme a supprimé le rôle de cet « avocat du diable » en 1983, alors que la procédure pour la béatification de Josemaría avait déjà commencé. Bien sûr, les artisans de cette réforme se sont assurés qu'elle s'appliquerait aux procédures en cours. Un signe qui ne trompe pas sur le pouvoir acquis par l'Opus au sein du Vatican, même si cette béatification intervient sous un pontificat détenant le record incontestable dans ce domaine. Entre 1978 et 2002, Jean-Paul II aura procédé à 470 canonisations et à 1 300 béatifications[72]. Cela n'explique pas pourquoi le procès en béatification de Josemaría Escrivá fut plus rapide que celui de Jean XXIII, ni autant à décharge. D'autres « saints » plus progressistes attendent toujours : Mgr Oscar Romero, évêque assassiné par l'extrême droite au Salvador en 1981, ou Madeleine Delbrêl (1904-1964), missionnaire de la banlieue ouvrière, ou encore Charles de Foucauld... Tandis que la canonisation du fondateur de l'Opus Dei, elle, n'a pas tardé à suivre la béatification.

Le 21 septembre 2001, la congrégation ordinaire des cardinaux et des évêques membres de la Congrégation pour la cause des saints s'est appliquée à confirmer, à l'unanimité, le caractère miraculeux d'une guérison attribuée au « bienheureux » Josemaría... à titre posthume. Le 22 novembre 1992, un chirurgien dermatologue espagnol, Emmanuel Nevado, aurait guéri une maladie cancéreuse de la peau, non pas grâce à son talent de médecin mais grâce à l'invocation d'Escrivá. D'où l'intérêt sans doute d'être membre de l'Opus Dei tout en continuant à exercer un métier... Jean-Paul II a lui-même assisté à la lecture du décret sur le miracle. Le 26 février 2002, il a présidé le consistoire ordinaire public des cardinaux en vue de canoniser du bienheureux Josemaría. Sans savoir alors que la canonisation serait en fait prononcée par son fidèle préfet de la Congrégation pour la doctrine de la foi, Joseph Ratzinger, devenu entre-temps Benoît XVI.

Portrait type de l'opusien

On s'attarde généralement beaucoup sur les méthodes de l'Opus Dei et fort peu sur son contenu doctrinaire. Il faut dire qu'en dehors des principes mêmes de l'Église, il est assez sommaire. À l'en croire, Josemaría portait en lui le désir d'« écrire des livres de feu, qui parcourraient le monde comme une flamme vive, en communiquant lumière et chaleur aux hommes, en changeant les pauvres cœurs en braise, pour les offrir à Jésus, comme des rubis pour sa couronne royale[73] ». En guise de flammes, il a surtout laissé à ses disciples des recueils de maximes appelées des « Catherine », des notes gribouillées sur un coin de cahier tenu comme un journal de bord[74]. Le niveau de la réflexion et de la langue s'en ressent.

Le plus connu des livres de Josemaría Escrivá, celui que ses fidèles lisent comme une seconde Bible, est paru une première fois en 1934 sous le titre *Considérations spirituelles*. Il a été enrichi de quelques « notes naïves supplémentaires » pour former un ensemble de 999 maximes écrites pendant la guerre civile espagnole, lorsque le fondateur de l'Opus Dei se mettait à l'abri en zone franquiste. Une simple lecture objective rend sceptique sur la capacité de l'Œuvre à former des élites à partir de l'œuvre écrite laissée par son fondateur. En les parcourant, le pape Pie XII parla de « points de méditation ». Josemaría Escrivà, lui, pensait avoir laissé des messages insufflés par Dieu : « C'est à toi, cher lecteur, que s'adressent ces lignes pénétrantes, ces pensées laconiques ; médite chaque mot, et imprègne-toi de leur sens. L'esprit de Dieu souffle entre ces pages. Derrière chacune de ces maximes, il y a un saint qui voit son intention et attend tes décisions. Les phrases sont entrecoupées pour que tu les complètes avec ta conduite[75]. » On imagine ce qu'une telle ambition peut devenir entre les mains de disciples littéralistes. Rendant un véritable culte à leur fondateur, les disciples de l'Opus Dei lisent ces « notes naïves » de façon littérale et les connaissent par cœur. Grâce à eux et à leurs lieux de « formation », le recueil s'est vendu à plus de 4,5 millions d'exemplaires et a été traduit dans plus de 43 langues. Mais il est aussi diffusé sur un mode électronique. Un site, www.escrivaworks.org, publie la plupart des œuvres et des maximes de Balaguer. Mieux, on peut envoyer une citation par mail ou l'enregistrer dans son téléphone portable.

Puisque aucune liste de membres officielle n'existe, seule une étude approfondie de ces maximes permet de tracer le portrait-robot d'un opusien modèle. Lorsqu'il s'agit d'un homme, il se doit d'être viril. Le mot apparaît huit fois dans *Chemin*, notamment dès le premier chapitre consacré au « caractère » : « Sois fort. – Sois viril. – Sois homme. – Et puis… sois ange[76]. » Le fondateur insiste lourdement et y revient au chapitre sur la « sainte pureté » : « Il faut entreprendre une croisade de virilité et de pureté qui contrecarre et anéantisse le travail destructeur de ceux qui tiennent l'homme pour une bête. Et cette croisade est votre œuvre[77]. » Notons qu'il arrive que les fidèles profitent tout de même de leur marge de manœuvre – à l'occasion d'une traduction ou d'une reproduction – pour réécrire les tournures de phrases les plus relâchées du fondateur. Ainsi le point 3 de *Chemin*, ayant trait au caractère et à la « gravité », existe en deux versions assez différentes. L'édition papier madrilène de 1977 nous dit : « Gravité. – abandonne ces minauderies de femme ou d'enfant – que ton aspect extérieur reflète la paix et l'ordre de l'esprit[78]. » Le même point est rédigé de façon plus diplomate sur le sur le site Internet http://fr.escrivaworks.org : « Gravité. – Abandonne ces gestes et ces manières frivoles ou puériles. – Que ta façon d'être reflète la paix et l'ordre de ton esprit. » Même dans la prière, l'opusien doit être un homme, un vrai : « Que votre prière soit virile. – Être enfant, ce n'est pas être efféminé. » L'opusien est si viril que « temporiser » l'associerait à une femmelette, à un lâche : « Temporiser ? – C'est un mot que l'on ne trouve – il faut temporiser ! – que dans le vocabulaire de ceux qui n'ont pas envie de se battre – douillets, roublards ou lâches – parce qu'ils se savent vaincus d'avance[79]. » Certaines maximes semblent dures à concilier avec le devoir de virilité comme celle-ci : « La pudeur et la modestie sont les sœurs cadettes de la pureté[80] ». Sauf si l'on comprend qu'elles s'adressent surtout aux femmes, aux opusiennes et non aux virils opusiens.

L'opusien, homme ou femme, n'est pas gourmand : « La gourmandise est l'avant-garde de l'impureté[81]. » Il est surtout vierge jusqu'au mariage. Lorsqu'on cherche « chasteté » dans *Sillon*, on tombe sur cette maxime éclairante : « Tu patauges dans les tentations, tu te mets en danger, tu joues avec la vue et avec l'imagination, tes conversations portent sur des sottises. – Et ensuite tu t'effraies que les doutes, les scrupules, les troubles, la tristesse et le découragement te harcèlent. – Accorde-moi que tu es peu conséquent avec toi-même. » Quant à ceux qui auraient l'idée saugrenue de ne pas vouloir se marier sans pour autant être chaste et numéraire, le fondateur prévient : « Tu ris parce que je te dis que tu as la "vocation du mariage" ? – Eh bien, tu l'as. Et c'est bien une vocation. Mets-toi sous la protection de saint Raphaël pour qu'il te conduise dans la chasteté jusqu'au bout du chemin, comme il guida Tobie[82]. » D'une façon plus diffuse, l'amour est méprisé comme un obstacle à l'amour de Dieu : « Prends bien garde : le cœur est traître. – Tiens-le renfermé sous sept verrous[83] », ou encore : « Tout ce qui ne te porte pas vers Dieu est un obstacle. Arrache-le et jette-le au loin[84]. » Quant au mariage, il est fait « pour la troupe et non pour l'état-major du Christ », ce qui est une façon de rabaisser les croyants mariés. D'autant que la « troupe » doit se tourner vers les directeurs de conscience non laïques et non mariés pour savoir comment vivre le mariage : « Le mariage est un sacrement, une chose sainte. – Lorsque, le moment venu, tu te disposeras à le recevoir, que ton directeur de conscience ou ton confesseur te conseille la lecture de quelques livres utiles. – Et tu seras mieux préparé à assumer dignement les charges du foyer[85]. »

Visiblement marqué par les critiques et les attaques dont il fut l'objet tout au long de sa vie, Escrivá insiste beaucoup, pour que l'opusien ne soit pas médisant. Le fait de poser trop de questions est apparenté au fait de se « mêler de la vie des autres », autant dire à un défaut de femme : « Tu es curieux et questionneur, fureteur et toujours à la fenêtre : tu n'as pas honte d'être si peu viril jusque dans tes défauts ? – Sois homme ; et ce besoin de te mêler des affaires d'autrui, change-le en désir de te connaître toi-même et satisfais-le[86]. » L'invitation à ne pas être trop curieux serait fort sage s'il ne s'agissait pas seulement d'interdire la médisance mais aussi « l'esprit critique », un terme auquel le fondateur consacre un long développement ambigu : « Cet esprit critique – je te concède qu'il n'est pas médisance –, tu ne dois l'exercer ni dans votre apostolat ni avec tes frères. Pour votre entreprise surnaturelle – pardonne-moi de te le dire – cet esprit critique est une grande entrave. En effet, pendant que tu examines le travail des autres – avec, je te l'accorde, une entière hauteur de vue, mais sans raison d'examiner quoi que ce soit –, tu ne fais rien de positif et, par l'exemple de ta passivité, tu enrayes la bonne marche de l'ensemble[87]. » Autrement dit, un opusien qui se pose trop de questions contrarie la « bonne marche de l'ensemble ». L'Opus Dei trahit ici son orientation fondamentalement sectaire. Mais ce point n'inquiète pas outre mesure le Saint-Siège puisque, fort judicieusement, le fondateur a pris soin de préciser que cet aveuglement devait être mis au service de la fascination pour le dogme de l'Église : « Ne cède jamais sur la doctrine de l'Église. – Lorsqu'on fait un alliage, c'est le meilleur métal qui y perd[88]. » Josemaría Escrivá insiste sur ce devoir d'obéissance : « Merci, mon Dieu, de l'amour pour le pape que tu as mis dans mon cœur[89]. » Un amour qui n'a rien de passif. L'opusien modèle est actif mais au « service du Christ ». Un mot d'ordre rassurant, qui semble justifier de fermer les yeux sur la manière dont les fidèles lui sont acquis.

Si l'opusien ne lit pas beaucoup pour ne pas faire preuve d'un esprit critique qui gâcherait « l'ensemble », il ne parle pas beaucoup non plus : « Ton obéissance doit être muette. Ah, cette langue[90] ! » Toujours cette peur de questions dérangeantes, tandis que les adeptes muets sont si reposants... D'une façon générale, face aux médisances sur l'œuvre, l'opusien est invité à être discret sur les détails de son apostolat : « Ne révèle pas à la légère les détails intimes de ton apostolat : ne vois-tu pas que le monde est plein d'incompréhension égoïste[91] ? » On retrouve là l'invitation au secret et un goût pour la dissimulation typique des sectes ou des confréries. Un opusien ne doit pas parler de son apostolat pour ne pas susciter la médisance ou simplement la contradiction, qu'il serait d'ailleurs peut-être difficilement en position de parer puisque son Œuvre ne lui a pas appris la repartie. On note ici une différence majeure avec la franc-maçonnerie. Certes, comme toute confrérie ayant été persécutée, la franc-maçonnerie protège l'identité de ses membres, mais elle ne leur interdit pas de se présenter comme franc-maçon. Elle interdit seulement l'*outing*, c'est-à-dire le fait de révéler l'appartenance d'un autre membre ou de dévoiler certains rites pratiqués ensemble. Mais, plus que tout, sa formation invite à la pratique perpétuelle de l'esprit critique et du questionnement : entre membres à l'intérieur d'une loge ou à l'occasion de « tenues blanches » faisant intervenir des conférenciers extérieurs. Il n'est pas question de répéter en boucle les seuls livres d'un gourou, mais au contraire d'affûter sa raison et de se nourrir de la pensée universelle en se confrontant à ce qu'elle produit de plus stimulant du point de vue intellectuel. En cela, la franc-maçonnerie est même à l'opposé de l'Opus Dei, dont les adeptes abandonnent tout esprit critique pour n'apprendre par cœur que des maximes ou se laisser guider par un directeur de conscience. Là où la franc-maçonnerie forme en principe des citoyens rationalistes, l'Opus Dei forme au contraire des soldats du Christ.

L'opusien est un homme ordonné : « Vertu sans ordre ? – curieuse vertu[92] ! », « Quand tu auras de l'ordre, ton temps se multipliera : tu pourras ainsi rendre davantage gloire à Dieu, en travaillant plus à son service[93]. » C'est surtout un bourreau de travail : « L'oisiveté ne se comprend pas chez un homme qui possède une âme d'apôtre. » Mais un bourreau de travail au service de Dieu et non des hommes : « À l'exercice habituel de ta profession, ajoute un motif surnaturel et tu auras sanctifié le travail. » Il ne doit pas s'inquiéter pour l'argent et dépenser sans compter au service de l'apostolat : « Que la crise financière qui menace ton entreprise apostolique ne t'inquiète pas. – Redouble de confiance en Dieu, fais humainement ce que tu peux et tu verras comme l'argent cesse vite d'être un problème[94]. » Autrement dit, pour ajouter une touche spirituelle, ce bourreau de travail doit songer à verser son obole, par exemple en mettant ses biens matériels si durement gagnés au service de Dieu... ou de son Œuvre. « Ce cri – *serviam* ! – exprime la volonté de “servir” très fidèlement l'Église de Dieu, au prix même de tes biens, de ton honneur et de ta vie[95]. » Cela tombe bien, l'opusien n'est pas quelqu'un qui recherche la pauvreté mais un homme riche qui doit être généreux envers Dieu (ou son Œuvre) : « Si tu es homme de Dieu, méprise les richesses avec l'obstination que mettent les hommes du monde à les acquérir[96]. » S'il n'est pas riche, il pourra toujours se « sanctifier » en travaillant gratuitement pour Dieu, c'est-à-dire pour son Œuvre ; à l'image des femmes « numéraires auxiliaires » faisant le ménage dans les résidences de l'Œuvre sans être correctement payées.

L'opusien n'est pas emballé par le concept d'égalité : « Ne crois-tu pas que l'égalité, telle qu'on la comprend, est synonyme d'injustice[97] ? » N'oublions pas que *Chemin* a été écrit dans le contexte de la guerre civile espagnole. Il s'agit donc surtout d'une critique adressée au marxisme. En dehors de quoi, l'opusien n'aime pas non plus les discriminations puisqu'il s'agit d'être « missionnaire » et d'accueillir le plus grand nombre possible de fidèles, de toutes les origines et de toutes les conditions sociales. Car l'opusien est avant tout un prosélyte, dissimulé mais zélé : « Prosélytisme. – C'est le signe certain du véritable zèle[98]. » Beaucoup de maximes sont consacrées à la nécessité de « semer » partout et toujours, notamment en donnant le « bon exemple » : « Donner le bon exemple, c'est semer du bon grain ; et la charité nous oblige tous à semer. » L'objectif étant une « nouvelle pentecôte » où l'on convertira le plus grand nombre : « Aide-moi à réclamer une nouvelle pentecôte qui embrase encore une fois la terre[99]. » Cette incitation n'est pas un vain mot, mais une consigne pouvant aller jusqu'à l'obstination méprisant le choix et le libre arbitre. « Lorsque vous travaillez à l'expansion d'une entreprise apostolique, un "non" ne doit jamais être considéré comme une réponse définitive : revenez à la charge ! » exhorte Escrivá dans *Sillon*[100]. Dans son zèle, le fondateur rêve d'une réaction en chaîne : « Âme d'apôtre, tu es parmi les tiens comme la pierre tombée dans le lac. – Tu provoques par ton exemple et ta parole un premier cercle... qui en produit un autre... et celui-ci un autre... et un autre. Et les cercles sont de plus en plus larges. Comprends-tu maintenant la grandeur de ta mission ? » Une mission si grande qu'elle justifie le recours à la tactique, comme la dissimulation, et peut aller jusqu'au sacrifice : « Tu veux être martyr. – Je vais mettre le martyre à portée de ta main : être apôtre et ne pas te dire apôtre ; être missionnaire – remplissant une mission – et ne pas te dire missionnaire ; être homme de Dieu et paraître homme du monde : passer inaperçu ! » Le goût du martyre, que l'on attribue volontiers aux musulmans, est présent à chaque ligne : « Il faut se donner totalement, il faut se renoncer totalement, il faut que le sacrifice soit holocauste[101] », ou encore : « Qu'il est beau de perdre la vie pour la Vie[102] ! »

Ce décryptage des maximes opusiennes, grâce à *Chemin* et *Sillon*, donne un aperçu de l'enfermement auquel peut conduire l'engagement au sein de l'Œuvre.

L'emprise et le contrôle des lectures

L'Œuvre de Dieu est une construction hiérarchisée, dont la principale caractéristique est de soumettre des laïques à l'emprise directe de religieux. Pour Escrivá, « les laïques ne peuvent être que disciples[103] ». Autrement dit, dans la milice au service du Christ, les laïques ne sont que la « troupe », sous les ordres de l'état-major du Christ. S'il n'y a rien de choquant à voir des croyants se soumettre à la hiérarchie d'un ordre ou d'une congrégation en échange d'un statut et d'une protection clairement définie, il est toujours plus risqué de voir des citoyens vivant dans le monde faire passer leur citoyenneté après leur soumission à un institut cultivant la dissimulation et se disant d'inspiration divine. Escrivá encourage ses fidèles à ne jamais discuter la parole d'un prêtre, qui doit être vénérée : « Aimer Dieu et ne pas vénérer le prêtre... c'est impossible[104]. » À la différence d'un chrétien pratiquant qui se contenterait de consulter un prêtre sur tel ou tel point, ou qui se confierait à lui à l'occasion d'une confession, les opusiens doivent « obéir » aux consignes de leur « directeur de conscience ». *Chemin* insiste sur ce point : « Directeur. – Il t'en faut un. – Pour te donner, t'abandonner..., en obéissant[105] », ou encore : « Il faut beaucoup d'obéissance à son directeur et beaucoup de docilité à la grâce[106]. » L'obéissance, la docilité, la soumission sont des mots qui reviennent de façon obsessionnelle. En plus des points cités, le point 28 est entièrement consacré à cette posture obligatoire. Josemaría Escrivá – qui niait toute responsabilité en se considérant comme un simple instrument entre les mains de Dieu – invite ses disciples à s'abandonner totalement entre les mains de son Œuvre, puisqu'il s'agit de l'œuvre de Dieu : « Obéissez comme un instrument obéit aux mains de l'artiste – un instrument ne se demande pas pourquoi il fait ceci ou cela –, assurés que jamais on ne vous ordonnera rien qui ne soit bon et tout à la gloire de Dieu.[107] » Non seulement les disciples doivent accepter d'être des « instruments », mais le moindre esprit critique est assimilé à un acte d'« orgueil » éloignant de la sainteté. « Si l'obéissance ne te donne pas la paix, c'est que tu es orgueilleux[108] », ou encore : « Tu vas à l'apostolat pour te soumettre, t'anéantir, et non pour imposer ton point de vue personnel[109]. »

Lues rapidement, ces maximes peuvent paraître anodines mais elles forment le cœur d'une doctrine qui vous conditionne, jour après jour, à craindre la damnation éternelle si vous refusez la soumission à votre directeur de conscience, donc à l'Œuvre et à son chef. C'est l'un des principaux reproches que font les anciens adeptes à l'institut. Une fois réveillés de leur endoctrinement, ils s'aperçoivent qu'ils se sont interdit de résister à certains ordres avec lesquels ils n'étaient pourtant pas d'accord, et qu'ils ont finalement perdu le contrôle de leur vie. Cette sanctification du rôle du directeur de conscience, associée à l'abandon de tout esprit critique, entraîne nécessairement des abus de pouvoir. Dans leur livre sur l'Opus Dei[110], Bénédicte et Patrice Mazery retranscrivent le témoignage d'une ancienne adepte ayant quitté l'Opus Dei parce qu'elle se sentait de plus en plus mal à l'aise vis-à-vis des sous-entendus de son confesseur, le père Jean. Avant de prendre sa décision, elle a décidé d'enregistrer certaines de leurs conversations pour les réécouter à froid, prendre du recul et se demander si elle ne les interprétait pas de travers. Leur retranscription est édifiante[111]. Le confesseur est visiblement attiré par celle qu'il confesse et dirige depuis des années : « Oui, petite femme aimable, mais c'est comme si je te connaissais depuis toute la vie, comme si je t'avais vue grandir depuis que tu avais le lait sur les lèvres. » Lorsque la jeune femme lui demande s'il se souvient de la première fois où il l'a vue, la réponse est encore plus ambiguë : « Oui, petit bout de chou. Dès la première fois que je t'ai vue, je t'ai déshabillée complètement. » Le confesseur ne voit rien de mal à cela puisqu'il est religieux et que son désir est donc spirituel : « Si, moi, je t'aimais pour toi-même, ça se passerait mal, ça tournerait à l'érotisme très vite. Parce que tu es une femme et que tu es très bien faite et que tu es charmante. » Et quand la jeune femme rappelle qu'il y a une grille à respecter entre eux, il est encore plus explicite : « Mais la grille je la fais sauter, ce n'est pas un problème. Oui, je peux te prendre à la sortie. Non, je ne te veux pas pour moi, petit bout de chou, je te veux pour Dieu. » Cette précision n'a pourtant pas rassuré la jeune femme. En parlant avec d'autres femmes ayant le même confesseur, elle s'est d'ailleurs aperçue qu'elle n'était pas seule à être ainsi désirée pour Dieu par le père Jean...

L'abus de pouvoir au nom du refus de « l'esprit critique » se caractérise aussi par l'interdiction de certaines lectures, conformément aux consignes données dans *Chemin* par le fondateur : « Tu ne devrais pas acquérir de livre sans consulter des chrétiens intelligents et expérimentés. On achète facilement ce qui est inutile et nocif. Souvent les hommes croient qu'ils ont entre les mains un livre. En réalité, ils transportent un chargement de déchets[112]. » Cette maxime est loin de s'appliquer au seul *Da Vinci Code.* Comme au temps de l'Inquisition, l'Opus Dei a mis à l'index plus de 1 000 livres. Au départ, la liste des livres diaboliques est établie à partir des critères de l'Église catholique (Hugo, Kant, Balzac, Locke, Rousseau, Voltaire et Zola), mais l'Œuvre y a ajouté ses propres critères pour continuer la liste abandonnée depuis par l'Église. Ainsi, *Docteur Jivago*, pourtant férocement anticommuniste, ne trouve pas grâce en raison des « scènes d'amour qu'il comporte ». Un ancien membre est allé jusqu'à brûler les livres qu'il avait lus et aimé, comme ceux d'Alexandre Dumas : « On les brûlait physiquement pour qu'ils ne circulent plus. Même pas à l'extérieur de l'Opus. C'était un poison de moins en circulation[113]. » Voilà qui explique pourquoi la plus « grande bibliothèque d'Amérique latine », comme aime à le répéter l'Opus Dei, celle construite pour son université de Santiago, n'est grande que par sa taille et non par le nombre de ses livres en rayons. On ne risque pas d'y trouver les livres d'un théologien catholique invitant à l'esprit critique comme Hans Küng. En revanche, les œuvres complètes d'un spécialiste de la pensée dictatoriale comme Augusto Pinochet y sont à l'honneur[114]. Un numéraire de l'Opus Dei, pourtant issu d'une famille d'avocats espagnols très cultivés, a reconnu devant une caméra ne lire que certains livres et s'interdire d'aller au cinéma[115].

La soumission des femmes

Jamais organisation chrétienne n'aura pris autant au sérieux l'Épître de saint Paul aux Corinthiens : « Le chef de tout homme, c'est le Christ ; le chef de la femme, c'est l'homme[116]. » Les membres de l'Opus Dei parleront bien entendu de « complémentarité ». Pourtant, il s'agit bien d'ériger la domination masculine en principe de vie. Ils mettront également en avant le fait que l'Opus Dei est l'un des rares instituts à accorder la même formation théologique aux hommes et aux femmes, qu'ils considèrent également du point de vue spirituel... Mais pas du point de vue humain. Les hommes sont attirés à l'Opus Dei par une formation intellectuelle et théologique accompagnée d'activités sportives. Tandis que les femmes apprennent essentiellement à faire le ménage, à coudre et à faire la cuisine. Bref, à être de bonnes servantes au service des hommes. Ce n'est pas un hasard si les anciens adeptes sont en très grande majorité des femmes et beaucoup plus rarement des hommes. Autant les hommes ont souvent profité du cadre de vie très rigoriste imposé par l'Opus Dei pour prendre confiance en eux et s'appliquer dans leur travail, autant certaines femmes en sont sorties rabaissées et humiliées. Elles vous diront que les femmes (55 % des membres de l'Opus) y sont considérées comme « inférieures[117] ». « J'ai toujours eu l'impression que pour l'Opus Dei, la femme était là pour faire des enfants et servir son mari », explique Véronique Duborgel dans son livre consacré à l'« enfer de l'Opus Dei ».

À l'opposé, un ancien adepte masculin témoignant sur ODAN garde quelques bons souvenirs de cette formation très stricte, notamment des sorties entre hommes : « Nous avions des messes quotidiennes, des méditations le matin et le soir ainsi qu'une instruction doctrinale. On faisait du sport dans l'après-midi. Le camp était entretenu par des femmes qui nous servaient. Nous ne nous occupions d'aucune corvée culinaire[118]. » Lui-même n'est parti de l'Opus que par inquiétude pour ses deux jeunes enfants, qui commençaient à être endoctrinés.

Toutes les femmes de l'Opus Dei ne subissent pas la misogynie au même niveau. Les « auxiliaires », soit les 4 000 femmes uniquement affectées aux travaux domestiques, sont certainement beaucoup plus dominées que les surnuméraires, mariées et actives. Ces dernières peuvent même bénéficier de femmes de ménage grâce aux bons et loyaux services de ces auxiliaires. Contrairement aux religieuses, ces auxiliaires n'ont pas pour mission principale de méditer et de prier – en l'échange de la protection d'un couvent –, mais de prendre en charge les travaux « domestiques ». Ce que l'institut appelle poliment l'« administration » est géré par un « Conseil consultatif central » féminin, inféodé au Conseil général, uniquement masculin. Et comme seul le Conseil général masculin élit le prélat et prend toutes les grandes décisions, les femmes en sont tout naturellement exclues. Dans sa grande bonté, le fondateur aime à rappeler que les hommes de l'Opus Dei ne prennent toutefois jamais une décision sans consulter les femmes. D'où l'adjectif « consultatif » accolé à leur conseil, tandis que celui des hommes est simplement « général ».

Cette répartition des rôles proprement archaïque n'est pas seulement le fait des écrits de saint Paul ou de la conception patriarcale inscrite au cœur des fondements de l'Église, elle est accentuée par l'éducation et la personnalité du fondateur de l'Opus Dei. Les femmes de son entourage – celles que l'on appelle tendrement la « grand-mère », soit la mère de Josemaría Escrivá (Dolorès), ou encore « la tante » (sa sœur Carmen) – ont été les premières femmes de ménage de l'Œuvre de Dieu. Paniqué à l'idée de devoir lui-même s'occuper d'arranger la maison doctorale dont il était en charge après la guerre, il les a fait venir pour les mettre à contribution. Or ce qui vaut pour sa famille dans les années 30 semble valoir pour l'ensemble de l'institut, aux quatre coins du monde, quelle que soit l'époque. Sitôt la première maison délabrée ouverte à Rome, son obsession sera de faire venir des auxiliaires femmes pour l'aménager avec ce mot d'encouragement : « Celles qui viennent à Rome vont apprendre ce qu'est la vraie pauvreté, ce qu'est un froid authentique, humide, sans chauffage, ce que c'est que vivre chez autrui jusqu'à ce que nous poussions dans ses retranchements le cœur de Jésus. Qu'elles soient prêtes avec leur enthousiasme et leur bonne humeur habituelle à affronter ces délicieuses petites choses. Il n'est pas possible d'envisager la fondation de maisons sans contrariétés. Et celles que j'ai signalées sont bien peu de chose[119]. » Dans un autre courrier, il détaille tous les instruments de cuisine qui leur permettent de lui préparer une « bonne tarte » tout en prenant soin de son diabète[120]. Les filles, elles, semblent moins gâtées. Faute de place, elles sont logées chez l'habitant. Et lorsqu'on les installe enfin dans la maison de Rome, humide et où courent les souris, elles demandent à partager une chambre pour se rassurer, mais Escrivá leur interdit la moindre source de réconfort : « Mes filles, si vous avez peur maintenant, comment pourrais-je vous envoyer sous peu en Afrique, au Congo... n'importe où ? Non, mes filles, soyez courageuses et dormez chacune dans votre chambre[121]. » Le père se dira d'ailleurs fatigué de leurs bavardages incessants et frivoles : « Que les femmes soient toujours contentes – et qu'elles soient très sincères ; qu'elles maîtrisent leur imagination, ne se créent pas de peines superflues ; et qu'elles sachent vivre notre vie de service de l'Église avec toute sa grandeur dans les choses communes, petites, extraordinaires, c'est là que Dieu est présent[122]. » On pourrait être tenté de reconnaître au fondateur de l'Opus Dei que la mission sacerdotale des opusiens impose une certaine rigueur aux femmes comme aux hommes. Mais Maria del Carmen Tapia, qui a été membre de l'Opus Dei pendant dix-huit ans et même la secrétaire personnelle de Josemaría Escrivá, se souvient d'une étrange habitude : « Si les membres masculins dormaient sur des matelas, les femmes, elles, dormaient sur des planches de bois. Alors qu'elles se cassaient le dos en faisant toute la journée du nettoyage, de la lessive, et à manger[123]. »

Contrairement aux ecclésiastiques, qui prennent en main leur intendance, les hommes de l'Opus Dei semblent donc incapables de se prendre en charge. Cette spécificité, à laquelle tenait beaucoup Josemaría Escrivá, est en grande partie à l'origine du montage juridique particulier de l'Opus Dei. Bien que ses numéraires vivent dans des centres séparés selon les sexes, l'Œuvre ne veut pas entrer dans la case « congrégation » parce que, si tel était le cas, les femmes de l'Opus ne pourraient plus faire le ménage chez les hommes... Leur statut est si ingrat que Josemaría a eu beaucoup de difficulté à trouver ses premières recrues féminines. Dès la fin des années 40, il se montre pourtant obsédé à l'idée d'avoir autant de membres femmes que d'hommes, pour pouvoir faire marcher son Œuvre sur ses deux pieds, mais surtout pour avoir des résidences propres. Son biographe est assez clair : « Il était urgent (...) de faire entrer davantage de femmes dans l'Opus Dei. Le besoin s'en faisait sentir, surtout pour ce qui concernait les numéraires auxiliaires si on voulait assurer le bon fonctionnement de l'Œuvre[124]. » L'idée d'affecter des hommes aux tâches des auxiliaires n'effleure même pas le fondateur. Lorsque les auxiliaires corvéables à merci et gratuites manquent, la solution envisagée est d'engager des domestiques femmes hors de l'Œuvre, dans l'espoir de susciter leur vocation.

Josemaría Escrivá pensait sincèrement que les activités de ménage correspondaient à la nature des femmes.

Dans l'une de ses lettres envoyées au Conseil général, il se réjouit ainsi que ses « filles », bien que « laïques », aient obtenu de Rome le droit de nettoyer les linges sacrés comme les nappes des autels. Il n'a pas compris pourquoi ces filles ne lui ont pas aussitôt écrit pour exploser de joie et s'en plaint dans le courrier suivant : « Qu'elles me disent un peu ce qu'elles ont pensé du privilège de purifier... parce qu'elles sont plus muettes que des carpes[125]. » Son vocabulaire est volontiers vulgaire lorsqu'il parle des femmes. « Faites-vous ravaler la façade », lançait-il parfois à ses auditrices[126]. Il n'hésitait pas à les rendre responsables des infidélités de leurs maris : « Un vieux proverbe castillan dit que la femme bien mise fait revenir le mari à la maison. C'est pourquoi j'ose affirmer que les femmes sont responsables, à quatre-vingts pour cent, des infidélités de leurs maris, parce qu'elles ne savent pas les conquérir chaque jour, elles ne trouvent pas les gentillesses qu'il faut[127]. » Par « gentillesse », il faut bien entendu comprendre qu'une femme sainte est d'abord une femme au foyer : « La femme mariée doit d'abord s'occuper de son foyer. Je me rappelle une chanson de mon pays qui dit : la femme qui, pour l'Église, laisse brûler la marmite, est ange pour une moitié, et diable pour l'autre moitié. Quant à moi, elle me paraît diable en entier[128]. » Son Œuvre étant particulièrement attachée au travail, il n'exclut pas qu'elles aient d'autres activités « dans les divers métiers et emplois dignes qui existent dans la société où l'on vit ». À condition que ces métiers correspondent à la nature des femmes et qu'ils ne nuisent pas à l'entretien de son foyer, lequel doit rester une priorité puisqu'il n'est pas question que l'homme l'aide et partage cette tâche. Le fondateur insiste sur ce point : le fait d'être autorisé à avoir des activités politiques ou sociales extérieures (au service de l'Église notamment) ne doit pas être confondu avec un droit à l'égalité : « Développement, maturité, émancipation de la femme, tout cela ne doit pas signifier une prétention d'égalité – d'uniformité –, par rapport à l'homme, une imitation du comportement masculin. Ce ne serait point là un succès, mais bien plutôt un recul pour la femme : non pas parce qu'elle vaut plus ou moins que l'homme, mais parce qu'elle est différente ».

L'archaïsme castillan du fondateur de l'Opus Dei ne serait pas si grave s'il ne prétendait pas régir la vie des autres. Or Josemaría Escrivá a fondé une « sainte famille » dont les directeurs spirituels arbitrent la vie de milliers de familles aux quatre coins du monde et dont les adeptes boivent ses paroles et ses proverbes castillans comme si elles étaient valables de tout temps et non empreintes de leur époque. Ce qui débouche sur une vision politique diffusée à partir de cette Œuvre reconnue par l'Église. Dès lors, le système des numéraires auxiliaires pose la question de l'exploitation pure et simple. Car à force d'inciter ses membres à se sanctifier par le travail, les centres de l'Opus exploitent des centaines de numéraires auxiliaires, essentiellement des femmes, corvéables à merci et non rémunérées, donc sans espoir de retraites. À l'image de l'école hôtelière Dosnon, dont l'une des servantes a travaillé pendant treize ans pour la moitié d'un Smic.

Le goût des mortifications

La sanctification de la douleur et de la souffrance physique est l'un des traits marquants de l'Opus Dei. Le roman de Dan Brown utilise cet aspect comme ressort dramatique. Les scènes où l'envoyé de l'Opus Dei se mortifie en frappant son dos à l'aide d'une chaîne cloutée et d'un cilice, représentée dans le film par une chaîne à gros barbelés, exagèrent grossièrement des pratiques qui existent de façon moins spectaculaire au sein de l'Œuvre. Le service de communication de l'Opus a fait un communiqué pour donner sa version : « Certains membres de l'Opus Dei utilisent de façon modérée le cilice et la discipline, genres de mortification qui ont toujours eu cours dans la tradition catholique en raison de leur référence symbolique à la Passion du Christ. La description du cilice et de la discipline dans le *Da Vinci Code* est totalement extravagante. » L'Opus Dei a raison de le souligner, le cilice porté par ses numéraires est moins impressionnant que celui du film, mais Dan Brown n'a rien inventé. La mortification et la douleur physique sont bien au cœur de la pratique opusienne. Essentiellement chez les numéraires (30 %) et quelques agrégés qui portent ce barbelé à la cuisse plusieurs heures par jour sous leurs vêtements. Dans *Chemin*, Escrivá explique que « pour corriger le corps comme il faut et le maintenir en esclavage, les numéraires et les agrégés de l'Opus Dei, avec l'approbation de leur directeur spirituel, garderont fidèlement la pieuse habitude de porter chaque jour, pendant au moins deux heures, un court cilice ; en outre, une fois par semaine, ils se donneront la discipline et dormiront sur le sol, sans pour autant attenter à leur santé. » D'après l'Opus, cette douleur physique rappelant la couronne d'épines et la crucifixion doit permettre de s'imaginer tel un Christ en croix, d'où l'importance d'avoir pour symbole une croix sans Christ... Puisque le fidèle est censé s'imaginer sur cette croix : « Lorsque tu verras une pauvre croix de bois, seule, misérable et sans valeur... et sans crucifié, n'oublie pas que cette croix est ta Croix : celle de chaque jour, cachée, sans éclat et sans consolation... Elle attend le crucifié qui lui manque. Et ce crucifié, ce doit être toi[129]. »

Cet idéal masochiste n'a rien de très original. Il remet au goût du jour des pratiques chrétiennes ancestrales. Le pape Paul IV, par exemple, portait une haire : un tissu en poil de chèvre ou en crin parfois doublé de petites pointes irritantes pour la peau. Les Carmélites et les Chartreux faisaient de même. Mais depuis quelques décennies, notamment depuis Vatican II, les catholiques sont censés s'éloigner d'une vision aussi doloriste de la chair, surtout s'ils sont laïques et non dans les ordres. Mais que seraient l'Opus Dei et sa capacité à fasciner sans ce goût pour la douleur ? Le culte de la mortification est omniprésent dans les œuvres d'Escrivá, notamment dans *Chemin*. Plusieurs dizaines de maximes lui sont consacrées, de façon répétitive et obsédante. Au point que l'on finit par penser que la recherche de la douleur physique est un but en soi. « 172 : Si tu ne te mortifies pas, tu ne seras jamais une âme d'oraison[130] », « 180 : Pas de vertu, sans mortification », « 208 : Bénie soit la douleur. – Aimée soit la douleur. – Sanctifiée soit la douleur... Glorifiée soit la douleur ! », « 223 : Que la pénitence a peu de prix, sans une constante mortification ! », ou encore « 439 : N'oublie pas que la douleur est la pierre de touche de l'Amour ».

D'une façon générale, le corps est présenté comme un « ennemi », voire comme celui de Dieu. Il doit donc être méprisé et même martyrisé, que ce soit par la mortification ou par le jeûne : « Puisque tu sais que ton corps est ton ennemi et l'ennemi de la gloire de Dieu, parce qu'il l'est de ta sanctification, pourquoi le traites-tu avec tant de mollesse[131] ? » Outre le cilice, les numéraires se frappent aussi avec un martinet – appelé « discipline » –, sur le fessier ou sur le dos, tout en récitant une courte prière comme « Notre Père » ou « Je vous salue Marie pleine de grâce ». Chaque petite mortification est bonne à prendre. Comme ne pas mettre du sucre dans son café pour endurer son amertume. Ou commencer la journée par une douche glaciale, comme saint François d'Assise. Escrivá en parle dans *Chemin* à propos de la « pureté » : « Pour défendre sa pureté, saint François d'Assise se roula dans la neige, saint Benoît se jeta dans un buisson de ronces, saint Bernard se plongea dans un étang glacé... – Toi, qu'as-tu fait[132] ? » Face au zèle des opusiens, désireux de suivre cet exemple, Portillo a dû préciser que cet exercice ne faisait toutefois pas partie du règlement obligatoire. On imagine pourtant difficilement un numéraire se prendre un bon bain chaud. Cela n'a rien de grave en soi, mais reflète une vision de la vie et du monde. Cette vision doit autant à l'histoire du catholicisme qu'à celle du fondateur de l'Opus Dei, qui entretenait une relation proprement sadomasochiste avec son corps[133]. Notamment depuis la mort précoce de ses sœurs, qui signifiait à ses yeux d'enfant qu'elles étaient plus saintes que lui. En vertu de quoi, le jeune Escrivá se rapprochait un peu plus de la sainteté de ses sœurs chaque fois qu'il s'approchait de la mort par la voie de la douleur physique ou de la maladie. Dans sa biographie, chacune de ses nombreuses maladies est longuement détaillée et commentée. Mais quand il n'a pas cette « chance », le jeune homme s'enferme des heures pour infliger à son corps une violence directe, avec une dureté qui finit par inquiéter sa mère : « Arrête de te frapper et d'avoir cette mauvaise mine », lui aurait-elle dit un jour. D'après son biographe, « entendre les coups cinglants de la discipline que son fils s'assenait était un véritable supplice pour les oreilles de Dolorès Escrivá[134] ». « Il avait beau aussi nettoyer soigneusement la salle de bains après cette opération, les yeux perspicaces de sa mère ne pourraient manquer de remarquer de petites traces de sang par terre ou sur les murs. » L'angoisse de sa mère explique sans doute cette maxime, écrite dans *Chemin* à cette époque : « Cherche des mortifications qui ne mortifient pas les autres[135]. » Une autre maxime semble poser un garde-fou : « Ne fais pas pénitence au-delà de ce que te permet ton directeur[136]. »

On imagine mal qu'un directeur de conscience opusien veuille stopper cette surenchère inspirée par le fondateur – dans la mesure où lui-même la pratiquait sans retenue, jusqu'au sang. D'ailleurs, malgré certaines précautions ajoutées depuis la mort d'Escrivá, les mortifications continuent.

Durant le peu de temps où elle quitta l'Opus Dei (avant d'être récupérée par l'organisation à la toute fin de sa vie), la secrétaire particulière de Balaguer analysa le rôle joué par ces mortifications comme faisant partie d'un dispositif de fragilisation en vue de conditionner l'opusien et de le préparer à la soumission : « Les mortifications faisaient partie de notre enseignement comme l'apprentissage du catéchisme. On portait son cilice deux heures par jour, sauf les jours de fête (dont le dimanche). Une fois par semaine, on devait dormir à même le sol et utiliser la discipline [fouet]. Dans ce qu'on nous expliquait, on nous disait que c'était pour nous rapprocher des souffrances du Christ, mais surtout, on ne pensait qu'à ça, et pas à autre chose[137]. » María porta le cilice au point d'en conserver 33 cicatrices. Sharon Clasen, une autre ancienne adepte, a le même souvenir : « Quand je l'ai enlevé, j'ai remarqué que des points avaient commencé à marquer ma chair. Un tas de petits points sanglants, les traces des pics. Le lendemain j'ai mis le cilice sur une autre partie de mon corps, pour que la partie blessée se soigne. Mais ça ne se soignait jamais[138]. » Puisque le but recherché est la douleur, la rigidité des consignes de l'Œuvre ne permet pas certains accommodements pour moins souffrir : « Pendant plusieurs semaines, au lieu de le mettre sur ma cuisse, je l'ai attaché à ma taille. De cette façon, la douleur n'était pas aussi forte (...). Dans un entretien, le directeur a insisté (...) sur le fait que le cilice soit porté sur l'aine, j'ai cessé de le mettre sur ma taille. »

Des familles déchirées

On se demande toujours comment des individus, apparemment saints de corps et d'esprit, peuvent perdre à ce point leur capacité de jugement. La réponse tient aux méthodes proprement sectaires utilisées par l'Opus Dei. Une fois placés sous leur directeur de conscience, les membres de l'Opus – qu'ils soient numéraires ou surnuméraires – sont accablés de prières, de récitations et de tâches à effectuer chaque heure de la journée. Débordés, épuisés, ils en perdent le temps de prendre du recul et de penser. Un processus particulièrement bien raconté par Véronique Duborgel, qui a subi la loi de l'Opus Dei pendant des années avant de trouver le courage d'en sortir et de raconter son calvaire dans un livre intitulé *Dans l'enfer de l'Opus Dei*[139].

Elle a été initiée par son mari, dont elle ignorait l'appartenance à l'Opus Dei. En 1983, elle n'a que vingt ans et rêve de voir ce mariage se concrétiser malgré les réticences de sa belle-famille. Juste avant de l'épouser, sans lui dire qu'il appartenait à l'institut, son futur époux l'a présentée à un cercle d'amis. Elle apprendra par la suite qu'ils sont tous membres de l'Opus Dei et que cette soirée sert à la jauger. Quelques mois plus tard, son fiancé lui propose de fréquenter un centre culturel pour filles appelé Le Rocher à Genève, dont il lui dit le plus grand bien, toujours sans mentionner qu'il s'agit d'un centre de l'Opus Dei. Au centre, toutes les filles qui l'accueillent sont joyeuses, dynamiques et très serviables. Au programme, il n'est pas question de religion mais de cours de couture et de fondu au chocolat. Son fiancé lui propose alors de la mettre en contact avec un prêtre espagnol de sa connaissance. Pourquoi pas ? L'entrevue est cordiale et porte sur la religion, le mariage, les enfants, la famille, mais il n'est toujours pas question de l'Opus Dei. Malgré l'omniprésence des photos du fondateur de l'Opus Dei et de ses brochures, Véronique Duborgel ne se doute toujours de rien. Et pour cause, elle ne connaît pas encore les rituels de l'œuvre et ne peut les repérer. Une jeune fille espagnole se met à lui donner des cours de religion. Un an de cours de doctrine dispensé au sein d'un centre de l'Opus Dei, toujours en vue de ce mariage, récompensé par une nouvelle proposition : participer à l'Univ', ce grand voyage que le centre organise chaque année pour aller à Rome rencontrer le pape. Quel catholique pratiquant ne serait pas tenté ? L'ambiance est comme toujours conviviale, façon JMJ, sauf que la messe est en latin. Une accompagnatrice est tout particulièrement chargée de la chaperonner, de lui faire découvrir les bienfaits de l'Opus Dei et de l'encourager à « siffler », selon le langage qu'utilisent les opusiens pour signifier leur engagement au sein de l'œuvre : « Avec le recul, je me rends compte que tout cela était rondement mené et psychologiquement bien ficelé. Tout était dirigé d'une main de maître[140]. »

Le 1er avril 1983, devant l'insistance de son chaperon, elle plonge et « siffle ». On lui tend une feuille blanche, qu'elle doit remplir de mots inspirés à l'intention du prélat, Alvaro del Portillo. De ce jour, la vie de Véronique va changer. Les filles qu'elle fréquente depuis quelques mois, visiblement opusiennes et au courant de son « sifflement », la saluent désormais par un « *Pax* ! »

auquel elle répond par un « *In aeterneam* ! ». Dès le lendemain, elle reçoit même sa première « correction fraternelle ». Depuis le début du voyage, elle n'a pas vu son fiancé. Les garçons et les filles ont été strictement séparés, sauf dans la cour Saint-Damase, où ils sont reçus par le pape et chantent « Jean-Paul II, tout le monde t'aime ». Alors qu'elle le cherche des yeux, elle l'aperçoit avec les hommes, tout près du Saint-Père. Émue, elle éclate de joie. C'est alors qu'une femme de l'Opus, qu'elle ne connaît pas, la remet à sa place, en lui faisant remarquer que cette effusion n'est pas digne d'un membre de l'Œuvre.

De retour chez elle, sa tenue vestimentaire est reprise en main. On lui recommande de se maquiller, à coup de fard et de rouge aux lèvres, pour être plus « féminine ». Ce qui est une façon polie mais claire de lui signaler que son aspect extérieur est négligé. « Il m'a été demandé de porter des jupes ou des robes, car le pantalon est considéré comme provocant et antiféminin ! On m'a aussi reproché de croiser les jambes à la messe[141]. » Son emploi du temps, appelé « plan de vie », est également totalement pris en charge par une directrice de conscience qui lui donne des exercices quotidiens : offrande au travail, oraison mentale (une heure répartie dans la journée), sainte messe, communion, visite du Saint-Sacrement, lecture du saint Évangile ou de livres recommandés, examen de conscience, récitation soit de l'Angélus soit du *regina coeli*. Chaque semaine, l'opusienne doit aussi procéder à une confession sacramentelle, une mortification corporelle avec récitation soit de *salve regina* soit du *regina coeli*. Et encore, il ne s'agit que du régime de base, qui peut être accéléré. Pour Véronique Duborgel, le plan de vie devient si dévorant qu'elle ne trouve plus le temps de se consacrer pleinement à sa famille et à ses enfants. Mais ce qui la choque le plus, ce sont les demandes de délation répétées venant de sa directrice spirituelle, qui l'oblige à surveiller les autres femmes pour mieux les corriger : « Une fois, elle m'a même demandé d'aller me renseigner auprès d'une autre femme membre qui, bien que mariée depuis dix-huit mois, n'avait pas d'enfant, pour savoir si elle avait recours à la contraception, considérée comme un péché mortel par les opusiens[142]. » Cette surveillance obsessionnelle de ce qui se passe dans les foyers des autres est d'autant troublante que sa directrice spirituelle ne lui est en revanche d'aucune utilité pour sauver son couple et la préserver de la brutalité grandissante de son mari : « Quand j'ai dit à ma directrice spirituelle que mon mari me battait, elle m'a répondu : "C'est ta croix !" Je me souviens aussi de sa formule : "Soyez un foyer lumineux et joyeux !"[143] » Au fil des années, Véronique Duborgel réalise même que son mariage est voué à l'échec depuis le départ, du fait de l'engagement de son mari au sein de l'Opus Dei. Elle parle de « mariage à trois » tant cette vocation le pousse à la dissimulation, à fréquenter des cercles uniquement masculins et à ne rien partager. Sauf des coups, lorsque son mari sent que sa femme souhaite sortir de l'Opus Dei et échappe à son emprise. Il ne sera radié de l'Opus Dei que des années plus tard, entretemps Véronique Duborgel aura trouvé toute seule le courage de ne pas renouveler son engagement (comme sont censés le faire les membres de l'œuvre tous les 19 mars). Avant cela, chaque fois qu'elle tentait de faire part de ses doutes à sa directrice spirituelle, la même réponse laconique tombait : « C'est Satan qui veut te posséder. » Une fois conditionnée, le départ ne fut pas si facile.

À la suite de nombreux témoignages de familles déchirées, notamment de parents ayant perdu tout contact avec leurs filles suite à leur adhésion à l'Opus Dei, plusieurs responsables ecclésiastiques ont cherché un moyen de contenir l'emprise sectaire de cet institut reconnu par l'Église. En 1981, en Grande-Bretagne, alors que les agissements de l'Opus Dei soulevaient une nouvelle fois la polémique, le cardinal Basil Hume a imposé certaines règles à l'Opus local :

1. *Aucune personne âgée de moins de 18 ans ne doit être autorisée à prononcer des vœux ou à prendre des engagements à long terme en relation avec l'Opus Dei.*
2. *Il est essentiel que les jeunes qui désirent entrer dans l'Opus Dei s'en ouvrent à leurs parents ou à leurs tuteurs légaux. Si, par exception, il existe des raisons fondées pour que l'on ne rentre pas en relation avec leurs familles, ces raisons doivent, dans tous les cas, être débattues avec l'évêque local ou son délégué.*
3. *S'il est admis que ceux qui adhèrent à l'Opus Dei prennent les devoirs et les responsabilités propres aux membres, il faut bien veiller à respecter la liberté de l'individu ; tout d'abord la liberté, pour l'individu, d'adhérer à l'organisation ou de la quitter sans que s'exerce une pression indue ; la liberté, pour l'individu,*

à quelque étape que ce soit, de choisir son propre directeur spirituel, que ce directeur soit membre ou non de l'Opus Dei[144].

Ces recommandations en disent long sur le degré de connaissance par l'Église des pratiques sectaires de l'Opus Dei. Elles n'ont guère eu d'impact. Même si l'Œuvre prend sûrement plus de précautions lorsqu'elle se sait surveillée par un évêque, la bénédiction au plus haut niveau du Vatican l'encourage à persister. Et les témoignages sur son caractère sectaire continuent d'affluer. Pour parer aux accusations, les opusiens mettent en avant que tous les membres de l'Opus Dei sont consentants. De fait, l'Institut vérifie plutôt deux fois qu'une leur consentement (sans doute pour apaiser les critiques et sur la recommandation de la hiérarchie catholique). Ainsi pour « siffler », selon l'expression d'Escrivá – qui compare un futur adepte à une bouilloire sur le feu prête pour le thé –, il faut écrire une lettre demandant à faire partie de l'œuvre au prélat. Alors que toutes les maximes témoignent d'une volonté prosélyte et même d'une recherche du rendement dans ce domaine. Mais l'Opus Dei prend très au sérieux l'engagement pour une raison simple. Elle n'aime pas trop voir des membres s'engager à la légère, car ils risquent de partir à la première difficulté et de nuire à sa réputation depuis l'extérieur. Il faut ainsi attendre un an et demi après avoir sifflé pour être officiellement membre et obtenir l'« oblature ». Les premières années, les vœux doivent être renouvelés tous les 19 mars, fête de Saint-Joseph, patron du travail, pour continuer à faire partie de l'Opus Dei. En d'autres termes, un membre n'a rien à faire s'il ne veut plus en faire partie. Seuls les membres ayant sifflé depuis cinq ans sont passés au stade de la fidélité et n'ont plus besoin de renouveler leurs vœux tous les ans. Ceux-là doivent écrire au prélat pour les défaire.

Sans aucun doute, l'Opus Dei a pris soin de multiplier les rituels de consentement et peut être quittée, ce qui constitue à la fois une protection pour ses membres et pour sa réputation. Mais cela ne signifie pas que l'emprise sur ses membres ne soit pas d'ordre sectaire. À lire les témoignages d'anciens membres, notamment ceux récoltés par ODAN, ceux qui souhaitent partir mettent des années avant d'oser écrire au prélat. Ils mettent surtout des années à ne plus culpabiliser et à ne plus craindre d'être damné pour un tel acte. Malgré quoi, l'Opus Dei estime qu'entre 20 et 30 % de ses membres finissent par décrocher.

La correction fraternelle appliquée à l'Église

Dans les années à venir, ceux qui souhaitent sortir de l'Opus Dei en raison de ses méthodes sectaires devront peut-être aussi quitter l'Église. Car, à force de lui faire une place dans son giron, le Saint-Siège finit par généraliser certaines de ses méthodes, comme la « correction fraternelle ». Pour Escrivá, « l'exercice de la correction fraternelle est la meilleure manière d'aider les autres, après la prière et le bon exemple[145] ». De quoi s'agit-il ? Ni plus ni moins d'une chaîne de coercition visant à faciliter la punition par le fait de déresponsabiliser délateurs et punisseurs. Elle met en scène quatre personnes. La première personne doit dénoncer un « frère » ou une « sœur » ayant une tenue ou un comportement incorrect. Le directeur ou la directrice charge alors une quatrième personne, totalement étrangère au délit et à la délation, de punir le « frère » ou la « sœur » dénoncée. Ainsi, le délateur n'aura pas à assumer le poids de la punition et peut dénoncer plus facilement. Très souvent les corrections concernent le look des opusiens : cheveux mal coiffés, teinture peu appropriée, maquillage trop discret, mais pas seulement. Aux États-Unis, une opusienne ayant perdu sa mère s'est vu reprocher de pleurer en public. Quelques mois après avoir été « corrigée », elle fut chargée d'infliger une correction similaire à une « sœur » également en deuil. La correction fraternelle est en quelque sorte le point d'orgue d'un « système de contrôle social, qui concerne entre autres l'apparence que doit avoir tout membre de l'Œuvre[146] ». À l'échelle politique, ce type de police de la vertu et du comportement forge les dictatures. Il est vrai que le fondateur n'a jamais désapprouvé cet aspect des régimes de Franco et Pinochet... À l'en croire, il aurait néanmoins puisé l'idée dans l'Épître aux Galatiens des Évangiles, celui où Paul réprimande Pierre. Il lui donne toutefois un sens bien plus coercitif. Une version catholique du commissaire politique, avec le même risque de dérive et d'abus de pouvoir.

Tant qu'elle n'est appliquée qu'aux membres consentants de l'Opus Dei, la correction fraternelle ne pose d'autre problème que celui d'un fonctionnement coercitif sectaire. De façon plus préoccupante, le fondateur de l'Opus Dei encourage ses brebis à étendre cette pratique à tous les chrétiens : « Si nous rencontrons de ces chrétiens de façade, nous devrons les aider, avec affection et en toute clarté, et recourir aussi, si besoin est, au remède évangélique de la correction fraternelle[147]. » Cette maxime prend un sens nouveau depuis que l'Église catholique semble vouloir charger les opusiens de nettoyer les « écuries d'Augias » de l'Église, quitte à adopter cette pratique pour mieux surveiller ses brebis galeuses. Le terme « correction fraternelle » apparaît en effet comme l'une des solutions envisagées par le rapport de la Conférence des évêques américains concernant les abus sexuels commis par des prêtres américains sur des enfants. Comment comprendre autrement cette phrase : « L'absence de correction fraternelle conjuguée avec l'absence de responsabilité épiscopale ont alimenté cette crise[148]. » Notons que parmi les quatre prélats choisis par le Saint-Siège pour rédiger ce rapport figurait Julian Herranz, un évêque espagnol responsable du Conseil pontifical pour les textes législatifs et membre de l'Opus Dei. L'usage de ce terme ne doit donc rien au hasard. Il signe l'influence grandissante des pratiques opusiennes au sein de l'Église catholique.

Certes, dans ce cas précis, la « correction fraternelle » semble préférable au déni pur et simple, voire à la passivité complice qu'a choisie l'Église pendant tant d'années. Mais l'adoption de cette pratique opusienne risque d'avoir bien d'autres conséquences. Car une fois validée sous prétexte de lutter contre les viols d'enfants, la

« correction fraternelle » pourrait devenir une règle redessinant l'esprit du catholicisme contemporain, au point de lui donner une orientation faite de coercition et de délation permanente. Depuis quelques années, les opusiens sont appelés à la rescousse chaque fois qu'une crise fait intervenir la question sexuelle au sein de l'Église. Comme en Autriche en novembre 2003, lorsque des policiers découvrent 40 000 images pornographiques – dont certaines à caractère pédophile ou zoophile – dans les ordinateurs portables de plusieurs de ses prêtres du diocèse de Sankt Pölten. Interrogé par la presse, qui vient de publier les photos d'attouchements entre enseignants et séminaristes, Mgr Krenn, l'évêque chargé du diocèse, répond qu'il s'agit de « blagues de jeunes garçons ». Plusieurs prêtres demandent pourtant la démission de l'évêque, et réclament le « nettoyage des écuries d'Augias ». Ce que fait la curie en envoyant sur place Mgr Kueng, un évêque de l'Opus Dei. Il fait fermer le séminaire, avant de rendre un rapport dans lequel il accuse la direction d'avoir « prêté trop peu d'attention aux critères de recrutement exigés ». L'évêque est démissionné « pour des raisons de santé ou d'autres raisons sérieuses », et l'opusien le remplace.

Les opusiens formant de très bons commissaires politiques zélés, l'Église est tentée de les utiliser à tout bout de champ. Avec les risques d'abus que l'on peut imaginer. Par homophobie, l'Opus Dei est incapable de faire la différence entre pédophilie et homosexualité. Un peu comme si le viol des femmes était dû à l'hétérosexualité des violeurs et non à leurs désordres psychiques ou à la domination masculine, les opusiens sont persuadés que l'éradication de la pédophilie au sein de l'Église passe par la dénonciation de tout prêtre soupçonnable d'homosexualité. C'est en tout cas la solution proposée par l'un de ses représentants lorsque l'Église américaine a été secouée par les scandales sexuels. Dans le magazine catholique *America*, Andrew Baker, prêtre opusien de Pennsylvanie et membre de la Société sacerdotale de la Sainte-Croix, explique que le meilleur moyen d'éviter les scandales sexuels est d'interdire aux homosexuels d'être ordonnés prêtres ou même d'être autorisés à aller dans les séminaires : « Un homme qui souffre d'"attirance exclusive ou prédominante envers les personnes de même sexe" (Catéchisme 2 357), ne devrait pas être admis dans les saints ordres, et sa présence au séminaire lui donnerait un faux espoir (...). Il se peut qu'un homme soit soigné d'un tel désordre, à ce moment on pourrait considérer son admission, mais pas tant qu'il est atteint par ce désordre[149]. » Andrew Baker ne précise pas comment il envisage de « soigner » un tel désordre ? D'autres intégristes y ont songé pour lui. Aux États-Unis, plusieurs groupes catholiques ou protestants proposent des « thérapies réparatrices » destinées à « guérir » l'homosexualité. Elles vont du conditionnement mental aux électrochocs[150]. L'Église va-t-elle bientôt charger l'Opus Dei d'encadrer des stages de thérapies pour filtrer l'entrer des séminaires ?

Au-delà de l'homophobie qu'induit cette approche, le fait de lutter contre l'homosexualité et non contre le viol pourrait amener l'Église à renouer avec sa formidable incapacité à traiter le drame de la pédophilie à la racine. Là où des catholiques progressistes souhaitent ouvrir le débat sur le déni pouvant naître du tabou sexuel ou de l'hypocrisie du devoir de chasteté, la voie moraliste choisie par l'Église et l'Opus Dei conduit à renforcer le tabou. Au risque de continuer d'envoyer de jeunes hommes immatures – parfois violés au séminaire – prêcher au cœur même de familles où ils ont un statut de « demi-dieux », et donc la tentation de reproduire l'abus dont ils ont eux-mêmes été victimes. Les familles les perçoivent comme étant d'autant plus inoffensifs qu'ils sont à leurs yeux « asexués ». Alors qu'ils évoluent depuis leur plus jeune âge dans un monde masculin où le tabou sexuel et le devoir de chasteté les rendent souvent inaptes à identifier leurs désirs, donc à les maîtriser. Pendant son séjour aux États-Unis, Benoît XVI n'a pas voulu regarder en face cette machine infernale, fabriquant une chaîne de violeurs potentiels depuis si longtemps. Il a parlé de « honte », de ses propres défaillances, pour mieux rendre responsable la « pornographie » qui sévit à la télévision... Le fait de confondre la lutte contre le viol avec une lutte contre la « pornographie » à la télévision (que regardent *a priori* fort peu les prêtres) ou l'homosexualité diffère donc un peu plus une réelle prise de conscience. Le film d'Amy Berg, *Délivrez-nous du mal*, montre très bien l'immense incompétence des supérieurs du père Oliver O'Grady, qui ont préféré le déplacer de paroisse en paroisse plutôt que d'entendre les plaintes des familles. Il faut voir le regard éberlué d'un de ses supérieurs lorsqu'un tribunal lui demande pourquoi il n'a pas entendu ces plaintes : « Je n'avais pas fait la connexion. Dans un cas, il s'agissait d'une petite fille. Dans l'autre, d'un petit garçon. Donc je n'ai pas fait le lien... » Incapable de faire la différence entre homosexualité et pédophilie, le moralisme sexuel ne sait pas non plus faire la distinction entre consentement et abus de pouvoir. Et cette prise de conscience n'est pas près d'avoir lieu si l'Église s'appuie sur un mouvement comme l'Opus Dei pour s'atteler à la tâche. C'est-à-dire sur un mouvement qui entretient un moralisme sexuel doublé d'une constante invitation à l'abus de pouvoir.

Les opusiens ne traquent pas que les scandales sexuels. Ils peuvent également servir de gendarmes contre les détournements de fonds, comme en 1996 en Amérique latine. Plusieurs Églises sont alors pointées du doigt pour leur gestion financière hasardeuse. Ce n'est pas ce qui met en colère l'archevêque d'Ayacucho, au Pérou. Mgr Juan Luis Cipriani Thorne, membre de l'Opus Dei, est furieux parce que la presse en parle. Sa solution consiste à réclamer la censure des « lâches qui se cachent derrière un micro ». « Les nouvelles sont un produit, a-t-il poursuivi. À ce titre, elles devraient passer par un contrôle de qualité[151]. » La « correction fraternelle » façon Opus Dei n'est donc pas toujours un gage de libération de la parole, bien au contraire. Il s'agit surtout de purifier le christianisme dans un sens liberticide. En assenant aux catholiques le vrai dogme, la vraie voie à suivre. Selon une approche qui rogne chaque jour un peu plus sur les avancées de Vatican II – à propos duquel le fondateur de l'Opus Dei disait : « J'ai mal à mon Église. » Tellement il souffrait de voir son Église débordée par une interprétation trop moderne du concile. Les opusiens servent même de commissaires politiques au sens strict du terme lorsqu'il s'agit de lutter contre les partisans de la théologie de la libération. En mai 2007, Jon Sobrino, un jésuite espagnol soutenant la théologie de la libération, auteur de nombreux livres et membre de la Congrégation romaine pour la doctrine de la foi, est ainsi placé sous la direction du nouvel archevêque de San Salvador, Mgr Saenz Lacalle, membre de l'Opus Dei. Ce dernier lui a interdit tout droit de publier et d'enseigner.

Cette reprise en main « fraternelle » ne semble d'ailleurs pas devoir uniquement s'appliquer aux pédophiles, aux violeurs, ou même aux escrocs, elle menace de faire la morale à l'ensemble des catholiques. S'adressant à 1 500 membres de l'Opus Dei venus le rencontrer en Sicile, Mgr Javier Echevarría, actuel prélat, a affirmé que 90 % des enfants handicapés étaient nés de parents « qui ne sont pas arrivés "purs" au mariage ». Cette phrase a scandalisé certains parents catholiques, souvent très concernés par la défense des handicapés. Devant la polémique, le prélat a essayé de rectifier le tir, mais sa défense témoigne du nouveau rôle que se voit jouer l'Opus Dei au sein de l'Église : « Je parlais de la vertu de la chasteté et de ses effets bénéfiques, aussi bien sur le plan spirituel que physique. Je n'ai fait rien d'autre que réaffirmer la doctrine catholique dans ce domaine. »

L'ingérence dans la vie de la cité

L'idée d'une « *pieuvre* » chrétienne faisant et défaisant des gouvernements est aussi absurde que celle consistant à voir un complot franc-maçon derrière chaque politique publique. Cela ne veut pas dire que l'Opus Dei n'exerce pas une influence politique plus diffuse, discrète et transversale.

José Maria Escrivá s'est toujours défendu d'utiliser son pouvoir d'influence sur les adeptes de l'Opus Dei pour influencer directement la vie politique : « *Si nous tenons à conserver notre liberté, il n'est aucunement question que l'Opus Dei puisse jouer quelque sorte de rôle politique dans la vie d'un pays. Dans l'Opus Dei, tous les points de vue et les approches permises par la conscience chrétienne auront toujours leur place, mais, à ce chapitre, il est impossible à nos directeurs de conscience d'exercer leur influence.* » Qu'ils soient journalistes, hommes politiques ou banquiers, les opusiens insistent sur le fait que leurs directeurs de conscience ou leurs centres ne se permettront jamais de dicter leur conduite à suivre dans leur métier. Ainsi Raphael Lopez Aliaga, cadre supérieur à Lima et membre de l'Opus Dei, explique : « *Ce qui est le plus frappant dans l'Opus Dei, c'est la priorité accordée aux questions spirituelles. Cette institution m'a permis d'être un cadre faisant preuve de plus de rectitude morale et d'honnêteté, de traiter mes employés et mes collègues comme des êtres humains et non comme de simples rouages de la machine. On m'a laissé libre de mon cheminement de carrière, libre de prendre les décisions sur des questions d'investissements et de recrutement personnel ou concernant tout autre problème concomitant. Il est presque impensable que quiconque dans l'Opus Dei puisse influencer mes choix à ce chapitre.* »[152] À l'évidence, les directeurs de conscience de l'Opus Dei se considèrent avant tout comme des coachs et non comme des leaders. En tant qu'œuvre spirituelle, l'Opus Dei n'a pas forcément de projet global, plutôt l'envie de dicter ses consignes à titre individuel. Mais comment prétendre que son idéologie n'est pas répercutée dans le monde, donc en politique, lorsque ses membres occupent des postes à haute responsabilité ? Pour cela, elle n'a besoin de donner aucune consigne. Il lui suffit de former des individus et de les mener sur le chemin de la réussite grâce à un plan de vie rigoureux. Une fois conditionnés et haut placés, ils diffuseront d'eux-même cette vision réactionnaire du christianisme dans le Siècle, avec d'autant plus d'impact sur la vie publique s'ils sont ministres que plombiers. Le pouvoir de lobying n'est pas direct mais indirect, il n'en est pas moins réel.

Si Josémaria Escrivá tenait à gommer cet aspect, c'est avant tout parce qu'il tenait son Œuvre – voulue par Dieu – en bien trop haute estime pour l'abaisser au niveau de la politique politicienne. D'où réaction embarrassée lorsque des ministres de Franco se sont revendiqués de l'Opus Dei. L'Institut n'aime pas être tenu responsable des actes de ses adeptes, c'est encore plus vrai lorsque ces adeptes font de la politique. Le soutient affiché à un parti politique plutôt qu'un autre est toujours un risque, qu'Escrivà ne souhaitait pas prendre pour préserver son pouvoir d'influence transversale. C'est pour cette raison que Giovanni Bellini n'est jamais parvenu à le convaincre de fonder un parti social-démocrate espagnol capable de fédérer les déçus du franquisme. Un tel engagement partisan lui aurait fait perdre sa force ainsi que sa capacité de recruter parmi différentes sensibilités politiques, même si son pluralisme se situe entre la droite extrême et le centre droit avec de très rares exceptions (pour des raisons souvent très locales) issues de la gauche morale. Des Espagnols attachés au franquisme auraient dû choisir entre leur engagement à l'extrême droite et leur fidélité à l'Opus Dei. Ce qu'Escrivá ne pouvait concevoir. Cet enfermement dans une étiquette politique servait peut-être les intérêts de Rome mais ne présentait aucun avantage pour l'Opus Dei, appelé à exercer une influence autrement plus large, souvent aussi plus radicale, que celle d'un parti démocrate chrétien. Le Vatican voulait-il tester sa capacité à la modération, à la démocratie et à la clareté ? Si c'est le cas, le test fût un échec. Certains y ont vu le signe que l'Opus Dei refusait de pratiquer l'ingérence politique, voire respecter la laïcité. C'est tout le contraire. L'Opus Dei refuse par nature la distinction entre le temporel et le spirituel au point de s'estimer au dessus des partis et du temporel. Escrivá n'est-il pas l'auteur de cette phrase, souvent citée par des responsables politiques chrétiens : « *As-tu pris la peine de penser à quel point il est absurde de dépouiller sa qualité de catholique, en entrant à l'université ou dans un groupement professionnel, à l'académie ou au parlement, comme on laisse un pardessus au vestiaire ?* »[153] Cette maxime a été pensée pour s'opposer à l'un des ennemis prioritaire d'Escrivá : le « *laïcisme* », défini comme la « *neutralité* » demandée au religieux. Il incitait clairement ses disciples à se servir du religieux pour « *introduire le Christ dans tous les domaines des activés humaines* » : « *Nous ne pouvons pas nous croiser les bras, alors qu'une subtile persécution condamne l'Église à mourir d'inanition : on la relègue hors de la vie publique et, surtout, on l'empêche d'intervenir dans l'éducation, dans la culture, dans la vie familiale. Ces droits ne nous appartiennent pas : ils appartiennent à Dieu et c'est à nous, les catholiques, qu'Il les a confiés… pour que nous les exercions !* »[154] L'esprit même de l'Opus Dei, celui qui a motivé sa création, est de vouloir à la fois refuser l'instrumentalisaton politique du religieux tout en faisant du religieux la boussole du champ politique : « *Ne cherche pas à faire du monde un couvent ; ce serait là un désordre… Mais ne cherche pas non plus à faire de l'Église une faction terrestre : cela reviendrait à une trahison.* » Autrement dit, l'opusien ne doit pas se tenir à l'écart du monde, ni confiner ses convictions catholiques à la sphère privée ou seconder cet engagement religieux à un engagement politique. Ce « *serait une trahison* », puisqu'il est aux ordres de Dieu et non des hommes. Cette conception – plaçant le religieux au dessus du politique – n'a rien de très originale. C'est la définition même de la tentation intégriste, présente dans tout corps religieux prosélytes méprisant les lois démocratiques. Voltaire définissait les fanatiques comme des gens « persuadés que l'Esprit-Saint qui les pénètre est au-dessus des lois ». Cette définition s'applique parfaitement à un mouvement comme l'Opus Dei. Au Chili, une équipe de reportage a filmé un prédicateur de l'Opus Dei en train de faire une dictée à de jeunes enfants défavorisés. Ils devaient copier : « Les citoyens doivent obéir aux lois et à tous les principes de l'autorité mais seulement si les lois sont justes, justes veut dire qu'elles respectent les normes de l'Eglise »[155].

Si l'on trouve des opusiens dans différents partis, c'est donc moins par goût du pluralisme, que parce que ces considérations partisanes sont finalement secondaires au regard de leur réelle appartenance partisane : le parti de Dieu. Voilà pourquoi le fondateur de l'Opus Dei n'a jamais su être un bon nationaliste, même pendant le franquisme. Tout simplement parce qu'il se considère comme un soldat de Dieu avant d'être celui de n'importe quelle patrie : « *L'élan patriotique – louable – porte beaucoup d'hommes à faire de leur vie un «service», une «milice». – N'oublie pas que le Christ a, Lui aussi, des «milices» et des hommes choisis à son «service«* [156].

Juste après son fondateur, l'État souverain qu'écoutent attentivement les opusiens n'est autre que le Saint-Siège. Or l'entité papale les encourage à aller toujours plus loin dans l'influence de la vie publique. En janvier 2002, le pape Jean-Paul II demandera à 5000 membres de l'Opus Dei d'« *éviter le danger du conditionnement d'une mentalité* (...) *qui conçoit l'engagement spirituel comme quelque chose lié à la sphère privée et, ainsi, dépourvu de signification pour l'action publique.* » Cette incantation n'a rien de choquante si les « soldats » en question se battaient pour une vision du monde inspirée par un catholicisme tolérant, juste et ouvert d'esprit. Mais ce sont des valeurs à l'opposé du catholicisme moraliste et intégriste encouragé par l'actuel pape. Cette incitation inquiète donc légitimement ceux qui ne partagent pas sa vision archaïque en matière de laïcité, de mœurs, de sexualité, d'égalité hommes/femmes, de contrôle des sexualités, de prévention du sida, etc. Des positions souvent méprisées comme étant d'ordre « *culturel* » ou « *sociétal* » alors qu'elles ont un impact bien réel dans la vie de la cité et peuvent donc être considérées comme politiques.

Jugé sur ses actes

Si l'on devait juger l'Opus Dei sur la façon dont ses membres ont sanctifié le monde, le bilan serait plutôt sinistre. L'histoire individuelle des opusiens est jonchée de collaborations avec des dictatures et non celle d'une influence positive en faveur des libertés communes. La seule liberté pour laquelle se battent principalement ces soldats du Vatican, c'est la liberté religieuse, autrement dit la leur. Leur charité chrétienne s'étend à la rigueur à d'autres religieux, considérés comme des « *coopérateurs potentiels* », mais sûrement pas aux tenants des libertés individuelles, de l'égalité et de la laïcité. Sitôt Pinochet au pouvoir, le fondateur de l'Opus Dei s'est empressé de soutenir la dictature et même la répression : « *Je vous garantis que ce sang est nécessaire* » a-t-il déclaré en 1974 devant ses fidèles[157]. Au Pérou, l'un des évêques de l'Opus Dei, Mgr Cipriani, fut aussi le meilleur ami du régime autoritaire de Fujimori. Sous prétexte de résister aux Sentiers lumineux et à la théologie de la libération, il a systématiquement fermé les yeux sur toutes les atteintes aux droits de l'homme. En 1996, lorsque le groupe révolutionnaire terroriste Tupac

Amaru a pris en otage l'ambassade du Japon à Lima, il s'est porté volontaire pour une médiation... qui s'est terminée en bain de sang.

Les opusiens peuvent être de très bons serviteurs de l'État, surtout si les objectifs de cet État n'entrent pas en contradiction avec ceux de l'Eglise. Autant dire qu'ils furent de très bons ministres dans un régime s'inspirant du catholicisme moraliste pur et dur comme celui de Franco, même s'ils ne furent jamais assez nationalistes pour faire passer le Général avant le pape. En 1957, les ministères du Commerce (Alberto Ullastres) et celui de l'Industrie et du trésor (Mariano Navarro Rubio) étaient tenus par des opusiens. Ils étaient tout particulièrement chargés d'entreprendre les réformes sociales et administratives nécessaires pour sortir l'Espagne de la débâcle et la faire accepter par les institutions internationales. Des négociations sont entreprises avec le FMI et l'OCDE, qui recommandent un plan de stabilisation et l'introduction du libéralisme. Un double objectif que les opusiens sont parfaitement prêts à tenir, comme l'expliquera plus tard Ullastres : « *Nous étions des serviteurs de l'État et, d'une certaine façon ils avaient raison de nous qualifier ainsi. On avait fait appel à nous, parce que les politiques n'entendaient rien à l'économie, qui était pratiquement une science neuve en Espagne et c'est pourquoi on nous fit venir, nous, les techniciens en la matière.* »[158] L'impact de l'Opus Dei sur la vie politique espagnole est autrement plus profond et durable qu'une simple participation – via des ministres – au gouvernement de Franco. Au lendemain de la guerre civile, dans une Espagne détruite, ses écoles et ses centres ont assuré la formation à grande échelle des élites du pays. En 20 ans, plusieurs centaines de techniciens de haut niveau sont sortis des écoles de l'Opus. Rares sont les membres de la droite espagnole à ne pas avoir confié ses enfants ou à une de ses école ou à l'un de ces centres, quand ils n'y ont pas grandi eux-mêmes. En juin 1973, vingt ans après la première présence de ministres opusiens dans un gouvernement franquiste, on comptait douze ministres opusiens sur 19 dans le gouvernement de l'amiral Carrero Blanco, premier ministre de Franco. En 1982, près de soixante députés espagnols étaient membres de l'Opus Dei[159]. Encore aujourd'hui, l'université de Navarre de l'Opus Dei est l'un des think tank les plus écoutés par le Parti populaire espagnol. Ce qui ne signifie pas que Josémaria Aznar ou sa femme, tous deux fervents catholiques, soient aux ordres de l'Opus Dei ou fassent passer leurs convictions spirituelles avant certaines considérations politiques. En matière d'avortement, Aznar s'était prononcé pour le statut quo. Mais ce statut quo représente néanmoins un recul puisqu'il signifie l'enterrement du projet de libéralisation de l'avortement pensé par les socialistes au pouvoir avant lui. Cette droite catholique n'empêche plus la gauche espagnol de gagner les élections, au contraire, mais elle continue de marquer la société civile conservatrice et ceux qui convoitent leurs suffrages. La droite espagnole continuera d'être influencée par les intégristes catholiques tant que ces derniers auront une certaine influence sur l'opinion publique. Or ils en auront tant que le Saint-siège les cautionnera et leur déléguera le devoir d'influencer l'Espagne.

En juin 2005, lorsque la droite espagnole catholique défilait tous les samedis pour protester contre le gouvernement, les Légionnaires du Christ et l'Opus Dei fournissait des troupes non négligeables à ces mobilisations. Notament le 18 juin, lorsqu'il s'agissait de protester contre la légalisation du mariage entre homosexuels. La manifestation était orchestrée par le Forum espagnol de la famille, où l'Opus Dei est particulièrement active et dont les initiatives sont coordonnées au plus haut niveau par le Conseil pontifical pour la famille, présidé par un opusien. Ce jour-là, des personnalités officielles de la hiérarchie catholique, sont venues apporter leur caution en participant à l'événement sous le slogan : « *La famille, c'est important* ». Une fois de plus, cette ligne d'action est parfaitement conforme aux souhaits du Saint-Siège, qui invite ses soldats à peser sur l'action publique chaque fois que la « *vie* » ou la « *famille* » sont à ses yeux en danger. En juillet 2006, Benoît XVI a d'ailleurs participé au congrès théologique pastoral organisé lors de la Rencontre mondiale des familles. Mgr Francisco Gil Hellin, ancien prélat de l'Opus Dei en Espagne et archevêque de Burgos, en a profité pour mobiliser en faveur d'une vision traditionnelle de la famille : « *L'institution familiale est attaquée de toutes parts. Il y a une volonté déterminée de la détruire, de la supprimer de la carte politique. Dans les années soixante, on a essayé d'empêcher la parole chrétienne de s'exprimer. Comme on n'y est pas parvenu, on s'efforce aujourd'hui d'en réduire la portée et le contenu spécifique.* »[160]

L'influence de l'Opus Dei est moins visible lorsque le Saint-Siège peut se permettre d'intervenir directement dans la vie publique, comme en Italie, où ses représentants sont parvenu à invalider le référendum sur la bioéthique en 2005. Suite à cette victoire, deux coalitions politiques différentes ont cherché son soutien pour les législatives. Silvio Berlusconi a adressé une brochure aux 28 000 prêtres italiens pour les assurer que le bilan de son gouvernement était conforme à « *la doctrine sociale de l'Église* ». Mais Paola Binetti, proche de l'Opus Dei et candidate de la Margherita (un parti centriste), a rédigé une lettre ouverte aux catholiques leur promettant que la victoire de son parti n'entraînerait pas de « *dérive laïciste* » et que le mariage homosexuel serait interdit. Un engagement conforme aux souhaits du Saint-Siège, qui a rappelé ses ordres via la Conférence épiscopale présidée par le cardinal Camillo Ruini. Sans donner de consignes de vote, elle a exigé de tous les candidats un soutien de la famille fondée sur le mariage et le respect de la vie humaine « *de la conception à la mort naturelle* ».

La situation est plus ambiguë en Angleterre, où l'Eglise anglicane est en délicatesse avec le catholicisme irlandais. Il s'agit peut-être de l'un des rares pays où les membres de l'Opus Dei peuvent se reconnaître dans le parti censé incarner l'aile gauche du Parlement.Le parti travailliste a tout pour plaire à cet institut encourageant la sanctification par le travail. Mais surtout, la droite anglaise est bien trop protestante, tandis que la gauche anglaise – tout en étant plus libérale que n'importe quelle gauche européenne – défend la liberté religieuse des minorités, donc des catholiques. La personnalité de Tony Blair est à cette image. Très croyant, il a fini par se convertir au catholicisme, même s'il a tenu à ne sauter le pas qu'une fois son mandat achevé. Sa femme Cherie, avocate et catholique, s'est spécialisée dans la la défense des minorités religieuses, notamment des filles souhaitant porter le voile à l'école. Il n'est donc pas si étonnant de voir que l'un des très rares, pour ne pas dire la seule ministre de « *gauche* » opusienne, l'ait été sous ce gouvernement : Ruth Kelly, opusienne, fût ministre des Transports sous Tony Blair. Née d'une famille catholique irlandaise, elle figure même parmi les rédacteurs du programme du Labour. En apprenant sa nomination, un certain nombre d'associations, notamment la Gay and Lesbian Humanist Association, se sont inquiétés. Interrogée par la presse, elle a refusé de répondre à la question « *l'homosexualité est-elle un péché ?* ». Mais en 2002, elle avait voté contre le projet de loi permettant aux couples gays d'adopter des enfants. Gordon Brown a renouvelé son soutien à Ruth Kelly en l'intégrant à son gouvernement, toujours aux transports. À condition de donner des gages, l'Opus Dei n'est pas suffisamment mal vue pour empêcher d'être ministre dans un gouvernement de gauche.

L'impact sur la laïcité en europe

En Europe, l'Opus Dei rencontre l'adhésion de personnalités politiques essentiellement parce qu'elle sert de relais à la diplomatie du Saint-Siège. La proximité entre Robert Schuman, père de l'Europe, et l'Opus Dei a fait couler beaucoup d'encre. Sans doute faut-il se garder de réduire l'engagement d'un homme politique aussi complexe à une vision opusienne du christianisme. Reste que les amis de l'Opus Dei ne manquent pas une occasion de s'attribuer une partie de son testament politique. Ainsi l'archiduc Otto de Habsbourg, soutien et mécène de l'Œuvre, prétend que le drapeau européen – la couronne d'étoiles jaunes sur fond bleu – a été inspiré par l'Opus. C'est ce qu'il a expliqué lors d'une conférence à Budapest consacrée à Josémaria Escrivá : « *Comme je lui demandais comment sauver l'âme de l'Europe, le père Escrivá m'a dit que l'Europe avait besoin de valeurs catholiques. Mais nos ennemis – tel le ministre des Affaires étrangères britannique, Anthony Eden, athée et diabolique – étaient contre l'utilisation de symboles chrétiens.* » Otto de Habsbourg aurait alors proposé les douze étoiles comme « *la couronne d'étoiles de la Vierge de Fatima* ». Interrogée à ce sujet, la communication française de l'Opus Dei refuse de confirmer ou d'infirmer, mais semble perplexe. La visibilité de l'influence d'un institut aussi controversé n'est souhaité par personne. Car la polémique est aussitôt à prévoir. Ce fût le cas en 2004, lorsque José Manuel Durão Barroso a accepté la candidature de Rocco Buttiglione, le ministre italien des Affaires européennes, à la Commission des libertés publiques du Parlement européen. Ses propos furent surtout en cause. L'homme considère volontiers l'homosexualité comme un péché et la famille comme destinée à permettre à la femme de s'occuper de ses enfants. Mais le fait que cet homme enseigne à Saint-Pie V, un établissement confié à l'Opus Dei, n'a pas contribué à modérer son image. La polémique a fini par le contraindre à refuser le poste.

Plus officiellement, le lobbying du catholicisme politique auprès de l'Union européenne est surtout porté par la Conférence des évêques. Très écouté par les instances européennes, le bras politique du Saint-Siège a notamment milité pour un élargissement rapide aux pays de l'Est, que Jean-Paul II était pressé d'arracher à la tentation communiste. Il existe près de 350 opusiens en Pologne, où l'Œuvre est implantée depuis 1989. Notamment près de Varsovie, où une association tenues par ses membres a acheté plusieurs terrains pour y vivre en communauté. L'Opus participe à la société civile polonaise via des aumôneries et des écoles. Roman Giertych, le chef de file de la très intégriste Ligue des familles catholiques est surnuméraire. Preuve que les aspirations du Vatican peuvent passer après certains choix de politique nationale, l'homme est violemment opposé à l'entrée dans l'Union européenne. En 2006, plusieurs opusiens participaient au gouvernement intégriste des Frères Kaczynski. Depuis le ministère des Finances, Alberto Lozano Platonoff a déclaré : « *Nous, les membres de l'Opus Dei, nous voulons – comme jadis les jésuites ou les juifs – changer la face du monde.* » [161] Quant à Jerzy Polaczek, surnuméraire et ministre des Infrastructures et de l'équipement, il a fait cette mise au point : « *Je veux être jugé sur mes actes, et non sur mon appartenance à l'Opus Dei.* » Côté actes, il fût toutefois en parfaite cohérence avec les préceptes de l'Opus Dei. Puisqu'il fût l'un des ministres les plus zélés de ce gouvernement intégriste ayant déclaré la guerre au « *laïcisme* » en Pologne. En toute logique, lorsqu'un opusien est nommé à un poste où ses valeurs peuvent avoir impact... À l'image du Salvadorien Juan José Daboub. Appointé à la Banque mondiale par Paul Wolfowitz en 2006, il a demandé que le contrôle des naissances soit supprimé d'un programme destiné à Madagascar.

Quelle influence en France ?

En France pays de la laïcité par excellence, l'Opus Dei est si mal vu que bien peu de personnalités politique de premier plan se risquent à s'afficher comme opusiens. Pourtant certains « coming out » commencent. Surtout dans le monde économique. Ainsi, le nouveau président du Conseil de surveillance d'Axa, Jacques de Chateauvieux ne cache pas être à l'Opus Dei. On ne craint pas les représailles de l'opinion publique lorsqu'on préside le groupe sucrier Bourbon, possède 3 360 hectares de terres outre-mer et 250 navires[162]. Il est plus difficile de s'afficher quand on est un reponsable politique soumis à l'attachement des Français pour la laïcité. Tous ceux qui ont été accusé d'en « être » comme Christine Boutin (ministre du logement sous François Fillon), Colette Codaccioni (ministre de la solidarité entre les générations sous Balladur[163]) ou Hervé Gaymard (plusieurs fois ministre depuis 1995) en ont tiré une réputation sulfureuse. Ce dernier dément formellement être membre de l'Œuvre : « je n'ai jamais fait partie de l'opus dei, ni de mouvements anti-ivg. C'est une invention pure qui avait été lancée à l'occasion de ma nomination au gouvernement en juillet 1995 »[164]. La rumeur fait partie de ces informations bancales – bâties à partir d'amalgames – relayées entre autres par le Réseau Voltaire de Thierry Meyssan[165]. Avant de se spécialiser dans la dénonciation d'un « complot américain » derrière le 11-Septembre, son association était très écoutée des réseaux de gauche et d'extrême gauche en raison de ses révélations croustillantes concernant le Vatican et l'extrême droite, deux thèmes qui justifiaient de se montrer peu regardant sur la validité de ses sources[166]. Seuls quelques spécialistes, dont nous étions, alertaient sur ses raccourcis, notamment concernant Hervé et Clara Gaymard. Thierry Meyssan les accusaient d'avoir participé à des commandos anti-avortement simplement parce que Clara Gaymard est la fille de Jérôme Lejeune, l'un des scientifiques préférés de la cause anti-IVG. En réalité, si Jérôme Lejeune a bien participé à la fondation d'une association anti-avortement comme Laissez-les-vivre, ni lui ni sa fille n'ont jamais soutenu les commandos anti-avortement. Le couple Gaymard fait bien partie de ces catholiques de droite proches du Vatican et de ses valeurs, mais les présenter comme appartenant de facto à l'Opus Dei ou pratiquant des commandos anti-avortement relève du raccourci malhonnête.

Examinons maintenant un autre cas, plus complexe, celui de Christine Boutin[167]. Celle que l'on a surnommé la « madonne des Yvelines » peut-être considérée comme l'une des politiques françaises les plus proches du Vatican. Tout au long de sa carrière, elle s'est permise de flirter et de collaborer avec des partis relativement divers allant de la droite radicale au centre, du Front national, à l'UMP en passant par le Mouvement pour la France ou La Droite milloniste, avant de fonder son propre parti : les Républicains sociaux (aujourd'hui rattaché à l'UMP). Comme si l'appartenance politique était finalement secondaire au regard de ses convictions personnelles, en l'occurrence spirituelles. Elle n'hésite pas à le déclarer : « je suis d'abord catholique avant d'être élue ». Elle dit aussi parfois refuser de laisser son identité catholique au vestiaire, selon une formule qui n'est pas sans rappeler celle de Josémaria Escrivà. Députée des Yvelines, ministre du logement sous Nicolas Sarkozy, elle s'est notamment faite connaître pour ses « croisades » parlementaires contre l'avortement, l'euthanasie ou le PaCS, dans la droite ligne des préoccupations du Vatican. Ces sujets lui tiennent tellement à cœur qu'elle ne s'est pas contenté d'une opposition parlementaire. Au moment du débat sur le PaCS, elle a également orchestré l'opposition dans la rue, en coordination avec le Saint-Siège et ses réseaux. Entre deux prières à la chapelle Sainte-Clotilde (en face de l'Assemblée) pour l'âme du rapporteur du projet de loi, son association, l'Alliance pour les droits de la vie, a volontiers coordonné les manifestations anti-PaCS avec d'autres associations comme l'Association des familles catholiques ou Familles de France, toutes deux proches du Vatican et de son Conseil pontificale pour la Famille, alors présidée par un opusien. L'une des actions les plus remarquées contre le projet fût la pétition des maires anti-PaCS, signée par 15 032 de toutes petites communes. Une initiative orchestrée par l'Association pour la protection de la famille, fondée par deux opusiens : Jean-Marie et Anouk Meyer.

Philosophe de formation, Jean-Marie Meyer est l'un des experts régulièrement consultés et utilisés par le Conseil pontifical de la famille présidé par le cardinal Alfonso Lopez Trujillo[168]. Christine Boutin, elle même, a été nommée membre de ce Conseil pontifical de la Famille en 1995, après la publication de l'Encyclique Evangelium vitae, l'évangile de la Vie dans laquelle le pape invite les catholiques à lutter contre l'avortement. L'engagement politique de la députée des Yvelines est donc au diapason de l'aile dure du Saint-Siège[169].

En dehors de Fadela Amara, qui lui a été imposée, elle choisit d'ailleurs systématiquement ses collaborateurs parmi les cercles catholiques très à droite[170]. À l'image de son premier directeur de cabinet au logement, Jean-Paul Bolufer. Ce dernier a dû démissionner le 20 décembre 2007. En pleine envolée du prix des loyers, Le *Canard Enchaîné* venait de révéler qu'il occupait un appartement de 190m² dans le quartier de Port-Royal, avec vue sur la chapelle du Val-de-Grâce, au prix de 6,30 euros le m². À l'occasion de cette polémique, la presse a largement rappelé le caractère ultra-conservateur de ce catholique fervent. Il a envoyé cette mise au point au quotidien *Le Monde* : « *Me présenter comme un «catholique conservateur» «ancien militant contre l'avortement» est une caricature ridicule. J'appartiens à la famille des chrétiens sociaux et milite notamment à Evangile et Société, qui est une association oecuménique diffusant l'enseignement social.* ». Ce droit de réponse prouve qu'il n'est pas encore possible d'afficher totalement ses convictions provie en France. Car Jean-Paul Bolufer peut tout à fait être présenté comme un catholique conservateur anti-avortement. Si «Evangile et société» se présente comme un *think-tank* plutôt pluraliste en termes de courants religieux, il est loin d'incarner le progressisme en matière de droit de choisir. En 2007, Jean-Paul Bolufer a d'ailleurs participé – en tant que représentant de « Evangile et société » – à une campagne menée par la Fondation Jérôme Lejeune pour sensibiliser les candidats à l'élection présidentielle contre l'avortement[171]. *Évangile et société* est surtout loin d'être le seul lieu où il a milité. Il a notamment pris soin de compléter sa formation administrative par un engagement et une formation au sein de la Cité catholique, une association intégriste fondée par Jean Ousset, l'ancien secrétaire de Charles Maurras[172]. Elle a pour objectif de construire une élite constituée en petites « cellules bien dressées », susceptibles d'agir par capillarité dans la classe dirigeante. Son slogan – « Dans le peuple ; comme un poisson dans l'eau » – traduit toute sa volonté d'infuser le monde associatif. Elle est présidée par Jacques Tremollet de Villers, ancien militant tixiériste de Jeune Alliance et avocat de Paul Touvier. Parmi les réalisations techniques de la Cité catholique, il faut noter la création de l'association Laissez-les-vivre : la première association anti-avortement française. À l'époque, Jean-Paul Bolufer était donc très actif dans l'opposition à l'avortement. Il s'est même fait remarqué par des actions de pression un peu violentes et la diffusion de textes attaquant Simone Veil. Ce qui ne l'a pas empêché de rejoindre le cabinet de Jacques Chirac à la mairie de Paris en 1979, ni d'être nommé préfet chargé de Journaux Officiels par Lionel Jospin en

1997. En 1983, il coéditait *un Projet pour la France : construire nos communautés* dans lequel il déclarait vouloir établir un délit contre «toutes les atteintes morales et physiques aux familles» ; c'est à dire l'avortement, l'homosexualité, la pornographie. Encore récemment, en septembre 2003 à Prague, il intervenait à l'assemblée de l'Association internationale pour l'enseignement social chrétien sous les hospice de Liberté politique. Un think-tank qui a la réputation d'être proche de l'Opus Dei. Ce que dément Thibaud Collin, membre du comité de rédaction de Liberté politique et co-auteur du livre d'entretien réalisé avec Nicolas Sarkozy sur *La République, les religions et l'espérance*[173]. À l'écouter, le poids de l'Opus Dei serait largement surestimé en France, et la Fondation de Service politiquc une simple Fondation de catholiques de droite en liaison avec le Saint-Siège. En revanche, il reconnait compter des membres de l'Opus Dei parmi ses amis : « Ils ont voulu me recruter mais j'ai toujours décliné une telle offre ». Ce qui signifie que l'offre existe, et au meilleur niveau. Pourrait-elle séduire des personnalités de premier plan comme Christine Boutin ? Interpellé par nos soins, son secrétariat nous a adressé ce démenti catégorique : « Christine Boutin a répété à plusieurs reprises qu'elle n'était pas membre de l'Opus Dei ». De fait, a priori, un responsable politique français n'a guère intérêt à être membre à part entière d'une organisation aussi sulfureuse et chronophage. Mais la focalisation sur l'appartenance de politiques à l'Opus Dei ne doit pas occulté l'essentiel. À savoir qu'il existe au plus haut niveau de l'Etat, des responsables politiques proches du Saint-Siège et de ses vues au point de pouvoir servir de relais à une vision extrêmement réactionnaire du catholicisme. Et donc les amener à être en contact avec une organisation recommandée par le Vatican telle que l'Opus Dei. L'Œuvre ne sert pas de donneuse d'ordre mais de passerelle. Et cette passerelle ne devrait pas faiblir sous un gouvernement prônant une « laïcité positive » ouverte au religieux, conformément au souhait du Saint-Siège.

« *J'appelle de mes vœux l'avènement d'une laïcité positive, c'est-à-dire uen laïcité qui, tout en veillant à la liberté de pensée, à celle de croire et de ne pas croire, ne considère pas que les religions sont un danger, mais plutôt un atout* » a déclaré le président de la République française lorsqu'il a reçu son titre honorifique de chanoine dans la basilique Saint-Jean de Latran[174]. L'expression même de laïcité « positive » – qui vise implictement à faire passer la laïcité française souhaitant séparer le politique du religieux comme étant une laïcité négative – est directement empruntée au vocabulaire de l'Église [175]. Lors d'un message envoyé au président du Sénat italien en octobre 2005, à l'occasion d'un colloque sur « Laïcité et liberté », Jean-Paul II formait ce vœu à l'intention des politiques : « J'encourage une saine laïcité de l'État (...) Il s'agit d'une « laïcité positive » qui garantisse à tout citoyen le droit de vivre sa foi religieuse avec une liberté authentique y compris dans le domaine public. » Autrement dit, dans l'espace politique. Visiblement, la consigne a été bien reçue. Signe des temps, alors qu'une telle approche aurait déclencher une tempête du temps de Jacques Chirac (le simple fait que Bernadette Chirac ait salué le pape la tête couverte d'une mantille avait soulevé la polémique en 1995), Nicolas Sarkozy semble être le premier président de la République a pouvoir se permettre de prendre ouvertement le parti de l'Eglise contre la loi de 1905 sans mettre les Français dans la rue. Ses discours ont néanmoins suscité de vives réactions dans la presse et la désaprobation de l'opinion publique. Une pétition intiée par plusieurs réseaux laïques a récolté plus de 150 000 signatures[176]. Hasard ou pas, ce fût à partir de ce moment là que la côte de popularité commença à chuter dans les sondages[177]. Il faut dire que jamais un président français n'avait martelé avec autant de conviction combien « la laïcité n'a pas le pouvoir de couper la France de ses racines chrétiennes ». La France monarchique de droit divin, dite « fille aînée de l'Église », a même subtilement été revalorisée au détriment de la France de 1789 et de 1905. Le christianisme ainsi que son histoire peuplée de croisades et de persécutions fûrent présentés comme le ciment de notre « identité nationale » actuelle. Tandis que les lumières et la modernité sont systématiquement associées à une perte de sens ayant conduit à l'invidividualisme, à la désorientation voire au totalitarisme : « *Je partage l'avis du pape, quand il considère dans sa dernière encyclique, que l'espérance est l'une des questions les plus importantes de notre temps. Depuis les siècle des Lumières, l'Europe a expérimenté tant d'idéologies ! Elle a mis successivement ses espoirs dans l'émancipation des invididus, dans la démocratie, dans le progrès technique, dans l'amélioration des conditions économiques et sociales, dans la morale laïque. Elle s'est fourvoyée gravement dans le communisme et dans le nazisme. Aucune de ces différentes perspectives – que je ne mets évidemment pas sur le même plan – n'a été en mesure de combler l'espoir profond des hommes et des femmes de trouver un sens à l'existence.* »[178] Sans parler du mépris implicite pour la « démocratie » et l' « émancipation des individus » – qui ne donneraient pas un sens à l'existence – ces propos ont d'autant plus choqué qu'ils ont été réitérés sous une autre forme à Ryad, devant une monarchie wahhabbite ayant largement financé la montée de l'intégrisme représentant à l'heure actuelle un danger totalitaire. Un danger sans doute plus grand que l'héritage des Lumières... Devant ces hôtes là, Nicolas Sarkozy a moins insisté sur la dérive intégriste que sur l'importance d'unir les religions face à l'individualisme : « *Le temps n'est plus pour les religions à se combattre entre elles, mais à combattre ensemble contre le recul des valeurs morales et spirituelles, contre le matérialisme, contre les excès de l'individualisme* »[179].

Les discours de Latran et de Ryad furent tellement outranciers du point de vue de la laïcité qu'ils ont surpris une partie de l'électorat de Nicolas Sarkozy. Pourtant, ils ne font que reprendre un credo développé dès 2004 dans son livre, *La République, les religions et l'espérance.* Alors ministre de l'intérieur chargé des cultes, Nicolas Sarkozy y affirmait déjà la supériorité de « l'espérance spirituelle » sur « l'espérance sociale » : « *Pour fondamentale qu'elle soit, la question sociale n'est pas aussi consubstantielle à l'existence humaine que la question spirituelle* »[180]. À l'entendre, déjà, depuis le siècle des Lumières, aucune « *morale laïque* » – ni l'« *émancipa-*

tion des individus », ni la « *démocratie* » – n'aurait « *été en mesure de combler le besoin profond des hommes et des femmes de trouver un sens à l'existence* »[181]. Nicolas Sarkozy ne cache pas s'inspirer directement de Benoît XVI sur ce point. Sauf qu'il n'est pas pape mais président de la République. Autrement dit chargé de l'espérance sociale et non de l'espérance spirituelle... Même François Bayrou, pourtant très chrétien, y voit un retour inquiétant à la religion comme « opium du peuple ». Comment interpréter autrement ces propos du chef de l'Etat : « *Bien sûr, ceux qui ne croient pas doivent être protégés de tout forme d'intolérance et de prosélytisme. Mais un homme qui croit, c'est un homme qui espère. Et l'intérêt de la République, c'est qu'il y est beaucoup d'hommes et de femmes qui espèrent* ». Autrement dit, plus de Français qui croient. C'est dans cet état d'esprit qu'il faut comprendre le désir présidentiel d'insister sur le rôle des religieux dans la transmission des valeurs : « *dans la transmission des valeurs et dans l'apprentissage de la différence entre le bien et le mal, l'instituteur ne pourra jamais remplacer le pasteur ou le curé* ». Cette phrase – que Nicolas Sarkozy a par la suite tenté de minimiser – n'a rien d'une déclaration en l'air. Elle se traduit par des priorités budgétaires lourdes de conséquences.

En 2005 à Neuilly, devant les sympathisant de l'association la Bible, le futur candidat à l'élecion présidentielle estimait que le principal problème des banlieues étaient d'être « devenues des déserts spirituels »[182]. Ce diagnostic étonnera quiconque connaît la montée des particularismes religieux dans les quartiers populaires. Il débouche en prime sur une réponse politique flattant dramatiquement ce repli communautariste et intégriste. Car autant Nicolas Sarkozy semble bien décidé à faire des économies sur les budgets consacrés à l'éducation ou aux travailleurs sociaux, autant il encouragea vivement les religieux à prendre en main le lien social dans les quartiers populaires. Alors qu'il déshabille l'école publique en diminuant le nombre de professeurs plutôt que le nombre d'élèves par classe, le gouvernement se montre prêt à râcler ses fonds de tirroirs pour encourager les écoles privées catholiques. À en croire un article paru sur le site Mediapart en mars 2008, il envisagerait un Fond spécifique destiné à encourager l'implantation de lycées privées catholiques dans les quartiers populaires[183]. Et ce au moment même où il annonce suppression à venir de plus de 11 000 postes d'enseignants dans le public, notamment dans les ZEP. En principe, l'aide publique attribuée aux écoles privées ne peut augmenter si celle accordée à l'école publique augmente, selon la règle coutumière des 80/20 : 80 % au public et 20 % au privé. Pourtant la première ébauche du Plan « Espoir Banlieues » prévoit d' « encourager la contribution de l'enseignement privé à l'égalité des chances » (en l'occurrence essentiellement l'enseignement privé catholique). Le gouvernement voudrait voir « 50 nouvelles classes » de ce type en banlieue. C'est officiel, l' « espoir en banlieue » s'appelle donc « espérance », et il sera porté par le religieux. « Nous sommes décomplexés » a déclaré Xavier Darcos, ministre de l'éducation national, au nouveau patron de l'enseignement catholique, Eric de la Barre, venu réclamer qu'on « lui facilite la tâche ». L'an dernier, les écoles privées ont dû refuser 35 000 dossiers. L' « accomodement raisonnable » de Debré – qui a mis le ver dans le fruit en autorisant le financement des écoles privées sur fonds public depuis presque cinquante – a fait son œuvre. En 1960, une pétition de 11 millions de Français s'y opposaient. Ils avaient vu juste. Depuis les écoles privées ont largement tiré profit de ce système leur permettant d'avoir le beurre et l'argent du beurre : des frais de scolarité élevés, un droit à la sélection mais aussi le soutien de l'État. Ces aides permettent un droit de regard, que l'on pourrait toutefois imposer sans avoir à verser des fonds qui manquent cruellement au public. Surtout depuis l'objectif de 80 % d'une classe d'âge obtenant le baccalauréat. Contrairement au privé, le public ne peut pas se permettre d'être trop sélectif. Si en prime, on le prive de moyens, si on diminue le nombre de ses enseignants au lieu de diminuer le nombre d'élèves par classe, on empêche mathématiquement le maintien d'un certain niveau. On condamne donc l'école publique à perdre toute attractivité au regard du privé. D'autant que les écoles privées catholiques sous contrats se gardent bien garder d'afficher trop ostensiblement leurs convictions religieuses. Du moins jusqu'ici. Avec Benoît XVI, les choses pourraient changer. Certains archevêques, comme celui d'Avignon, appellent depuis longtemps les établissements privés catholiques à renoncer la tolérance post-moderne pour retrouver le chemin d'une vrai éducation catholique. Grâce à la détermination avec laquelle le nouveau pape souhaite lutter contre le « relativisme », l'enseignement privée catholique pourrait redevenir un lieu de prosélytisme… Mais pas seulement. À Lyon, le recteur de l'académie, Alain Morvan, a payé cher le fait de vouloir s'opposer à la validation d'un lycée musulman conçu par la très fondamentaliste UOIF, et ce bien qu'il ne correspondait pas aux normes en matière de sécurité, sans même parler du contenu pédagogique[184]. Le recteur a purement et simplement été limogé sur demande du ministre de l'intérieur. C'est dire si Nicolas Sarkozy et ses conseillers souhaitent soutenir l'éducation confessionelle chaque fois qu'ils le peuvent.

L'engagement du président dans ce domaine ne peut-être dissocié de l'influence d'une conseillère en particulier : Emmanuelle Mignon, sa directrice de cabinet. Emmanuelle Mignon fait typiquement partie de ces carholiques de droite énarques qui n'a pas besoin d'être à l'Opus Dei pour servir les intérêts du pape jusqu'au cœur du monde politique. Major de l'Ena (René Char, 1995), il lui suffit d'être passée par les Scouts unitaires de France, dont le fanion est une fleur de lys, pour conserver de solides convictions dans ce domaine. Elle ne le cache pas, plusieurs de ses amies ont échoué au monastère de Paray le Monial, le bastion des catholiques charismatiques. On lui doit en grande partie les multiples passerelles existantes entre les positions de Nicolas Sarkozy et celle du pape depuis 2002, date à laquelle elle a rejoint son équipe rapprochée. C'est elle qui a mis le ministre de l'intérieur en relation avec un ancien ami scout, Philippe Verdin, devenu prêtre Dominicain, en vue de faire un livre d'entretien sur

La République, les Religions, l'Espérance paru aux éditions du Cerf en 2004. Le dernier chapitre vise à relativiser la gravité du phénomène sectaire tout en saluant le renouveau charisamtique comme « *un mouvement évidemment positif par son dynamisme et le renouveau dont il est porteur* »[185]. Emmanuelle Mignon a d'ailleurs déclenché une polémique pour avoir déclaré à un journal que les sectes étaient un « non problème »[186]. On lui doit enfin d'avoir en partie rédigé le discours de Latran. Ce qui n'enlève rien au fait que Nicolas Sarkozy ait accepté de le prononcer.

Un puritanisme au diapason de l'Église

L'Église catholique ne peut être dissociée de l'action de ses soldats, donc aussi de l'Opus Dei. D'ailleurs, elle n'accepterait pas d'utiliser l'Œuvre comme force d'appoint si leurs visions du catholicisme n'étaient pas au diapason. Qu'il s'agisse de s'ouvrir à l'égalité hommes/femmes ou d'accepter de nouvelles formes de vies conjugales et familiales, Benoît XVI marche fidèlement dans les pas de Jean-Paul II sur le chemin de l'intransigeance. En toute logique puisque l'ancien préfet de la Congrégation pour la doctrine de la foi était un fervent partisan de l'immuabilité de l'Église dans ces domaines. En avril 2005, alors qu'il est encore cardinal et préfet de la Congrégation pour la doctrine de la foi, il rappelle aux évêques qu'il est interdit de laisser communier les divorcés et les personnes vivant en « *situation matrimoniale irrégulière* » : « *si l'on admettait ces personnes à l'eucharistie, les fidèles seraient induits en erreur et comprendraient mal la doctrine de l'Église concernant l'indissolubilité du mariage* ». Une seule exception est tolérée : lorsque deux personnes vivent en couple mais « *prennent l'engagement de vivre en complète continence, c'est-à-dire en s'abstenant des actes réservés aux époux. Dans ce cas, ils peuvent accéder à la communion eucharistique, l'obligation d'éviter le scandale demeurant toutefois.* »

Cette conception du couple est intimement liée à l'héritage patriarcale du catholicisme. Saint Paul n'hésitait pas à proclamer : « *le chef de tout homme, c'est le Christ ; le chef de la femme, c'est l'homme* »[187]. Ratzinger ne dit pas autre chose dans une *Lettre aux évêques de l'Église catholique sur la collaboration de l'homme et de la femme dans l'Église et dans le monde* : « *Ces dernières années, on a vu s'affirmer des tendances nouvelles pour affronter la question de la femme. Une première tendance souligne fortement la condition de subordination de la femme, dans le but de susciter une attitude de contestation. La femme, pour être elle-même, s'érige en rivale de l'homme. Aux abus de pouvoir, elle répond par une stratégie de recherche du pouvoir. Ce processus conduit à une rivalité entre les sexes, dans laquelle l'identité et le rôle de l'un se réalisent aux dépens de l'autre, avec pour résultat d'introduire dans l'anthropologie une confusion délétère, dont les conséquences les plus immédiates et les plus néfastes se retrouvent dans la structure de la famille* ».

La simple existence de mouvements revendiquant l'égalité hommes/femmes est vécue comme un acte de « *contestation* » conduisant à une rivalité entre les sexes, là où l'inégalité née du patriarcat semble garantir l'équilibre familial. Ratzinger va plus loin et voit dans ce processus une redéfinition du masculin et du féminin sapant la stabilité anthropologique de l'espèce humaine : « *Pour éviter toute suprématie de l'un ou l'autre sexe, on tend à gommer leurs différences, considérées comme de simples effets d'un conditionnement historique et culturel. Dans ce nivelage, la différence corporelle, appelée sexe, est minimisée, tandis que la dimension purement culturelle, appelée genre, est soulignée au maximum et considérée comme primordiale. L'occultation de la différence ou de la dualité des sexes a des conséquences énormes à divers niveaux. Une telle anthropologie, qui entendait favoriser des visées égalitaires pour la femme en la libérant de tout déterminisme biologique, a inspiré en réalité des idéologies qui promeuvent par exemple la mise en question de la famille, de par nature biparentale, c'est-à-dire composée d'un père et d'une mère, ainsi que la mise sur le même plan de l'homosexualité et de l'hétérosexualité, un modèle nouveau de sexualité polymorphe.* »

Le refus de dogme patriarcal débouche bien vite sur une opposition de principe envers toute autre sexualité autre que l'hétérosexualité vécue dans le cadre du mariage, à des fins reproductices. Benoît XVI et la Curie en ont parfaitement conscience : la revendication du droit à la sexualité pour le plaisir porté par Mai 68, celle à disposer de son corps grâce à droit à l'avortement porté par le Mouvement de libération des femmes, les revendications d'égalité de droit entre les couples homosexuels et hétérosexuels, toutes ces évolutions font trembler sur ses bases la tradition patriarcale et donc une partie des fondements culturels de l'Église catholique : « *Une telle perspective a de multiples conséquences. Elle renforce tout d'abord l'idée que la libération de la femme implique une critique des saintes Écritures, qui véhiculeraient une conception patriarcale de Dieu, entretenue par une culture essentiellement machiste. En deuxième lieu, cette tendance considérerait comme sans importance et sans influence le fait que le Fils de Dieu ait assumé la nature humaine dans sa forme masculine.* » Bien entendu, le fait de lire cette évolution comme une menace et non comme une invitation à se réformer en dit long sur l'option choisie par le Vatican, qui préfère la sécurité de la tradition au risque d'évoluer vers une option plus égalitaire. La revendication de l'inégalité étant néanmoins difficilement défendable officiellement, les partisans du maintien de la domination patriarcale ont pris l'habitude de revendiquer le maintien de cette domination en prétendant vouloir respecter la différence et en exaltant la complémentarité hommes/femmes. C'est exactement ce que fait le cardinal Ratzinger en parlant de « *collaboration active entre l'homme et la femme* (...) *dans la reconnaissance de leur différence elle-même.* » Frances Kissling, responsable de Catholics for a free choice, une organisation catholique libérale américaine, ne s'y trompe pas : « *L'hostilité du Vatican au concept de genre est inquiétante. Aucune reconnaissance n'est faite de la socialisation comme un aspect de l'identité et de la personnalité. C'est la biologie qui est la destinée. Aucune reconnaissance des contributions positives apportées par le féminisme à la vie des femmes et des hommes. Aucune mention des violences faites aux femmes, des viols ou de tous autres problèmes sérieux qu'elles affron-*

tent ; ni aucun appel aux hommes pour qu'ils traitent les femmes avec respect. Il y a un déni général du concept des droits de la femme comme droits humains et le recours constant aux termes d'«égale dignité» que le Vatican oppose à ceux d'»égalité des droits». »

Non seulement le cardinal devenu pape ne conçoit pas d'abandonner une vision archaïque des relations hommes/femmes, de la sexualité et de la famille, mais il n'entend pas renoncer à propager cette vision du monde sur un mode offensif, nécessairement très politique – au sens d'intervention dans la vie de la cité. Les évêques, ses ambassadeurs politiques, n'ont jamais manqué de donner leur avis ni de démarcher les politiques chaque fois qu'une loi leur paraissait contraire à la morale chrétienne. Qu'il s'agisse des lois bioéthiques, de lois autorisant le mariage gay ou du droit à l'avortement et plus récemment de l'ouverture des magasins le dimanche. Encore récemment, le 30 décembre dernier en Espagne, le Saint-Père est apparu sur un écran géant avec un message à l'intention d'une manifestation provie. Un reportage danois vient alors de mettre le feu aux poudres en montrant que des failles de loi espagnole permettent d'avorter en Espagne jusqu'à huit mois de grossesse si un médecin se montre complaisant[188]. Furieux de cette découverte, des commandos anti-IVG composé de phalangistes nostalgiques de Franco, d'intégristes et de quelques ecclésiastiques, se sont mis à attaquer des cliniques. Le rassemblement organisé sous l'égide symbolique du pape, loin de dénnoncer le recours à la violence, a préféré fustiger « La culture de la laïcité radicale ». « Une tromperie » qui « ne conduit qu'à l'avortement et au divorce-express » voir à la « dissolution de la démocratie » selon l'archevêque de Valence, Agustin Garcia-Gasco. Ces propos ont reçu la bénédiction de Benoît XVI en personne. Autant dire que les actions d'intimidation en direction des cliniques ont repris de plus belle, malgré les mesures prises par le gouvernement. Suite au reportage, les autorités ont perquisitionné quatre cliniques pour savoir si des avortements hors-conditions étaient pratiqués. 3 personnes ont été mise en détention provisoire pour avoir pratiqué des « avortements illégaux ». Face à ce double harcèlement, celui des assaillants et celui de la police, 38 cliniques se sont mises en grève cette semaine pour protester contre la «la persécution». Près de 1 800 avortements n'ont pas pu avoir lieu. Cela n'a pas suffit à calmer l'Église, bien décidé à aller jusqu'à la remise en cause du droit à l'avortement, ce que le gouvernement de Zapatero a bien entendu refusé d'envisager. Pour lui faire payer cette insoumission, l'Église est intervenue dans la bataille électorale des législatives. L'archevêque espagnol de Pampelune, Fernando Sebastian Aguilar, s'est défendu de vouloir distribuer des consignes : « L'Église catholique ne peut dire de "voter pour tel ou tel parti" mais peut dire "ne votez pas pour qui défend directement des actions clairement immorales (avortement, euthanasie, lois antifamiliales)" ». Autrement dit, pour la gauche... Mais il a tenu à rappeler que la Phalange, le parti des nostalgiques de Franco, était quant à elle « fidèle à la doctrine sociale de l'Église ».

Cette anecdote révèle combien l'Église peut être tentée d'utiliser son pouvoir politique dans les pays où il dispose de soldats. Bien entendu, un courant de pensée aussi important que le catholicisme a bien le droit de donner son avis sur tel ou tel sujet de société. Il ne soulève jamais de polémique lorsqu'il s'agit de réclamer un meilleur traitement des immigrés ou d'améliorer le sort des prisons ou encore de faciliter un droit au logement. La polémique existe lorsque l'Église veut intervenir contre des acquis perçus largement comme faisant partie de l'intérêt commun au nom d'une posture autoritaire, moraliste et sacralisée. D'où la nécessité de ne pas toujours agir directement mais parfois aussi via des œuvres amies comme l'Opus Dei, souvent perçues comme extérieures voire extrêmes, alors qu'elles font partie intégrante de la reconquête intégriste voulue par le pape.

1 *Le Nouvel Observateur*, 18 mai 2006.

2 Elle a en revanche voulu faire condamner en 2007 un autre roman, *Camino 999* de Catherine Fradier, aux Éditions Après la lune, pour diffamation. L'avocat de l'Opus était alors maître Alexandre Varaut.

3 Il est intervenu le 11 mai 2006 au Centre Garnelles. Sa conférence était intitulée « La France et le monde, incompréhensions et espérances ».

4 Il est intervenu le 12 mars 2007 au Centre Garnelles. Sa conférence était intitulée « Banlieues en crise, réponses d'un maire ».

5 Antonio Arregui Yarza (archevêque de Guayaquil, Équateur), Juan Luis Cipriani Thorne (cardinal de Lima, Pérou), Alfonso Delgado Evers (archevêque de San Juan de Cuto, Argentine),

Alvaro del Portillo y Diez de Sollano (ancien prélat de l'Opus, mort), Antonio Augusto Dias Duarte (évêque auxiliaire de Sao Sebastiao de Rio de Janeiro, Brésil), Javier Echevarría Rodríguez (prélat de l'Opus Dei), Ricardo Garcia (prélat de Yauyos, Pérou), Luis Gleisner Wobbe (évêque auxiliaire de La Serena, Chili), José Horacio Gómez (évêque de San Antonio, Texas), Juan Ignacio González Errázuriz (évêque de San Bernardo, Chili), Julián Herranz Casado (cardinal et président du Conseil pontifical pour l'interprétation des textes et des lois), Philippe Jourdan (administrateur apostolique en Estonie), Klaus Küng (évêque de Sankt Pölten, Autriche), Rogelio Ricardo Livieres Plano (évêque de la Ciudad del Este, Paraguay), Rafael Llano Cifuentes (évêque de Nova Friburgo, Brésil), Anthony Muheria (évêque d'Embu, Kenya), Francisco Polti Santillán (évêque de Santo Tomé, Argentine), Jaime Pujol Balcells (archevêque de Tarragone, Espagne), Fernando Sáenz Lacalle (archevêque de San Salvador, Salvador), Juan Antonio Ugarte Pérez (archevêque de Cuzco, Pérou), et trois évêques honoraires, Francisco de Guruceaga Iturriza (évêque honoraire de la Guaira, Venezuela), Luis Sánchez-Moreno Lira (évêque honoraire d'Areguipa, Pérou), Juan Ignacio Larrea Holguín (évêque honoraire Guayaquil, Pérou).

6 Isidro Barrio (évêque d'Huancavelica, Pérou), Mario Busquets (prélat de la prélature territoriale de Chuquibamba, Pérou), Marco Antonio Cortez Lara (évêque auxiliaire de Tacna, Pérou), Nicholas DiMarzio (évêque de Brooklyn, États-Unis), Robert Finn (évêque auxiliaire de Kansas City, États-Unis), Gilberto Gomez (évêque auxiliaire d'Abancay, Pérou), Francisco Gil Hellin (archevêque de Burgos, Espagne), Gabino Miranda Melgarejo (évêque auxiliaire d'Ayacucho, Pérou), Justo Muller (président de l'Académie ecclésiastique, Rome), John Myers (archevêque de Newark, États-Unis), Isidro Sala (évêque d'Abancay, Pérou), Jacinto Tomás de Carvalho

(évêque de Lamego, Portugal), Guillermo Patricio Vera Soto (évêque du territoire de la prélature de Calama, Chili), et 4 évêques honoraires, Enrique Pélach y Feliú (évêque honoraire d'Abancay, Pérou), Alberto Cosme do Amaral (évêque honoraire de Leira-Fatima, Portugal), William Dermott Molloy, (évêque honoraire d'Huancavelica, Pérou), Jesús Humberto Velásquez (évêque honoraire de Celaya, Mexique).

7 *Entretiens avec Mgr Escrivá*, Le Laurier, Paris, 1987.
§ Point 60 : L'Opus Dei : une institution qui encourage la recherche de la sainteté dans le monde.

8 *Ibid.*

9 http://www.ecole-dosnon.com/index.php.

10 *Courrier picard*, 11 avril 2007.

11 *Ibid.*

12 Bénédicte et Patrice Des Mazery, *op. cit.*, p. 284.

13 Nous avons tenté de joindre l'école Dosnon, en vain.

14 Georges Vedel est décédé en 2002. Aucune nécrologie n'est alors publiée par l'Opus Dei, ce qui semble signifier qu'il n'en était pas membre.

15 Jérôme Anciberro, « Opus Dei : de la légende noire à la normalisation médiatique », *Le Monde diplomatique* n° 648, mars 2008.

16 C'est notamment la réponse faite par le chanoine Henri Minnaert, ancien doyen du VIIe arrondissement, le 1er mai 1985 à des parents, M. et Mme Dupont, qui s'inquiétaient de voir leur fille couper les ponts suite à son entrée dans l'Opus Dei. Cité par Bénédicte et Patrice des Mazery, *L'Opus Dei : enquête sur une Église au cœur de l'Église*, J'ai lu, 2005, p. 55.

17 *Parent's Guide to Opus Dei*, J. J. M. Garvey, Sicut Dixit Press, New York, 1991.

18 *Golias* a publié plusieurs ouvrages et numéros spéciaux sur

la question.

19 En 1995, James Martin, un jésuite, publie notamment une longue enquête décrivant l'Opus comme une secte : « une organisation puissante, voire dangereuse, semblable à une secte et utilisant le secret et la manipulation pour percer » (S. J., *America*, 25 février 1995).

20 Selon les propos de Pierre Emonet recueillis par Bénédicte et Patrice des Mazery, *op. cit.*, p. 59.

21 *Ibid.*, p. 61.

22 Créé en 1903, le quotidien *ABC*, diffusé à 270 000 exemplaires, est conservateur et monarchiste. C'est le troisième quotidien du pays après *El País* et *Marca*. Il est la propriété du groupe basque Correo.

23 « Le Vatican change de voix », non signé, http://www.lefigaro.fr/international/2006/07/11/01003-20060711.

24 Une anecdote rapportée par Christian Terras, *Opus Dei*, Golias, 2006, p. 218-219.

25 Sportif, jeune, la mèche soignée, ce Bavarois incarne ce que le Saint-Siège peut offrir de plus lisse et de plus esthétique. La jet-set l'adore. Il a inspiré Donatella Versace dans sa dernière collection : « J'ai trouvé l'austérité du père Georg très élégante. » Tellement élégant qu'il fait régulièrement la couverture des magazines people, comme celle de *Chi*, le *Gala* italien, où on le voit en bras de chemise jouant au tennis. Dans d'autres magazines, on le découvre en train de faire du ski ou conduire un avion. Mais le secrétaire particulier du pape n'a rien d'un jeune premier désireux d'incarner une certaine modernisation au sein de l'Église catholique. Fidèle parmi les fidèles de Benoît XVI, il fait partie du staff rapproché de cinq personnes. Lui et quatre religieuses. Son aura moderne ne lui sert pas à tempérer Benoît XVI mais à donner un peu de reluisant à une politique qui défend la supériorité du catho-

licisme sur les autres religions, l'islam en tête. Dans une interview parue dans *Süddeutsche Zeitung*, il explique que le discours du pape à Ratisbonne questionnant le rapport de l'islam et de la raison était « prophétique ». Et de poursuivre : « Il ne faut pas minimiser les tentatives d'islamisation de l'Occident (...). Et le danger qui en découle pour l'identité de l'Europe ne doit pas être ignoré sous prétexte d'une prévenance faussement compréhensive. Le catholicisme le voit bien et le dit clairement. »

26 Archevêque Justo Mullor (président de l'Accademia Ecclesiastica chargée de former les diplomates), Mgr Nguyen Van Phuong (capo ufficio de la Congrégation pour l'évangélisation des peuples), Mgr Jacques Suaudeau (administrateur de l'Académie pontificale pour la vie), père Francisco Vinaixa Monsonis (administrateur du Conseil pontifical pour l'interprétation des textes de loi), Mgr Celso Morga Iruzubieta (capo ufficio de la Congrégation du clergé), père Andrew Baker (Congrégation des évêques), père Gregory Gaston (notable du Conseil pontifical pour la famille).

27 Mgr Francesco di Muzio (administrateur de la Congrégation pour l'évangélisation des peuples), Mgr José Luis Gutiérrez Gomez (relator de la Congrégation pour la cause des saints), Mgr Delgado (capo ufficio du Conseil pontifical pour la laïcité), Mgr Stefano Migliorelli (secrétaire aux affaires de l'Église), Mgr Oscaldo Neves (2e section, diplomatie), père Mauro Longhi (service des affaires diocésaines), Mgr Ignacio Carrasco de Paula (chancelier de l'Académie pontificale pour la vie).

28 Cité par Jérôme Anciberro, *art. cit.*

29 Andrés Vázquez de Prada, *Le Fondateur de l'Opus Dei : vie de Josemaría Escrivá*, vol. I, Le Laurier /Wilson & Lafleur, Canada, octobre 2001, p. 49.

30 *Ibid.*, p. 15.

31 *Ibid.*, p. 59.

32 *Ibid.*, p. 30.

33 Cité par A. del Portillo, Sum. 104.

34 Andrés Vázquez de Prada, *op. cit.*, vol. I, p. 138.

35 *Ibid.*, p. 278.

36 Instruction du 19 mars 1975, *ibid.*, p. 297.

37 *Cahiers*, n° 195, cité par Andrés Vázquez de Prada, *op. cit.*, vol. I, p. 313.

38 Cité par A. del Portillo, Sum. 76.

39 *Cahiers*, n° 1870, cité par Andrés Vázquez de Prada, *op. cit.*, vol. I, p. 321.

40 Cité par A del Portillo, Sum. 537, *in* Andrés Vázquez de Prada, *op. cit.*, vol. I, p. 313.

41 Cité par Andrés Vázquez de Prada, *op. cit.*, vol. II, p. 63.

42 *Cahiers*, n° 1568-1569, cité par Andrés Vázquez de Prada, *op. cit.*, vol. II, p. 278.

43 *Op. cit.*, vol. II, p. 372.

44 *Ibid.*, p. 438.

45 Thierry Meyssan, qui écrit parfois sous le pseudonyme de Didier Marie, est allé plus loin en accusant Josemaría Escrivá d'avoir été le « directeur de conscience » de Franco. Sans aucune preuve. Cela paraît peu vraisemblable dans la mesure où les deux hommes se sont vus trois fois dans leur vie. Thierry Meyssan reste le principal pourvoyeur d'information francophone sur l'Opus Dei malgré le discrédit dont il est l'objet depuis sa thèse farfelue exposée dans *L'Effroyable Imposture*, où il explique que le 11-Septembre est un vaste complot américain.

46 Andrés Vázquez de Prada, *op. cit.*, vol. II, p. 416.

47 Instruction du 19 mars 1934, n° 6, cité par Andrés Vázquez de Prada, *op. cit.*, vol. II, p. 416.

48 Propos rapportés par Santiago Balcells, membre de la

Congrégation mariale, cités par Andrés Vázquez de Prada, *op. cit.*, vol. II, p. 499.

49 Voir le rapport du Dr Luis Ortiz, alors secrétaire général du tribunal spécial de répression de la franc-maçonnerie, recoupé par le témoignage d'Alvaro del Portillo, Sum. 425.

50 Ce rapport, daté du 16 janvier 1942, a été publié dans l'ouvrage de José-Luis Rodriguez Jimenez, *Historia de la Phalange española e las JONS*, Alianza, Madrid, 2000, p. 420-423.

51 Document conservé à l'archevêché de Madrid publié par Amadeo de Fuenmayor, cité par Andrés Vázquez de Prada, *op. cit.*, vol. II, p. 504.

52 Cette correspondance a été remise par la curie de Madrid pour le *Nihil obstat* de la S.C. des religieux à la fondation de la Société sacerdotale de la Sainte-Croix en 1943.

53 Lettre citée par Andrés Vázquez de Prada, *op. cit.*, vol. III, p. 25.

54 Lettre d'Alvaro del Portillo, Rome, 5 avril 1946, cité par Andrés Vázquez de Prada, *op. cit.*, vol. III, p. 20.

55 Cité par Andrés Vázquez de Prada, *op. cit.*, vol. III, p. 95.

56 *Cahiers*, n° 220, 1931, cité par Andrés Vázquez de Prada, *op. cit.*, vol. II, p. 370.

57 Le Collège romain de la Sainte-Croix a reçu son décret d'érection le 29 juin 1948.

58 Cité par Jérôme Anciberro, *art. cit.*

59 Lettre de Mgr Montini au fondateur de l'Opus Dei, citée par Andrés Vázquez de Prada, *op. cit.*, vol. III, p. 43.

60 Lettre à ses fils du Conseil général, de Rome. Cité par Andrés Vázquez de Prada, *op. cit.*, vol. III, p. 60.

61 *Mirifice Ecclesia*, 20 juillet 1947, cité par Amadeo de Fuenmayor *et al.*, *op. cit.*, appendice 24, p. 670-671.

62 Lettre du cardinal Pizzardo à Josmaría Escrivá du

24 septembre 1953, *ibid.*, p. 696-698.

63 Cité par Amadeo Fuenmayor *et al.*, *op. cit.*, appendices 44 et 43 respectivement p. 704-706 et 703-704.

64 Lettre du 15 août 1964, citée par Andrés Vázquez de Prada, *op. cit.*, vol. III, p. 503.

65 Lettre du 24 octobre 1965, *ibid.*, p. 520.

66 Le Centre ELIS, le 21 novembre 1965.

67 Lettre d'accompagnement à l'Appunto (16 septembre 1969), citée par Andrés Vázquez de Prada, *op. cit.*, vol. III, p. 590.

68 Secrétaire d'État, numéro du dossier : 208080, 30 octobre 1972.

69 Cité par John Allen, *op. cit.*, p. 191.

70 Propos cité par Christian Terras, *op. cit.*, p. 25.

71 Traduit en français et cité par Christian Terras, *op. cit.*, p. 29.

72 En quinze ans de règne, son prédécesseur Paul VI n'avait fait que 23 saints ! *Cf.* Henri Tincq, « La canonisation expresse de Josemaría Escrivá, fondateur de l'Opus Dei », *Le Monde*, 27 février 2002.

73 *Cahiers*, n° 218, août 1931, cité par Andrés Vázquez de Prada, *op. cit.*, vol. II, p. 406.

74 « Ce sont des notes naïves – je les appelais des "Catherine" dans ma dévotion pour cette sainte de Sienne – que j'ai très longtemps écrites à genoux et qui étaient pour moi un rappel et un stimulant. Je crois bien qu'habituellement je priais, tout en les écrivant avec une simplicité d'enfant », *Cahiers*, n° 1 862 (Rome, 15 juin 1948), cité par Andrés Vázquez de Prada, *op. cit.*, vol. I, p. 337.

75 Introduction de *Chemin*.

76 Josemaría Escrivá, *Chemin*, point 22.

77 *Ibid.*, point 121.

78 Traduite en français et republiée en 2005 par les Éditions Le Laurier.

79 Josemaría Escrivá, *Chemin*, point 54.

80 *Ibid.*, point 128.

81 *Ibid.*, point 126.

82 Josemaría Escrivá, *Chemin*, point 27.

83 *Ibid.*, point 188.

84 *Ibid.*, point 189.

85 *Ibid.*, point 27.

86 *Ibid.*, point 50. Il faut noter que la version livre disponible en France et la version Internet diffèrent un peu. La version livre disponible en France a gommé les trois derniers mots. Ce qui donne : « Tu es curieux et questionneur, fureteur et toujours à la fenêtre : tu n'as pas honte d'être si peu viril jusque dans tes défauts ? – Sois homme ; et ce besoin de te mêler des affaires d'autrui, change-le en désir de te connaître toi-même. »

87 *Ibid.*, point 53.

88 Josemaría Escrivá, *Sillon*, 358.

89 Josemaría Escrivá, *Chemin*, point 573. *Chemin* est paru pour la première fois en 1934 en Espagne sous le titre *Considérations spirituelles*. D'après l'Opus Dei, *Chemin* a été publié à plus de 4 500 000 exemplaires en 43 langues. Il existe dans chaque pays une traduction. Elles peuvent varier y compris en français entre la version suisse, française, canadienne ou Internet.

90 *Ibid.*, point 627.

91 *Ibid*, point 643.

92 *Ibid.*, point 79.

93 *Ibid.*, point 80.

94 *Ibid.*, point 487.

95 *Ibid.*, point 519.

96 *Ibid.*, point 633.

97 *Ibid.*, point 46.

98 *Ibid.*, point 793.

99 Josemaría Escrivá, *Sillon*, 213.

100 *Ibid.*, 107.

101 Josemaría Escrivá, *Chemin*, point 186.

102 *Ibid.*, point 218.

103 *Ibid.*, point 61.

104 Josemaría Escrivá, *Chemin*, point 74.

105 *Ibid.*, point 62.

106 *Ibid.*, point 56.

107 *Ibid.*, point 617.

108 *Ibid.*, point 620.

109 *Ibid.*, point 936.

110 Bénédicte et Patrice Mazery, *op. cit.*, p. 49 à 53.

111 Il s'agit de retranscriptions enregistrées entre novembre 1994 et février 1995, publiées par Bénédicte et Patrice des Mazery.

112 Josemaría Escrivá, *Chemin*, point 339. La version livre disponible en France est un peu différente : « Des livres : n'en achète pas sans demander conseil à des chrétiens compétents et avisés. – Tu pourrais acheter quelque chose d'inutile ou de nuisible. Combien croient porter un livre sous le bras... qui ne portent qu'un ramassis d'ordures. »

113 Citation du père Vladimir Felzmann *in* Mazerey, Bénédicte et Patrice Mazery, *op. cit.*, p. 224-225.

114 Relevé par Marcela Said Cares et Jean de Certeau dans leur documentaire, *Opus Dei, une croisade silencieuse*, Valparaíso Production-Planète-TV5 Monde.

115 Il est interviewé par Marcela Said Cares et Jean de Certeau, *op. cit.*

116 Ire Épître aux Corinthiens xi, 3. La Bible de Jérusalem, Éditions du Cerf. Ce passage est régulièrement cité dans les revues et bulletins des traditionalistes français.

117 Témoignage d'une ancienne adepte recueillie par Bénédicte et Patrice des Mazery, *op. cit.*, p. 48.

118 « Ma principale objection à l'organisation, à l'époque et surtout aujourd'hui que je suis le père de deux jeunes garçons, était la façon ingénieuse et hypocrite dont elle recrutait à un âge vulnérable. »

119 Andrés Vázquez de Prada, *op. cit.*, vol. III, p. 64.

120 Cité par Andrés Vázquez de Prada, op. cit., vol. III, p. 72.

121 *Ibid.*, p. 419.

122 *Ibid.*, p. 126.

123 Maria del Carmen Tapia, *Continuum, Beyond the Threshold : a Life in Opus Dei*, 364 pages.

124 Andrés Vázquez de Prada, *op. cit.*, vol. III., p. 124.

125 Lettre à ses fils du Conseil général, de Rome, *ibid.*, p. 53.

126 Véronique Duborgel, *Dans l'enfer de l'Opus Dei*, Albin Michel, 2007, p. 123.

127 Josemaría Escrivá, *Entretiens*, point 107.

128 *Ibid.*, point 107.

129 Josemaría Escrivá, *Chemin*, point 178.

130 *Ibid.*, point 172. Dans la version disponible en France, « oraison » est remplacé par « prière ».

131 *Ibid.*, point 227.

132 *Ibid.*, point 143.

133 Le fondateur de l'Opus Dei avait une image détestable de lui-même et de son corps, qui transpire dans le vocabulaire des « Catherine ». Il parle de « petit gros », de « bourricot », se compare à une « poubelle » ou à un « chiffon mal lavé ».

134 Andrés Vázquez de Prada, *op. cit.*, vol. I, p. 539.

135 Josemaría Escrivá, *Chemin*, point 179.

136 *Ibid.*, point 233.

137 Entretien avec une ancienne membre belge, mars 2007.

138 Sharon Clasen, Making Modern-Day Martyrs Using Medieval Methods by Former Numerary, http://www.odan.org/tw_making_modern_martyrs.htm.

139 Véronique Duborgel, *op. cit.*

140 *Ibid.*, p. 25.

141 *Aujourd'hui en France*, 29 octobre 2007, propos recueillis par Philippe Baverel.

142 *Ibid.*

143 *Ibid.*

144 Déclaration du cardinal Basil Hume sur l'Opus Dei, The Tablet, 12 décembre 1981.

145 Josemaría Escrivá, *Forge*, point 641. Dernier ouvrage publié par Josemaría Escrivá édité en 1987. Il est disponible en 14 langues et a été imprimé à 400 000 exemplaires. Il comporte 1 055 points de méditation. Dans sa présentation Mgr Alvaro del Portillo écrit : « Forge, en somme, accompagne l'âme dans le parcours de sa sanctification, depuis qu'elle perçoit la lumière de la vocation jusqu'à ce que la vie terrestre s'ouvre à l'éternité. »

146 Véronique Duborgel, *op. cit.*, p. 31.

147 Josemaría Escrivá, *Amis de Dieu*, point 69. Ouvrage posthume publié en 1977. Il comprend 18 homélies prononcées entre 1941 et 1968.

148 Rapport « Child Abuse », p. 139.

149 Andrew Baker, « Ordination and Same Sex Attraction », *America*, 30 septembre 2002.

150 En août 1998, Human Right Campaign a édité un rapport pour démontrer le caractère dangereux de ces thérapies où certains patients sont soumis à des séances d'électrochocs, de castration chimique et de prise d'hormones.

151 *La Croix*, 2 octobre 1996.

152 John Allen, op.cit, p.144.

153 Josémaria Escrivá, *Chemin*, Point 353.

154 Josémaria Escrivá, *Sillon*, Point 310.

155 « Opus Dei, une croisade silencieuse », Marcela Said Cares et Jean de Certeau, Valparaiso production-Planète-TV5 Monde.

156 Josémaria Escrivá, *Chemin*, Point 905.

157 Cité par Christian Terras, *Opus Dei*, *Golias*, 2006, p.15

158 Cité par Prada vol 3, p. 536.

159 *Le Monde*, 16 février 1996.

160 *La Croix*, 10 juillet 2006.

161 *Courrier international* hebdo n° 797 - 9 févr. 2006.

162 Il n'est pas anodin de noter cette inspiration lorsqu'on sait qu'Axa prend la tête de la revendication de la « diversité » dans le monde de l'entreprise comme alternative anglo-saxonne au modèle égalitaire issu de la révolution française.

163 En 1995, elle signera l'avant propos d'un ouvrage, *la Nouvelle Peste*, qui remet en cause l'efficacité du preservatif pour lutter contre le sida.

164 Courrier du 21 mai 2008.

165 *cf* note 45.

166 Alertée par des associations ayant relayées les informations erronées du Réseau Voltaire, Fiammetta Venner a eu un entretien téléphonique édifiant avec Thierry Meyssan à ce sujet, qui montre le peu de sérieux de son enquête. L'entretien est raconté dans *L'Effroyable Imposteur : quelques vérités sur Thierry Meyssan*, Fiammetta Venner, Grasset, février 2005, p. 122 à 124.

167 Lire le portrait complet de Christine Boutin sur http://www.prochoix.org/cgi/blog/index.php/2002/03/03/85-

168 Il a notamment participé au « *Lexique sur la famille, la vie et les questions éthiques* » édité par le Conseil pontifical de la famille (CPF) en 2005.

169 Lorsqu'elle traite des dossiers où l'engagement chrétien

pourrait être plus constructif, comme l'amélioration du sort des prisonniers ou le droit au logement, la charité chrétienne ne va toutefois pas jusqu'à effacer ses convictions ultra-libérales et droitières. Ainsi, malgré la mise en place d'un droit opposable au logement, elle n'a pas hésité à vouloir liquider 1 % du Parc HLM au nom du « tous propriétaires », un slogan de campagne de Nicolas Sarkozy. Bien que l'Eglise ait protesté contre la politique du chiffre en matière d'immigration du gouvernemenr Fillon, elle n'a pas quitté son poste de ministre. Pas plus qu'elle n'est venue au secours des familles immigrées mal logées campant rue de la Banque.

170 À l'exception bien sûr de Fadela Amara, sa secrétaire d'État, qui lui a été imposée par Nicolas Sarkozy.

171 Dans l'adresse aux candidats, on pouvait lire : « le respect de la vie est devenu en quelques décennies un principe relatif. De l'avortement à l'euthanasie, en passant par l'instrumentalisation de l'embryon, tout indique que notre société s'oppose de moins en moins à la dérive eugénique (...) Nous attirons aussi l'attention sur la famille et sur le rôle irremplaçable qu'elle tient dans la structuration durable des personnes et des sociétés. »

172 Elle s'appelle aujourd'hui Office international des œuvres de formation civique et d'action culturelle selon le droit national chrétien (ICTUS).

173 Nicolas Sarkozy, entretiens avec Thibaud Collin et Philippe Verdin, Éditions du Cerf, Paris, Novembre 2004. Dans ce livre, le futur président prend radicalement position contre une laïcité à la française jugée « *sectaire* » et prône le renouveau de l'« *espérance spirituelle* », jugée supérieure à l'« *espérance sociale* »

174 « Allocution de M. le Président de la République dans la salle de la signature du Palais de Latran », Rome, jeudi 20 décembre 2007. L'intégralité de ce discours peut être consulté sur http://www.elysee.fr

175 Jean-Luc Mélenchon le relève dans un livre répliquant aux discours de Latran et de Ryad : *Laïcité : réplique au discours de Nicolas Sarkozy, chanoine de Latran*, Café République, Bruno Leprince, février 2008.

176 http://www.appel-laique.org

177 Bien entendu, cette dégringolade doit surtout beaucoup au manque de résultats concernant le pouvoir d'achat mais il n'est anodin que la colère contre ce manque de résultat se soit manifesté en même temps qu'une réelle déception concernant la laïcité.

178 Allocution prononcée à Saint-Jean de Latran, *op.cit.*

179 Allocution du Président de la République devant le Conseil Consultatif à Ryad, 14-01-2008.

180 *La République, les religions, l'espérance*, Op.cit, p. 14

181 Éditions du Cerf, co-écrit avec Philippe Verdin (prêtre dominicain) et Thibaud Collin.

182 Réunion organisée sur le thème « Dieu peut-il se passer de la République ? » en juin 2005. « Je regrette la frilosité d'un certain nombre d'hommes d'Eglise : vous n'avez pas à vous excuser de croire en ce que vous croyez », a-t-il expliqué ce jour-là à Neuilly, avant d'ajouter sous les applaudissements : « Il faut que les hommes et les femmes qui croient puissent prendre part au débat public (...) La laïcité n'est pas la privation d'une liberté, ce sont les sectaires qui en ont fait une laïcité de combat ». Pour en savoir + :
http://www.prochoix.org/cgi/blog/index.php/2005/06/22/331

183 Mathilde Mathieu, « L'État va aider l'école privée en banlieue », 21 mars 2008, http://www.mediapart.fr.

184 *L'Honneur et les honneurs*, AlainMorvan, Grasset, 2008.

185 *La République, les religions, l'espérance*, p. 143.

186 En février 2008, dans un entretien publié dans l'hebdomadaire *VSD*, Emmanuelle Mignon, explique que les sectes « sont un non-problème » en France. Elle ajoute : « La liste établie en

1995 est scandaleuse ». Conçernant la scientologie, elle déclare, « je ne les connais pas, mais on peut s'interroger. Ou bien c'est une dangereuse organisation et on l'interdit, ou alors ils ne représentent pas de menace particulière pour l'ordre public et ils ont le droit d'exister en paix». Face au tollé suscité par ses propos, Emmanuelle Mignon a publié un communiqué prétendant que ses propos avaient été déformés, ce que la rédaction de *VSD* dément.

187 *Ire épître aux Corinthiens* xi, 3, La Bible de Jérusalem, Éditions du Cerf. Ce passage est régulièrement cité dans les revues et bulletins des traditionalistes français.

188 En effet, au lieu de reconnaître l'IVG comme un droit des femmes dans la limite de certains délais, l'interruption de grossesse y est seulement dépénalisée (depuis 1985) et soumise à conditions : en cas de viol (maximum 12 semaines de grossesse), de malformations du fœtus (22 semaines) et lorsqu'il y a danger pour la santé physique ou psychique de la mère. Cette dernière appréciation psychiatrique est tellement arbitraire voire morale que certains experts la contournent en choisissant de ne pas examiner la mère et de lui laisser la responsabilité de ce choix. Résultat, l'Espagne attire des femmes hors-délais, c'est-à-dire venant de pays où l'IVG n'est pas moralisée mais où il est encadré par des délais.

RÉSISTER À L'« ESPRIT » MODERNISTE GRÂCE AUX TRADITIONALISTES

L'un des premiers actes forts de Benoît XVI fut d'édicter un *motu proprio* libéralisant l'usage du missel de saint Pie V, autrement dit de la messe en latin. Ce retour en arrière intervient après des années de négociations entre le Saint-Siège et les traditionalistes. Longtemps dans l'impasse, elles semblent s'accélérer. « On se sent aimés par ce pape », a déclaré l'abbé Laguérie, figure emblématique du lefebvrisme et de Saint-Nicolas-du-Chardonnet. Il fait désormais partie de ces traditionalistes ralliés au Vatican. C'est dire si la liturgie tridentine revient en odeur de sainteté. Or elle reste l'étendard de ceux qui souhaitent revenir sur l'« esprit » de Vatican II. Est-ce à dire que les catholiques traditionalistes peuvent être comptés parmi les « nouveaux soldats » du pape ? Avec quel impact sur l'Église et sa vision de Vatican II ? Répondre à ces deux questions suppose une analyse en détail de l'histoire de ce bras de fer ayant conduit certains catholiques traditionalistes – mais pas tous – au ralliement.

La fronde contre Vatican II

Mgr Lefebvre est l'un des plus importants clercs à avoir osé protester contre la dérive quasi satanique à ses yeux incarnée par Vatican II, mais il n'est pas le seul. Au moment du concile, qui dure de 1962 à 1965, un fossé apparaît vite entre tenants d'une approche intransigeante et tenants de la réforme. Le bras de fer porte principalement sur la réforme liturgique : l'abandon du latin au profit de la langue commune pour être compris de tous, ou le fait que le prêtre ne tourne plus le dos à ses fidèles pendant la messe pour regarder vers l'Orient, c'est-à-dire pour s'adresser en priorité au Seigneur. Le conservatisme liturgique n'est alors qu'un prétexte pour défendre un catholicisme traditionnel résistant à la modernité. L'œcuménisme fait également partie des pommes de discorde. Le simple fait que des représentants d'autres confessions soient invités à suivre ces travaux hérisse les défenseurs d'une tradition où le catholicisme prétend détenir la vérité sur tous. Pour eux, le « ver est entré dans le fruit » avec le relativisme religieux. Ceux-là ne renonceront pour rien au monde au droit de prier pour les juifs « perfides ». Un terme que le concile veut abroger. Derrière la pierre d'achoppement liturgique se jouent donc deux visions du catholicisme mais aussi deux approches totalement différentes pour sortir de la crise qui frappe l'Église. Pendant la Seconde Guerre mondiale, elle n'a pas su être une voix contre l'extermination des Juifs par les nazis. Dans le monde de l'après-guerre, elle ne semble plus savoir s'adresser à la nouvelle génération, celle des années 60, de la libération sexuelle et des yé-yé. Face à cette crise des vocations, qui voit le nombre de ses prêtres chuter de façon brutale, les conciliaires se déchirent pour savoir s'il faut s'adapter ou au contraire tenir bon en maintenant une vision puriste du dogme.

Aux premiers jours du concile voulu par Jean XXIII, l'opposition à la réforme – qui s'exprime de façon bruyante – donne le sentiment d'être majoritaire parmi les conciliaires[1]. Le cardinal Ottaviani, à la tête du Saint-Office et président de la Commission de théologie, fait un triomphe lorsqu'il dit voir dans la modification de la liturgie latine un sacrilège. Il faut attendre les résultats du vote pour réaliser que les plus bruyants sont, en réalité, très minoritaires. En effet, le recours au vote est sans appel : 97 % des votants ont suivi le pape et se prononcent en faveur de la réforme : 2 162 voix contre 46. Un coup de tonnerre dans les cieux des futurs traditionalistes. En à peine un mois, du 22 octobre au 13 novembre 1962, ils vont passer de la certitude d'« être l'Église » à une modeste fraction, puis à une fraction en dissidence.

La rupture n'est consommée qu'après la mort de Jean XXIII, sous Paul VI. Le nouveau pape met en place quatre modérateurs connus pour leur ouverture d'esprit et leur modernisme[2]. Alors que les sessions du concile reprennent, il commence une tournée de rencontres œcuméniques. Son périple en « Terre sainte » avec le patriarche orthodoxe Athénagoras, organisé en janvier 1964, scandalise les intransigeants comme Mgr Lefebvre. Après de longues années passées en Afrique comme missionnaire, le futur leader du mouvement schismatique vient d'arriver en France, où il est nommé archevêque de Tulle (Corrèze), puis élu supérieur général de son ordre par le chapitre des Pères du Saint-Esprit. À l'en croire, cette parenthèse africaine l'aurait en quelque sorte immunisé contre le venin du modernisme ayant « infecté » le concile : « Comment tous ces évêques ont-ils pu se métamorphoser de la sorte ? J'y vois une explication : ils sont restés en France, ils se sont laissé infecter lentement. En Afrique j'étais protégé. Je suis rentré juste l'année du concile. Le mal était déjà fait. Vatican II n'a fait qu'ouvrir les vannes qui retenaient le flot destructeur[3]. » Mgr Lefebvre se fait surtout connaître pour son opposition lors de la quatrième et dernière session de Vatican II, où sont discutés les thèmes de la liberté religieuse et de la Vérité. Son combat est assez bien décrit par Mgr Bernard Fellay, futur prélat de la Fraternité Saint-Pie-X. « L'Église catholique a toujours enseigné que dans un État, dans lequel cohabitent différentes religions, il faut pratiquer la tolérance pour conserver la paix publique et permettre ainsi une pratique pacifique de la religion catholique. Cette tolérance implique que, de fait, les fausses religions peuvent exercer leur culte dans des conditions limitées – car l'erreur n'ayant pas de droit, on ne peut accorder aux fausses religions une pratique illimitée. La doctrine de la liberté religieuse est différente, car elle considère qu'il y a non seulement une tolérance, mais un droit lié à la nature humaine à ne pas être contraint en matière de religion, que l'on soit objectivement dans la vérité ou dans l'erreur[4]. »

Les opposants à la réforme tolèrent ce qu'ils appellent les « fausses religions », mais de façon très ambiguë et limitée. Ils abhorrent l'idée de laïcité contraignant le prosélytisme religieux à se limiter à la sphère privée, notamment par respect des autres religions, puisque l'Église détient la vérité. « L'Église en Afrique était respectée, dira Mgr Lefebvre, parce qu'elle disait nettement la vérité. Mais Vatican II a donné l'impression qu'une vérité pouvait être aussi bonne qu'une autre. Il s'en est suivi une dissolution générale des valeurs morales[5]. » C'est le reproche principal que font Mgr Lefebvre et les traditionalistes à Vatican II. La fronde contre la réforme liturgique symbolise à leurs yeux l'abandon du monopole de la vérité, ouvre la voie au relativisme, alors que l'Église catholique devrait dicter la morale publique. Leur opposition se traduit par le refus de toute désacralisation des sacrements, que ce soit le baptême, les cérémonies pénitentielles, la confirmation, l'extrême-onction, ou l'ordination.

Tous les catholiques considèrent le baptême comme une cérémonie d'accueil dans l'Église, mais ceux qui suivent Vatican II privilégient l'aspect symbolique de cet accueil. Ils ne voient donc aucun inconvénient à ce que plusieurs enfants soient baptisés en même temps, même si un seul reçoit l'eau qui purifie. Pour les traditionalistes, en revanche, le rituel de l'eau bénite n'est pas seulement un signe de bienvenue, mais une purification du péché originel – auquel on ne saurait se soustraire avant de rentrer dans la communauté de

Dieu. Le catholicisme traditionaliste insiste donc sur la notion de « péché », là où Vatican II insiste sur la notion de « bienvenue ».

Une autre modification liturgique que refusent les traditionalistes concerne les nouvelles facilités vestimentaires données aux prêtres et aux religieux. Pas question en effet de ne pas signaler la différence entre une appartenance monastique, une présence spirituelle dans la société et un laïcat. En s'attaquant aux modifications liturgiques entraînées par Vatican II, les traditionalistes organisent une ligne de défense avant tout théologique. Ils s'appuient notamment sur les résolutions du concile Vatican I et sa définition de l'infaillibilité pontificale. Selon leur vision de ce dogme, le Saint-Esprit n'a pas été promis à saint Pierre et à ses successeurs pour qu'ils enseignent quelque chose de nouveau, mais bien au contraire pour que les papes transmettent fidèlement cet héritage. Ainsi donc, les papes ne peuvent pas créer mais perpétuer. Les partisans de Mgr Lefebvre y voient une justification de leur combat contre Vatican II, qui entre pourtant en application.

Le 7 mars 1965, pour la première fois, le pape Paul VI célèbre une messe en italien « face au peuple ». Cinq ans plus tard, le 1er janvier 1970, le nouveau rite entre en vigueur pour tous les catholiques. L'année précédente, le nouveau missel conforme à Vatican II a été promulgué. Les opposants à la réforme n'ont plus qu'un seul choix : rentrer dans le rang et célébrer la messe selon le rite de Vatican II, ou sortir des rangs pour continuer à célébrer la messe tridentine selon le rite de Pie V[6]. Beaucoup rentrent dans les rangs. Mais certains préfèrent ce qu'ils appellent la « résistance catholique ». Une dissidence qui ne tarde pas à se présenter sous le jour de la persécution religieuse, à ceci près qu'elle est persécutée par sa propre Église.

Mgr Lefebvre « résiste »

Au lendemain du concile, Mgr Lefebvre se montre décidé à « résister », depuis la Suisse. Le 13 octobre 1969, grâce au don d'un mécène, il loue une maison à Fribourg, où il accueille neuf jeunes séminaristes pour vivre en communauté et suivre les cours de l'Université catholique dans un esprit traditionnel. L'évêque de Fribourg, Mgr Charrière, est un ami. Il accepte d'ériger cette communauté en Fraternité Saint-Pie-X, du nom d'un pape ayant combattu le modernisme comme une déviance conduisant à l'hérésie. Il devra démissionner trois mois plus tard. Le Saint-Siège le remplace par Mgr Mamie, ouvertement hostile à Mgr Lefebvre et à sa dissidence. Les statuts de la Fraternité n'ont rien d'exceptionnel. Ils se gardent bien de faire explicitement référence au maintien de la liturgie préconciliaire, et se contentent de définir la Fraternité comme une « société sacerdotale de vie commune sans vœux, à l'exemple des missions étrangères », c'est-à-dire comme une société de prêtres vivant en commun selon une règle commune. Mais, bien entendu, la pratique exclusive de la messe selon le rite tridentin fait partie de ces règles communes. Ce que l'Église ne peut tolérer longtemps sous peine de laisser des prêtres se former en dehors de son magistère. Paul VI s'inquiète alors de tout ce qui peut constituer « une Église au sein de l'Église ». Dans le contexte tendu de l'après-concile, aucune dissidence n'est tolérable, l'unité de l'Église en dépend. Mgr Lefebvre ne l'entend pas ainsi. Dès 1971, moins d'un an après sa création, alors que sa Fraternité a commencé à essaimer à Écône et ailleurs, les premiers ennuis commencent. Le père Marcus, supérieur du séminaire des Carmes de Paris, traduit l'inquiétude des évêques de France en mettant en garde contre l'« écueil des entreprises sauvages de formation sacerdotale ». Il prévient : « On prétend donner à l'Église des prêtres sûrs. Mais celle-ci ne pourra les reconnaître pour siens[7]. » Choqué d'être décrit comme un séminaire sauvage, alors que l'évêque de Fribourg lui a permis d'enregistrer sa Fraternité en bonne et due forme, Mgr Lefebvre écrit aux évêques de France et au président de la Conférence épiscopale en vue de « dialoguer et rectifier les mauvaises informations[8] ». Il reçoit une fin de non-recevoir : « Votre venue à Lourdes ne nous paraît ni opportune ni possible. »

Cette porte fermée n'empêche pas les rangs des lefebvristes de grossir, jusqu'à cent séminaristes au milieu des années 70. Soit presque un séminariste français sur sept. L'épiscopat français panique. Le 11 novembre 1974, Rome envoie deux émissaires chargés d'enquêter sur le séminaire d'Écône. Les lefebvristes ont une version très dramatique de cette entrevue. D'après l'abbé Grégoire Celier, membre de la Fraternité, « Ces enquêteurs interrogent professeurs et séminaristes et tiennent devant eux des propos scandaleux, trouvant normale l'ordination d'hommes mariés, rejetant l'idée d'une vérité immuable et émettant des doutes sur la réalité physique de la résurrection du Christ[9] ». Bien sûr, il s'agit là de la version de la Fraternité Saint-Pie-X, mais elle reflète le dialogue de sourds existant à l'époque entre Rome et ses dissidents. Le 21 novembre, furieux de cette visite, Mgr Lefebvre rédige d'un trait de plume et de rage cette lettre : « Nous adhérons de tout notre cœur, de toute notre âme à l'Église catholique de Rome, gardienne de la foi catholique », mais « nous refusons par contre et avons toujours refusé de suivre la Rome de la tendance néomoderniste et néoprotestante qui s'est manifestée au cours de Vatican II et des réformes qui en sont issues[10] ».

Entre Rome et la Fraternité, rien ne va plus. Le 24 janvier 1975, l'évêque de Fribourg demande au Saint-Siège la permission d'annuler le décret d'érection de la Fraternité Saint-Pie-X accordé par son prédécesseur. Mgr Lefebvre est convoqué à Rome. Une commission de trois cardinaux lui reproche son texte du 21 novembre et sa défiance obsessionnelle. Elle autorise l'annulation du décret de la Fraternité. Son fondateur dépose aussitôt un recours, bientôt rejeté au motif que l'annulation est expressément approuvée par le pape. Nous sommes moins de quinze jours avant la cérémonie d'ordination prévue à la Fraternité Saint-Pie-X. Les invitations aux familles des séminaristes sont déjà lancées. Au lieu de se plier au jugement de sa hiérarchie, Lefebvre choisi de désobéir. Le 10 juin 1975, il consacre trois prêtres, treize sous-diacres et annonce que le séminaire d'Écône comme la Fraternité vont continuer. La fureur du Saint-Siège est à son comble. Le 24 mai 1976, Paul VI en personne se lance dans un vibrant réquisitoire contre Mgr Lefebvre. Peu de temps après, Mgr Benelli, substitut du secrétaire d'État, écrit pour lui interdire formellement de procéder à l'ordination d'une nouvelle fournée. Mais Lefebvre persiste et consacre treize prêtres et quatorze sous-diacres sous les flashs des journalistes, devenus les relais de cette fronde médiatique. Il est suspendu *a divinis,* c'est-à-dire frappé de l'interdiction de célébrer la messe ou de donner les sacrements. Cette punition l'amuse plutôt. Cette sanction lui interdit de célébrer une messe et des sacrements qu'il refuse justement de pratiquer !

Sa défiance et sa personnalité en font la vedette d'un feuilleton médiatique dont l'Église s'inquiète. Selon un sondage IFOP réalisé en août 1976, 27 % des Français disent se reconnaître dans les idées de Mgr Lefebvre[11]. Même les politiques se sentent obligés d'intervenir. Le président Valéry Giscard d'Estaing demande un rapport sur le sujet auprès du Vatican. Pendant ce temps, Mgr Lefebvre et le pape continuent leur dialogue de sourds à distance. Le 29 août 1976, lors de l'Angélus, Paul VI se sent contraint de rappeler son statut de vicaire du Christ et dénonce l'« attitude de défi envers ces clés déposées entre nos mains par le Christ ». À Lille, devant 400 journalistes venus du monde entier, Mgr Lefebvre lui répond par cette supplique teintée d'ironie : « Très Saint-Père, laissez-nous faire l'expérience de la tradition. » Le retentissement est colossal. Paul VI – qui avait jusque-là exigé des excuses comme préalable à la reprise du dialogue – accepte de le recevoir à Castel Gandolfo le 11 septembre 1976, sans conditions. L'entrevue ne lève pas leur incompréhension. Mgr Lefebvre commence l'entretien par cette mise au point : « Je ne suis pas le chef des "traditionalistes", mais un évêque qui, comme de nombreux fidèles et prêtres, se trouve déchiré, voulant être fidèle à la foi, mais aussi être soumis à votre personne. » Rien n'y fait. Blessé de voir ses choix mis en cause, attaqué dans sa légitimité, Paul VI s'agace : « Que dois-je faire ? Donner ma démission et vous prenez ma place ? » L'incompréhension est totale.

L'occupation des églises

N'ayant plus le droit de réciter la messe en latin dans leurs paroisses, certains traditionalistes décident de réquisitionner des églises pour en faire leurs bastions liturgiques. Le dimanche 27 février 1977, en toute illégalité, des militants d'extrême droite emmenés par Mgr Ducaud-Bourget et l'abbé Coache investissent Saint-Nicolas-du-Chardonnet, une église du Ve arrondissement de Paris accolée à la Mutualité[12]. C'est une première mais pas une dernière. D'autres occupations d'églises seront tentées jusqu'à la fin des années 80. Le 10 mars 1987, premier dimanche de carême, des traditionalistes investissent l'église Saint-Louis de Port-Marly[13]. Une action saluée par Mgr Lefebvre qui en profitera pour déclarer : « Les autorités de l'Église et le clergé sont atteints du sida[14]. » L'église est reprise par les paroissiens le 31 du mois. Le 11 avril de la même année, les traditionalistes écrivent à tous les maires de France pour réclamer les églises vides et désaffectées. Moins de trois jours plus tard, sans attendre la réponse, l'église de Port-Marly est de nouveau attaquée[15]. Un conseil d'évêques et de clercs se réunit pour demander des sanctions[16]. Le Saint-Siège estime qu'il ne faut plus abandonner le terrain de la tradition aux plus traditionalistes. Cette année-là, alors que seule une poignée d'irréductibles continue d'organiser des processions le jour de la Fête-Dieu depuis des années, le cardinal de Paris décide d'organiser lui aussi une procession[17]. Il y a donc deux cortèges dans Paris.

Le 3 novembre 1987, toujours à la recherche de lieux de culte, 150 catholiques traditionalistes organisent un rassemblement de prière destiné à empêcher la destruction d'une église à Argenteuil. L'église est quand même détruite. Quand ils en ont les moyens, les traditionalistes ont aussi cherché à construire de nouveaux lieux de culte. Sur un terrain d'une dizaine d'hectares, grâce à des dons se montant à 80 millions de francs, l'abbé Gérard Calvet édifie un monastère du Barroux consacré au rite tridentin. Ordonné prêtre en 1956, il a quitté son abbaye pyrénéenne de La Tournay après Vatican II pour se réfugier dans les Hautes-Alpes, où il a vécu en ermite avant de créer une communauté de jeunes moines dans le Vaucluse. Installé depuis le 23 août 1970, avec la bénédiction du père abbé de Tournay, son projet est de « reprendre sa vie monastique originelle », c'est-à-dire traditionaliste. Face à l'adversité, ces initiatives individuelles finissent par former un réseau. Calvet fait la connaissance de Mgr Lefebvre deux ans plus tard, chez les Bénédictines de même sensibilité. Le 10 juin 1974, le supérieur de la Fraternité Saint-Pie-X confère les ordres mineurs aux premiers frères de cette communauté, sans même demander l'autorisation du père abbé de Tournay. L'abbé s'était pourtant montré accueillant, mais les traditionalistes craignent qu'il ne change d'avis sur pression de Rome. Furieux, le père abbé exige la fermeture du prieuré Sainte-Madeleine, qui reprend son autonomie. Les postulants continuent d'affluer mais le prieuré est désormais hors de l'Église.

Incarner l'« Église réelle » contre l'« Église légale »

L'occupation des églises n'est que la partie émergée d'une contestation plus large et plus politique décidée à incarner l'« Église réelle » contre l'« Église légale ». Jean Madiran, l'un des théoriciens de l'opposition à Vatican II, entré en résistance bien avant Mgr Lefebvre, est méconnu du grand public malgré son influence intellectuelle décisive. Dans un premier livre écrit en 1955, *Ils ne savent pas ce qu'ils font*, il s'en prend à la presse catholique – notamment à *La Vie catholique*, *Témoignage chrétien*, *Actualité religieuse* – qu'il accuse de compromission avec le marxisme et de « prépare[r] insidieusement l'esprit de ses lecteurs à la conversion moderne[18] ». Formé par la doctrine de Maurras, il crée la revue *Itinéraires* avec l'espoir de forger une nouvelle génération de penseurs catholiques qui résisterait au modernisme et au communisme. Mais l'élite rêvée par Jean Madiran n'est pas encore formée quand le pape Jean XXIII ouvre les débats de Vatican II, par un discours dans lequel il explique que « les lumières de ce concile seront pour l'Église une source d'enrichissement spirituel ». Madiran et ses lecteurs savent déjà que ce pape n'est pas des leurs. Dans ses chroniques, le futur leader traditionaliste fera part de l'ancienneté de son pessimisme : « Quand avec son étiquette intégriste, on se présentait à Rome aux environs de l'année 1956, on recevait dans la plupart des bureaux de la curie un accueil prudent certes, mais bienveillant et même (à mi-voix) chaleureux[19]. » Tout change avec Vatican II. Après le vote, Jean Madiran et sa revue deviennent des « intégristes », ultra-minoritaires. Ils n'ont plus aucune raison de penser « être l'Église ». Une transformation racontée par Danièle Masson, qui a consacré une biographie au théoricien des traditionalistes : « Au début du concile, c'était l'espérance, et même la certitude : "Les Pères du concile se convertiront tous ensemble et seront plus aptes à nous convertir." À l'issue du concile, c'est une espérance, une autre certitude : l'hérésie des évêques réveillera le peuple chrétien : "On attendait d'eux l'anesthésie du christianisme. Ils ont au contraire, par l'incontinente proclamation de leur apostasie, sonné le réveil en fanfare[20]." »

Certaines associations, comme Una Voce, l'une des premières associations traditionalistes, se concentrent sur l'organisation de messes de rite tridentin. Madiran et ses amis préfèrent l'action au séparatisme. Ils appellent ouvertement au boycott des nouvelles messes postconciliaires et à la création d'une « communauté de résistance », composée d'une kyrielle d'associations qui s'efforcent de fortifier un bastion culturel pour résister à la modernité hérétique. Ils ont en commun de refuser Vatican II, mais surtout de partager un catholicisme engagé à l'extrême droite, provie, maurrassien puis lepéniste ou villiériste, selon les sensibilités.

Parmi les journaux de référence de cette nébuleuse idéologique, on retrouve *Itinéraires* mais aussi des journaux comme *Monde et Vie*, un bimensuel « catholique et national » créé en 1972, et surtout le quotidien d'extrême droite *Présent*, lancé conjointement par Jean Madiran et Bernard Antony en 1975.

Antony – qui signe dans ces années-là sous le nom de Romain Marie – est l'un des autres hommes clés de l'offensive laïque politique contre Vatican II. Traditionaliste mais actif, ce militant a toujours voulu s'engager « là où ça bouge ». Sous son influence, le traditionalisme sort de la résistance culturelle pour aller vers l'action politique, façon droite radicale. Un temps passé par les nationaux radicaux et la mouvance solidariste, il finit logiquement par s'engager au Front national, où il compte parmi les cadres influents. Élu député européen de 1984 à 1999, il fera le lien avec la mouvance catholique intégriste. Et ce, à travers la création de toute une série d'associations qu'il dirige depuis le Centre Charlier, fondé par les animateurs de *Présent* en 1979[21]. Au départ, Bernard Antony conçoit ce centre comme une aire de recul et de réflexion par rapport au politique : « J'avais cette idée de refaire un petit espace de civilisation dans lequel nous ne sacrifierions pas tout à la politique[22]. » Très vite pourtant, cette aire de recul – où l'on organise colloques, séminaires et pèlerinages – devient une sorte de *think tank* favorisant les alliances entre les traditionalistes et le monde politique. Mgr Lefebvre y croise Jean-Marie Le Pen mais aussi des cadres du MSI, le parti néofasciste italien. Le 10 avril 1985, un an après la publication d'un *indult* autorisant la messe en latin sous conditions par Jean-Paul II, Antony organise une rencontre entre les dirigeants des droites européennes, dont Jean-Marie Le Pen, et le pape. À l'en croire, le souverain pontif se serait penché vers lui et lui aurait confié cette mission : « Opposez-vous avec vigueur à la décadence de l'Europe. »

Bien qu'opposé à Vatican II, Bernard Antony se conçoit comme un soldat du catholicisme, qu'il défend à travers deux associations : Chrétienté-Solidarité et l'Alliance générale pour le respect de l'identité française. Chrétienté-Solidarité s'occupe surtout de prêter main-forte aux milices chrétiennes en guerre contre d'autres groupes ethnico-religieux, comme en Serbie, ou contre le communisme au Nicaragua. Tandis qu'en France, sur un terrain plus civilisé, l'AGRIF se spécialise dans les procès pour « racisme antichrétien », du nom donné à sa lutte contre le blasphème dès qu'un journal ose caricaturer le pape ou qu'un film porte atteinte aux symboles du catholicisme. Une façon de montrer sa fidélité à l'Église tout en battant Rome sur son propre terrain. L'association obtient ses premiers succès en octobre 1984, lorsqu'elle réussit à faire interdire l'affiche du film *Ave Maria*, avant de se mobiliser contre *Je vous salue Marie* de Godard en 1983. Mais *Présent* et l'AGRIF sont surtout largement responsables de la surenchère contre *La Dernière Tentation du Christ* de Martin Scorsese.

En 1988, Bernard Antony profère des menaces explicites contre les salles de cinéma qui envisagent de projeter *La Dernière Tentation du Christ* depuis le Parlement européen, où il siège pour le Front national. Lui et ses militants se considèrent « comme des résistants authentiques ». Ils « n'excluent pas d'enfreindre la loi » pour marquer leur opposition au film : « Nous irons en prison s'il le faut. » Le terrorisme chrétien anti-blasphème atteint son point d'orgue le 22 octobre, lorsque trois militants traditionalistes incendient un cinéma à Saint-Michel. L'enquête montrera qu'ils sont proches du Centre Charlier, mais un communiqué dément être à l'origine de l'attentat – qui a fait treize blessés. L'un d'eux est passé près de la mort et restera handicapé à vie.

Le camp traditionaliste divisé

La mobilisation contre le film de Scorsese est la première action où les traditionalistes politiques emmenés par Bernard Antony et les lefebvristes emmenés par l'abbé Laguérie, le nouveau curé de Saint-Nicolas-du-Chardonnet, font bande à part. Le jour de sa sortie, ils ont choisi d'organiser des manifestations séparées contre le film. Celle des lefebvristes n'a réuni qu'une petite centaine de participants contre près d'un millier pour celle des catholiques intégristes politiques de l'AGRIF, mobilisés grâce à l'appel du journal *Présent*. La raison de cette première fissure dans le camp de la tradition ? Depuis l'élection de Jean-Paul II, beaucoup de choses ont changé. Le nouveau pape a fait un premier pas vers le retour au conservatisme : « Le concile doit être compris à la lumière de toute la sainte tradition, et sur le magistère constant de la sainte Église. » Tout en défendant le concile de Vatican II contre toute dissidence, Paul VI puis Jean-Paul II ont bien vite tremblé à l'idée d'être emportés par son « esprit moderniste ». D'autant que l'esprit de Mai 68 est venu donner un second souffle à l'esprit du concile. Cette année-là, Paul VI, le pape de la réforme, fait une déclaration catastrophée : « L'Église se trouve dans une heure d'inquiétude, d'autocritique, on dirait même d'autodestruction. C'est comme un bouleversement intérieur aigu et complexe. Comme si l'Église se frappait elle-même. » Jean-Paul II lui succède et fait le même constat : « Des idées sont répandues de tous côtés qui contredisent la vérité qui fut révélée et a toujours été enseignée (...). Même la liturgie a été violée. Plongés dans "un relativisme" intellectuel et moral, les chrétiens sont tentés par un illuminisme vaguement moraliste, par un christianisme sociologique, sans dogme défini et sans moralité objective[23]. »

Les traditionalistes et Rome sont donc bien d'accord pour fustiger ensemble cet esprit de « relativisme », ils ne divergent que sur le chemin à suivre pour sortir de cette dérive. Contrairement à Paul VI, Jean-Paul II n'a pas été le pape du concile. La fronde traditionaliste n'est pas vécue comme un acte de défiance le visant personnellement. Sa relation avec le camp du retour à la tradition est d'autant moins passionnelle qu'elle est guidée par la volonté pragmatique de ramener le plus grand nombre de catholiques dans le giron clairsemé de l'Église, s'il le faut en divisant pour mieux régner. Des prises de contact commencent courant par courant. Désireux d'être efficaces du point de vue politique, les catholiques de *Présent* sont aussi plus pressés que les lefebvristes de retrouver la caution et donc l'aura du Vatican. Tandis que les lefebvristes, plus dogmatiques que politiques, craignent de perdre leur indépendance chèrement acquise.

Mgr Lefebvre saisit la main tendue par le Saint-Siège en se disant prêt à accepter « le concile à la lumière de la tradition », toujours avec une touche d'ironie qui le caractérise. Les choses se compliquent dès qu'il s'agit de passer de la parole aux actes. Le préfet de la Congrégation pour la doctrine de la foi de l'époque, le cardinal Seper, met en garde le pape en lui rappelant que les traditionalistes font de la messe en latin un « drapeau ». Il est remplacé par un homme bien mieux disposé à leur égard : le cardinal Ratzinger.

Un Ratzinger bien disposé

Jeune, Ratzinger était connu pour des positions plus conciliantes qu'intransigeantes. Il s'est même fait remarquer pour son sujet de thèse jugé trop moderniste, par sa critique du centralisme de la curie et du Saint-Office, qu'il décrivait alors comme « totalement hors du temps, cause de dommages et d'injustices irréparables »[24]. Au tout début du concile, on le compte parmi les premiers collaborateurs de la revue *Concilium*, connue pour incarner le renouveau libéral. Il tient alors des positions très osées comme la remise en cause du mythe de l'Immaculée Conception de la Vierge Marie ou la dénonciation de la théologie sacrificielle. Durant le concile, il appelle à la rénovation de la papauté, et prépare des notes très libérales comme assistant du cardinal Frings. « Bizarrement », note Constance Colonna-Cesari, auteure d'un livre sur Benoît XVI, « son autobiographie, écrite en 1997, ne s'attarde pas outre mesure sur cet événement-phare[25] ». En fait, le cardinal Ratzinger va peu à peu gommer toute allusion à ses positions les plus libérales tenues aux environs de Vatican II. Comme si le Cardinal Ratzinger n'avait plus grand-chose en commun avec le jeune homme qu'il était dans ces années-là. 1968 fut un tournant terrifiant pour lui. Alors qu'il enseigne à l'université de Tübingen, les amphithéâtres sont occupés par des gauchistes qui ridiculisent son autorité, s'emparent de la Croix et crient : « À bas Jésus-Christ. » Une épreuve dont il sort traumatisé, convaincu que le souffle moderniste emprunte la voix de l'antéchrist, qu'il faut réagir pour ne pas laisser l'option libérale anéantir le catholicisme : « J'ai vu se dévoiler le hideux visage de cette ferveur athée, la terreur psychologique, l'absence de tout complexe avec laquelle on sacrifiait toute réflexion morale comme un relent bourgeois (...) la manière blasphématoire avec laquelle la Croix a été bafouée, accusée de sadomasochisme[26]. » Son collègue d'alors, Hans Küng, est resté très libéral au point de devenir la bête noire du cardinal. Il raconte avoir assisté à une scène étrange. Cette année-là, suite aux événements, Ratzinger aurait réuni tous ses collaborateurs de la chaire dogmatique pour leur donner cette consigne : « Dorénavant, vous ne ferez jamais plus état de mes écrits antérieurs[27]. »

C'est cet homme, et non le jeune homme qu'il était avant 1968, qui devient préfet de la Congrégation pour la doctrine de la foi au moment où des traditionalistes interpellent l'Église sur le rôle néfaste de la réforme moderniste. Nommé préfet de la Congrégation pour la doctrine de la foi le 25 novembre 1981, il ne parlera longuement de Vatican II qu'en 1985, quatre ans après son entrée en fonction. Un an plus tôt, en 1984, Jean-Paul II fait un premier geste en direction des traditionalistes en édictant un *indult* autorisant la messe traditionnelle sous conditions, c'est-à-dire à condition d'obtenir l'autorisation du Saint-Siège. Cette concession, majeure, ne satisfait pas les lefebvristes. L'abbé Grégoire Celier, membre de la Fraternité Saint-Pie-X, résume leur état d'esprit : « Rome, après quinze ans de persécution sauvage, a dû se rendre à l'évidence : la messe traditionnelle ne pouvait être détruite. Il fallait composer avec les insoumis, marchander un cessez-le-feu. Alors, les stratèges du Vatican ont cogité, et ont cru trouver la solution miracle : parquer cette messe dans une réserve d'Indiens[28]. » Les lefebvristes n'ont pas déployé tant d'énergie pour obtenir une simple permission de célébrer de temps en temps la messe en latin. Leur projet est bien de reconquérir l'Église à rebours de Vatican II. Pour cela, la Fraternité Saint-Pie-X doit continuer d'incarner la mauvaise conscience de Rome.

L'excommunication de Lefebvre

Moins de quatre ans après les premières concessions majeures venant de l'Église, les lefebvristes s'apprêtent à franchir une nouvelle étape dans la désobéissance. Se sentant vieillir, Mgr Lefebvre tremble à l'idée que sa mort laisse un vide à la tête de la Fraternité Saint-Pie-X, ce qui condamnerait son œuvre. Il songe donc à nommer des évêques malgré l'interdiction dont il est frappé. Prévenu de ses projets, Rome, tout particulièrement le cardinal Ratzinger, cherche une solution pour permettre une « juste autonomie », c'est-à-dire une autonomie qui autoriserait la Fraternité à user de la liturgie traditionnelle, et même d'avoir des évêques « auxiliaires ». En novembre-décembre 1987, le cardinal Édouard Gagnon effectue une visite apostolique à la Fraternité afin d'émettre un rapport préparant cette issue. Le cardinal Ratzinger désigne également deux experts chargés d'élaborer un protocole d'accord. Le texte est élaboré, et Mgr Lefebvre le signe le 5 mai 1988. La curie, qui a passé des mois sur ce projet, croit avoir résolu la crise. Mais voilà que Mgr Lefebvre fait volte-face le lendemain. Après une nuit sans sommeil, il fait porter une lettre au cardinal Ratzinger pour lui faire savoir qu'il a changé d'avis. « En fait, explique Grégoire Celier, après des années de coups tordus, le fondateur d'Écône a la sensation très nette qu'on le mène en bateau : une fois l'accord proclamé, une fois la Fraternité Saint-Pie-X endormie et divisée, Rome aura beau jeu d'annoncer : “Il n'y a pas besoin d'évêque, il y a tous les évêques du monde qui seront là pour les ordinations[29].” »

Le 10 mai, il est applaudi à Saint-Nicolas-du-Chardonnet pour avoir finalement refusé le compromis. Il s'expliquera publiquement un mois plus tard : « Rome nous a menés en bateau. On nous dit excommunication, mais excommunication par qui ? Par une Rome qui n'a plus la foi catholique. On nous dit schisme, mais schisme avec qui, avec le pape moderniste ? Avec le pape qui répand partout les idées de la révolution ? Avec un pape qui, à Assise, confond toutes les religions ? Nous ne voulons pas être les complices de la destruction de l'Église[30]. »

Loin de modérer ses ardeurs, l'évêque poursuit sa rébellion et procède même à de nouvelles ordinations – plaçant ainsi le nouveau pape dans l'embarras. Rome fait tout de même l'impossible pour ne pas provoquer une rupture. Jean Guitton, l'ami des deux camps, vient en ambassadeur. Le 29 juin au soir, une Mercedes de la nonciature de Berne s'arrête au séminaire d'Écône. D'après l'abbé Alain Lorans, alors directeur du séminaire d'Écône, les envoyés du nonce auraient souhaité amener Mgr Lefebvre au Vatican, mais ce dernier refuse de les recevoir. La rupture semble inévitable. Le 30 juin 1988 à Écône, après une cérémonie particulièrement provocatrice à l'égard du Saint-Siège, Mgr Marcel Lefebvre procède à l'ordination de quatre évêques. Coiffé de sa mitre et en gants, il porte une lourde chasuble dorée et un dais. Quatre jeunes hommes sont agenouillés à ses côtés. Il s'agit de Richard Williamson, un Anglais, Bernard Tissier de Mallerais, un Français, Alfonso de Galarreta, un Espagnol, et Bernard Fellay, un Suisse qui deviendra son successeur. L'évêque les bénit, il les enduit d'huiles saintes et leur remet la crosse. Les organisateurs sont partagés entre le désir de tradition et la ritualisation d'un moment fondateur, « l'harmonium ronfle, les cuivres sonnent, tandis que les chantres épuisent leur répertoire de grégorien. Autour du célébrant, une armée de diacres, de sous-diacres, de porte-insignes en soutane et surplis exécute un ballet compris des seuls initiés. Dans la foule, sous leur mantille, des femmes récitent leur chapelet. Sur leur prie-Dieu, des confesseurs attendent les pénitents. À la fin de la longue cérémonie, les applaudissements crépitent. Accourus de France, d'Allemagne, de Suisse, d'Espagne, d'Italie et même d'Afrique, les fidèles endimanchés se jettent à genoux devant les nouveaux consacrés et réclament leur bénédiction[31] ».

Cette fois, Mgr Marcel Lefebvre est allé trop loin. Même pour Jean-Paul II et Ratzinger, bienveillants à l'égard de la liturgie traditionnelle mais fermement attachés à l'autorité pontificale. Il est excommunié. La sanction prend un effet immédiat, selon le droit canon. Les quatre prêtres connaissent le même sort. Les fidèles de Mgr Lefebvre ne sont donc plus catholiques aux yeux du Vatican[32]. Ceux qui soutenaient jusque-là Mgr Lefebvre, sans être prêts à quitter pour autant l'Église catholique, doivent maintenant négocier leur ralliement. Dom Gérard Calvet – qui négocie depuis 1987 la reconnaissance du monastère du Barroux – soutient Mgr Lefebvre. Au moins dans un premier temps. Lui-même a dû faire consacrer ses prêtres par le supérieur de la Fraternité Saint-Pie-X et s'en explique : « Si je ne faisais pas ordonner des prêtres, je serais complice de la destruction de l'Église. Il faut sortir de la légalité pour rester dans la justice[33]. » Il est donc logique de voir Dom Gérard Calvet à la cérémonie d'Écône. Cela ne l'empêche pas de penser que le temps est peut-être venu d'accepter la main tendue par Rome. Les catholiques intégristes les plus politiques sont de plus en plus séduits par les efforts considérables consentis par l'Église de Jean-Paul II. Ils commencent à espérer pouvoir lutter contre les effets pervers du concile depuis l'intérieur. Rome entretient cet espoir. Le 21 juin, aussitôt le schisme annoncé, Dom Calvet reçoit dans son monastère un envoyé spécial du pape. Le cardinal allemand Augustin Mayer, un bénédictin, est chargé d'œuvrer à leur réconciliation. Si Dom Gérard accepte, le Saint-Siège sait qu'il pourra entraîner avec lui les chrétiens politiques autour de Bernard Antony et sans doute son ancien professeur, devenu oblat bénédictin, Jean Madiran. Le 25 juillet 1988, sans en avertir ni l'archevêque d'Avignon ni la nouvelle structure lefebvriste, le monastère du Barroux se rallie à Rome. En contrepartie, il obtient une reconnaissance officielle, le droit de conserver sa messe en latin, son rite du concile de Trente, ses offices grégoriens et son enseignement du catéchisme dans les manuels d'avant le concile. À peine un an plus tard, le 2 juillet 1989, le Barroux est érigé en abbaye bénédictine. Bien qu'ordonnée par Rome, la cérémonie se déroule selon le rite d'avant le concile. Signes de son nouveau rang épiscopal, Dom Gérard reçoit l'anneau, la crosse et la mitre des mains du cardinal Augustin Mayer. Court-circuité, l'évêque d'Avignon – dont dépendait en principe le Barroux – refusera de participer à la cérémonie, suivie par 2 000 fidèles, en guise de protestation. La Fraternité Saint-Pie-X, elle, y voit une trahison.

Ce ralliement aura un impact décisif sur les laïques attachés à la tradition par engagement politique, notamment sur Jean Madiran et Bernard Antony. Ceux-là souhaitent continuer leur combat sans se laisser marginaliser. À leurs yeux, les lefebvristes s'obstinant dans le séparatisme sont englués dans des combats trop liturgiques et manquent de stratégie. Leur ralliement au Vatican ne signifie en rien qu'ils songent à mettre de l'eau dans leur vin de messe. Au contraire. 1988, l'année du ralliement, est aussi celle de la surenchère contre le film de Scorsese, avec les conséquences terroristes que l'on sait. Chrétienté-Solidarité, l'autre association de Bernard Antony, redouble d'énergie. Entre 1988 et 1989, l'organisation annonce aussi plusieurs « grandes soirées de la Contra », en présence de ses miliciens. L'une d'elles est organisée dans le Vaucluse le 20 janvier 1989, sous le haut patronage de Dom Gérard Calvet du Barroux, sur le thème : « Nicaragua, la survie face au communisme ». Parmi les intervenants annoncés : le colonel Gomez (chef des forces aériennes de la Contra), de Cespedes (membre du commandement militaire) et le docteur Henry Zelaya (chargé des blessés de la « résistance nicaraguayenne »). Quant à l'organisateur de cette soirée, il s'agit de Thibaut de La Tocnaye, l'autre leader catholique intégriste élu sur les listes du Front national. Quand il ne milite pas au sein du FN, il milite au nom de Chrétienté-Solidarité aux côtés des phalanges libanaises ou sur le front croate.

Le Saint-Siège ne semble pas désapprouver outre mesure les activités de ses nouveaux compagnons de route. Depuis l'excommunication de Lefebvre, sa stratégie consiste essentiellement à diviser le camp traditionaliste grâce à la mise en place d'un *motu proprio Ecclesia Dei adflicta* exhortant à « s'unir par la prière incessante que le vicaire du Christ, par l'intercession de la Mère Dieu, adresse avec les paroles mêmes du fils : que tous soient un ». Une commission du même nom est quant à elle chargée de débaucher les lefebvristes en leur proposant des montages canoniques autorisant la pratique de la liturgie tridentine. Pour favoriser ce ralliement, le Saint-Siège décide aussi de créer une Fraternité de substitution, la Fraternité Saint-Pierre, destinée à accueillir les transfuges lefebvristes. Sans grand succès. Sur 250 prêtres et séminaristes d'Écône, seuls 30 rejoignent la Fraternité Saint-Pierre[34].

Les membres de la Fraternité Saint-Pie-X restés fidèles à Lefebvre vivent ces départs dans la douleur. L'enjeu est visiblement de continuer à faire monter les enchères. Le dernier carré des fidèles de Mgr Lefebvre resserre les rangs autour du chef et se compte. Le dimanche 19 novembre 1989, ils sont encore presque 10 000 à se presser au parc des expositions du Bourget pour assister à la première cérémonie officielle de Mgr Lefebvre depuis son excommunication[35]. Pour le soutenir et pour le voir une dernière fois, car tout le monde ressent sa faiblesse.

Avant de mourir, Lefebvre n'aura plus qu'une obsession : persister dans la résistance liturgique. La rupture est bel et bien consommée avec les catholiques instrumentalisant la tradition à des fins politiques, quitte à se rallier sans avoir obtenu la reconnaissance pleine et entière de la liturgie préconciliaire. Voilà ce qu'il écrit le 7 juillet 1990 aux dirigeants de Renaissance catholique, restés hors de l'Église malgré une orientation politique et un fonctionnement très proches du Centre Charlier : « L'histoire des dernières décades montre ce qu'est devenue une action catholique abandonnant les principes de l'Église... Le milieu traditionnel n'a pas été exempt de ces déviations. Deux exemples me viennent à l'esprit : celui de l'Alleanza cattolica de M. Cantori en Italie et celui de Chrétienté-Solidarité de M. Romain Marie. Tous deux se sont voulus traditionalistes et se sont efforcés, grâce à cette étiquette, de mettre la main sur la jeunesse et même sur les fidèles traditionalistes par le truchement de congrès, de pèlerinages. Vous vous êtes heureusement séparés de Chrétienté-Solidarité à l'occasion des sacres, mais hélas ! vous en avez gardé ce déplorable esprit de tendance laïque et anticatholique (...) Cet esprit n'est pas catholique (...) L'action catholique est une collaboration des laïques à l'apostolat sacerdotal (...) nous sommes bien déterminés à poursuivre le combat intérieur et extérieur contre le modernisme. M. l'abbé Aulagnier prendra contact avec vous pour clarifier la situation, pour la sauvegarde de la tradition et de ces œuvres[36]. »

Obtenir le rite propre

Après l'autorisation sous conditions de célébrer la messe en latin, les traditionalistes militent désormais pour obtenir le droit au « rite propre », c'est-à-dire le droit de célébrer uniquement la messe selon le rite Pie V. Les débats sur ce point au sein de la Fraternité sacerdotale Saint-Pierre manqueront de la faire imploser en 1998. Cela n'empêche pas la commission Ecclesia Dei de continuer à séduire les dissidents en leur proposant toutes sortes de montages canoniques taillés sur mesure permettant de continuer à pratiquer un rite traditionnel. Le Barroux et la Fraternité Saint-Pierre ont été rejoints par le monastère de Chéméré, L'Institut du Christ-Roi, les Chanoines réguliers de la Mère Dieu, ou encore la Fraternité Saint-Vincent-Ferrier. Plusieurs anciens membres de la Fraternité Saint-Pie-X se retrouvent ainsi propulsés à la tête de sociétés apostoliques ou de communautés religieuses dont les membres pourraient tenir dans une cabine téléphonique. Le seul fait de reconnaître l'autorité du pape vaut récompense. Pour l'abbé Grégoire Celier, l'histoire de la commission Ecclesia Dei est celle de « manœuvres constantes pour arracher les œuvres et les hommes au bon combat de la tradition[37] ». De fait, le Saint-Siège réalise quelques belles prises. En 2002, il réussit à convaincre les fidèles traditionalistes du diocèse brésilien de Campos, au nord de Rio de Janeiro, qui compterait 28 000 catholiques traditionalistes.

Suspendu en 1981 par Rome, Mgr Antonio de Castro Meyer a fondé un diocèse parallèle bien vite abrité par la Fraternité sacerdotale Saint-Pie-X. En 2000, son successeur, Mgr Rangel, a pris part aux négociations entre la Fraternité et Rome à la demande de Mgr Fellay. Mais contrairement au supérieur de la Fraternité Saint-Pie-X, qui a une fois de plus fini par suspendre sa participation à ce processus, il est allé jusqu'au bout. N'oublions pas que Mgr Fellay est l'un des quatre évêques excommuniés par Jean-Paul II, en même temps que Mgr Lefebvre. Pour lui, aucune réconciliation ne peut avoir lieu sans que cette excommunication soit levée. Or lever cette excommunication reviendrait à mettre en cause l'infaillibilité papale à laquelle le cardinal Ratzinger est si attaché. Le dialogue avec le supérieur de la Fraterrité Saint-Pie-X finit donc toujours pas toucher ses limites. Mgr Fellay désapprouve la « paix séparée » négociée par Campos, malgré des concessions évidentes. En échange d'une lettre manifestant « leur volonté de pleine adhésion à l'Église catholique », le diocèse de Mgr Rangel a été relevé de l'excommunication encourue du fait de son sacre. Il a aussi obtenu que le suivi pastoral des fidèles traditionalistes dépende de l'Union Saint-Jean-Marie-Vianney, érigée canoniquement en administration apostolique de caractère personnel, c'est-à-dire dépendant directement du siège apostolique. La lettre du pape promet en outre d'assurer la succession de Mgr Rangel. Il s'agit donc d'une solution durable, et non d'un « coup de Jarnac » comme le redoutait tant Lefebvre de la part de Rome.

Le fondateur de la Fraternité Saint-Pie-X est mort en laissant à la tête de son œuvre un homme tout aussi radical. Comme Mgr Lefebvre, Mgr Fellay considère que « ce n'est pas le Saint-Esprit qui a inspiré le concile, mais le diable[38] ». Il trahirait l'esprit de son prédécesseur s'il ne se montrait pas intraitable avec Rome.

Benoît XVI ou la « divine surprise »

Depuis Jean-Paul II, le Saint-Siège multiplie inlassablement les gestes en direction d'un retour à la tradition. Le 25 mars 2004, la Congrégation pour le culte divin publie même une instruction *Redemptionis sacramentum* rappelant à l'ordre les prêtres contre les abus déformant la liturgie jusqu'à la « limite du supportable ». Une démarche assistée par le cardinal Ratzinger, qui accélère le mouvement sitôt élu pape. Richard Williamson, dont la nomination en tant qu'évêque par Mgr Lefebvre avait provoqué un schisme au sein de l'Église catholique, écrit : « Nous avons de la sympathie pour le nouveau pape. » Mgr Fellay, le supérieur de la Fraternité, « y voit une lueur d'espérance » pour « sortir de la profonde crise qui secoue l'Église catholique ». Autrement dit pour « que la Tradition bimillénaire de l'Église, oubliée et mise à mal au cours des quarante dernières années, retrouve enfin sa place durant ce pontificat, et que la sainte messe traditionnelle soit rétablie sans restrictions dans tous ses droits ».

De fait, Benoît XVI partage en partie l'analyse des traditionalistes concernant Vatican II : « Je suis convaincu que la crise de l'Église que nous vivons aujourd'hui repose largement sur la désintégration de la liturgie[39]. » Amoureux de la messe en latin, il a lui-même accueilli le nouveau missel de Paul VI avec une certaine tristesse. En 1995, le cardinal a d'ailleurs accepté de célébrer une messe de rite tridentin au Barroux. Il a également préfacé un ouvrage, *Tournés vers le Seigneur*, dans lequel Mgr Gamber rappelle l'importance symbolique pour un prêtre du fait de célébrer la messe tourné vers l'Orient, autrement dit dos aux fidèles, comme avant Vatican II. Mais c'est surtout sa guerre contre le « relativisme » et sa conception minimale de l'œcuménisme qui le rapprochent des plus traditionalistes. Jean-Paul II était lui-même très opposé aux idées modernistes souvent associées à une interprétation trop ambitieuse de Vatican II, mais son attachement viscéral à l'œcuménisme le tenait malgré tout à distance de certains traditionalistes allergique à l'idée que le catholicisme cesse de prier pour la conversion des juifs ou renonce à détenir le monopole de la vérité sous prétexte de dialogue interreligieux. Benoît XVI ne présente pas cet inconvénient. Il a toujours détesté se rendre à Assise, ce haut lieu du dialogue interreligieux. Jean-Paul II devait lui donner l'ordre d'y participer pour le décider. Autant dire qu'une fois pape, il a refusé de s'y rendre. Pour le plus grand bonheur des traditionalistes, les ralliés comme les lefebvristes.

Le nouveau pape est donc incontestablement le mieux placé pour permettre la réconciliation pleine et entière entre Rome et les traditionalistes sur le dos de Vatican II. Mais cette réconciliation ira-t-elle jusqu'à déboucher sur un retour à l'Église d'avant le concile ? Pas officiellement. Aucun pape, surtout pas celui-là, ne prendra le risque d'accréditer une erreur de jugement de la part de l'Église. L'obsession de Rome est de trouver un moyen de revenir sur les avancées de Vatican II sans nuire au mythe de l'« infaillibilité pontificale ». Deux stratégies discursives développées en parallèle par le cardinal Ratzinger et les membres de la FSSPX préparent cette issue.

La première consiste à expliquer que l'interprétation ultra-moderniste de Vatican II n'est pas due au concile lui-même mais à une interprétation abusive appelée l'« esprit du concile ». Un argument développé par Ratzinger en 1985 dans *Entretien sur la foi*. À mots couverts, il y propose un plan de « restauration » permettant de limiter l'influence moderniste de l'esprit du concile tout en lui restant fidèle : en retrouvant le « vrai concile » par-delà l'« esprit du concile ».

L'autre stratégie discursive consiste à réduire la portée du concile, en le faisant passer du statut doctrinal – qui engage l'infaillibilité papale – au simple statut « pastoral », faillible et donc modifiable. Ce point pourrait mettre d'accord le nouveau pape et les traditionalistes. L'abbé Grégoire Celier rappelle qu'en 1988, déjà, le cardinal Ratzinger semblait pencher pour cette interprétation : « La vérité est que le concile lui-même n'a défini aucun dogme et a tenu à se situer à un niveau plus modeste, simplement comme un concile pastoral[40]. » Cette déclaration, d'une extrême importance, intervient dans le cadre d'un discours adressé devant les évêques du Chili au lendemain de l'excommunication de Lefebvre. Sous prétexte de « défendre Vatican II », le préfet de la Congrégation pour la doctrine de la foi esquisse l'idée que le concile de Vatican II n'est qu'une parenthèse et non un tournant pour l'Église :

« *Défendre le concile Vatican II* [...] *comme quelque chose d'efficace et d'obligatoire pour l'Église, EST ET SERA TOUJOURS NÉCESSAIRE. Mais il existe une vision étroite qui lit et sélectionne Vatican II et qui entraîne une certaine opposition. On a l'impression que, depuis Vatican II, tout a changé et que tout ce qui l'a précédé n'a plus de valeur, ou, dans le meilleur des cas, n'a de valeur qu'à la lumière du concile. Vatican II n'est pas considéré comme une partie de la tradition vivante de l'Église, mais comme la fin de la tradition, comme une annulation du passé et comme le point de départ d'un nouveau chemin. La vérité est que le concile lui-même n'a défini aucun dogme et a tenu spécialement à se situer à un niveau plus modeste, simplement comme un concile pastoral. Malgré cela, nombreux sont ceux qui l'interprètent comme s'il s'agissait d'un "super-dogme" qui seul a de l'importance. Cette impression est confirmée tous les jours par de multiples faits. Ce qui, autrefois, était regardé comme le plus sacré – la forme de la prière liturgique – devient tout à coup l'unique chose se trouvant absolument frappée d'interdit. On ne tolère aucune critique envers les orientations postconciliaires ; par contre, lorsque sont en question les antiques règles ou les grandes vérités de la foi – par exemple la résurrection corporelle de Jésus, l'immortalité de l'âme –, on ne réagit pas ou bien avec une modération extrême. J'ai, moi-même, pu constater, lorsque j'étais professeur, comment un évêque qui, avant le concile, avait renvoyé un professeur uniquement à cause de sa façon de parler un peu paysanne, se trouva, après le concile, dans l'impossibilité d'éloigner un enseignant qui niait ouvertement des vérités fondamentales de la foi...* »

On retrouve bien dans ces mots le professeur d'université traumatisé par l'esprit de Mai 68 revoyant son interprétation de Vatican II à l'aune de cette peur paniquc.

Faut-il brûler l'esprit moderniste de Vatican II ?

Réduire la portée de Vatican II fait partie des convictions profondes du cardinal Ratzinger devenu pape. Pour s'en convaincre, il suffit de lire attentivement son analyse du concile produite à l'occasion des quarante ans de Vatican II, le 22 décembre 2005, sous l'intitulé « Comprendre Vatican II ». Dans ce texte, le futur pape met en garde contre une interprétation trop moderniste du concile, qualifié d'« événement ecclésial historique ». Bien entendu, à aucun moment il n'émet de critique contre le concile lui-même, toute la subtilité de son orthodoxie consiste à rendre l'interprétation moderniste du concile responsable de la confusion et donc des difficultés ayant suivi la réforme : « Pourquoi l'accueil du concile, dans de grandes parties de l'Église, s'est-il jusqu'à présent déroulé de manière aussi difficile ? Tout dépend en réalité de la juste interprétation du concile ou – comme nous le dirions aujourd'hui – de sa juste herméneutique, de la juste clef de lecture et d'application. Les problèmes de la réception sont nés du fait que deux herméneutiques contraires se sont trouvées confrontées et sont entrées en conflit. L'une a engendré la confusion, l'autre, silencieusement mais de manière toujours plus visible, a porté et porte ses fruits[41]. »

Le cardinal Ratzinger ne semble pas considérer que les deux extrêmes – qui pourraient être le modernisme d'un côté et le traditionalisme de l'autre – soient à combattre avec la même vigueur. Il parle d'une seule « herméneutique » ayant entraîné la « confusion ». Reste à savoir s'il montre de l'index l'interprétation moderniste ou traditionaliste. La suite est claire. L'herméneutique accusée de semer la discorde – que le cardinal nomme pour l'occasion « herméneutique de la discontinuité et de la rupture » – est celle qui « a souvent pu compter sur la sympathie des mass media et également d'une partie de la théologie moderne ». Autrement dit, il s'agit de l'interprétation moderniste que Ratzinger oppose à l'« herméneutique de la réforme », c'est-à-dire à celle « du renouveau dans la continuité ». La suite du procès intenté à l'« herméneutique de la rupture » est encore plus éclairante. Car non seulement le cardinal Ratzinger n'a pas un mot de désapprobation envers l'herméneutique traditionaliste, pourtant entrée en rupture avec l'Église conciliaire, mais il reproche principalement à l'herméneutique moderniste d'empêcher la réconciliation entre l'Église et les traditionalistes : « L'herméneutique de la discontinuité risque de finir par une rupture entre Église préconciliaire et Église postconciliaire. »

Le futur pape reproche à cette « herméneutique de la rupture » de vouloir être fidèle à « l'esprit du concile » et non à sa lettre : « En un mot : il faudrait non pas suivre les textes du concile, mais son esprit. » Cette notion floue d'« esprit du concile » n'a rien pour plaire à une théologie aussi orthodoxe que le gardien de la doctrine de la foi. Entre les lignes, le préfet tape du point sur la table pour rappeler l'importance de la « fidélité » à la doctrine et à l'Église, seule dépositaire du pouvoir d'interpréter. Même s'il reconnaît que « cet engagement, cette fidélité, exige une nouvelle réflexion sur cette vérité et un nouveau rapport vital avec elle ». Et d'ajouter :

« Dans ce sens, le programme proposé par le pape Jean XXIII était extrêmement exigeant, comme l'est précisément la synthèse de fidélité et de dynamique. »

« On peut dire que s'étaient formés trois cercles de questions, qui à présent, à l'heure du concile Vatican II, attendaient une réponse.

1. Tout d'abord, il fallait définir de façon nouvelle la relation entre foi et sciences modernes ; cela concernait d'ailleurs non seulement les sciences naturelles, mais également les sciences historiques, car, dans une certaine école, la méthode historique-critique réclamait le dernier mot sur l'interprétation de la Bible, et, prétendant l'exclusivité totale de la compréhension des Écritures saintes, s'opposait sur des points importants à l'interprétation que la foi de l'Église avait élaborée.

2. En second lieu, il fallait définir de façon nouvelle le rapport entre Église et État moderne, qui accordait une place aux citoyens de diverses religions et idéologies, se comportant envers ces religions de façon impartiale et assumant simplement la responsabilité d'une coexistence ordonnée et tolérante entre les citoyens et leur liberté d'exercer leur religion.

3. Cela était lié, en troisième lieu, de façon plus générale, avec le problème de la tolérance religieuse – une question qui exigeait une nouvelle définition du rapport entre foi chrétienne et religions du monde. En particulier, face aux récents crimes du régime national-socialiste ; en général, dans le cadre d'un regard rétrospectif sur une longue histoire difficile, il fallait évaluer et définir de façon nouvelle le rapport entre l'Église et la foi d'Israël. »

Voilà pour la forme. Mais dans les faits, sa reprise en main de la doctrine conduit surtout à assouplir la réforme et à initier un retour à la « fidélité ». « Les décisions de fond peuvent demeurer valables, tandis que les formes de leur application dans des contextes nouveaux peuvent varier », explique sobrement Ratzinger. L'œcuménisme, par exemple, se voit réduit au simple respect de la « liberté religieuse » : « Si la liberté de religion est considérée comme une expression de l'incapacité de l'homme de trouver la vérité, et par conséquent devient une exaltation du relativisme, alors, de nécessité sociale et historique, celle-ci est élevée de façon impropre au niveau métaphysique et est ainsi privée de son véritable sens, avec pour conséquence de ne pas pouvoir être acceptée par celui qui croit que l'homme est capable de connaître la vérité de Dieu, et, sur la base de la dignité intérieure de la vérité, est liée à cette connaissance. Il est, en revanche, totalement différent de considérer la liberté de religion comme une nécessité découlant de la coexistence humaine, et même comme une conséquence intrinsèque de la vérité qui ne peut être imposée de l'extérieur, mais qui doit être adoptée par l'homme uniquement à travers le mécanisme de la conviction. » En d'autres termes, le futur pape insiste pour distinguer la tolérance envers les autres religions, au nom de la coexistence pacifique, d'avec une approche œcuménique amenant à relativiser la vérité du dogme catholique. Ce qui l'amène naturellement à la nécessité de « retrouver sa véritable identité », c'est-à-dire à réaffirmer la permanence de l'Église et de son dogme par-delà la modernité : « L'Église est, aussi bien avant qu'après le concile, la même Église une, sainte, catholique et apostolique, en chemin à travers les temps ; elle poursuit "son pèlerinage à travers les persécutions du monde et les consolations de Dieu", annonçant la mort du Seigneur jusqu'à ce qu'Il vienne (cf. *Lumen gentium*, n° 8). Ceux qui espéraient qu'à travers ce "oui" fondamental à l'époque moderne, toutes les tensions se seraient relâchées et que l'"ouverture au monde" ainsi réalisée aurait tout transformé en une pure harmonie avaient sous-estimé les tensions intérieures et les contradictions de l'époque moderne elle-même ; ils avaient sous-estimé la dangereuse fragilité de la nature humaine qui, dans toutes les périodes de l'histoire, et dans toute constellation historique, constitue une menace pour le chemin de l'homme. »

Là aussi, le texte mérite d'être décrypté. Après avoir présenté le concile de Vatican II comme une volonté de la part de l'Église de se réconcilier avec l'époque moderne, il rend responsable l'époque moderne de maux qui obligent nécessairement l'Église à réaffirmer sa vérité, sous peine d'être engloutie et de laisser le monde être englouti avec elle. Voilà qui réactive le fameux dilemne entre foi et raison, développé dans le point suivant : « Le pas accompli par le concile vers l'époque moderne, qui de façon assez imprécise a été présenté comme une "ouverture au monde", appartient en définitive au problème éternel du rapport entre foi et raison, qui se représente de façons toujours nouvelles. » Vatican II n'était donc pas une « ouverture au monde » mais une tentative de concilier foi et raison dans un contexte donné. Ce contexte ayant changé, une nouvelle renégociation sur la base d'une compréhension bien orientée de Vatican II semble nécessaire : « Si nous le lisons et que nous l'accueillons guidés par une juste herméneutique, il peut être et devenir toujours plus une grande force pour le renouveau toujours nécessaire de l'Église. » La « juste herméneutique » étant celle qui est édictée par le vicaire de Rome et non par l'« esprit du concile » que croient pouvoir exalter les modernistes.

Très clairement, ce pape choisit de tendre la main plutôt aux pourfendeurs de Vatican II qu'à ses défenseurs modernistes. Christian Terras, de *Golias*, l'un des principaux magazines lus par les chrétiens de gauche en France, l'a bien compris : « La position de fond adoptée par Benoît XVI pourrait bien être néfaste, y compris à moyen terme, pour l'Église. Elle s'oppose frontalement à celle du concile, même en prétendant s'appuyer sur les textes conciliaires eux-mêmes. Quarante-cinq années se sont écoulées. Nous sommes à la croisée des chemins : ou incarner à nouveaux frais l'intuition et l'intention de Vatican II ; ou, au contraire, l'enterrer définitivement, fût-ce avec les couronnes mortuaires d'une gratitude assassine. En somme, un concile pour rien ? »

La réconciliation en bonne voie

Même l'abbé Grégoire Celier, pourtant romano-sceptique, le reconnaît : « L'élection de Benoît XVI, inespérée, marque un tournant : ce fut une "divine surprise". Aucun n'a manifesté un plus grand désir d'aboutir, un plus vif souci de réparer la fracture[42]. »

Moins de quatre mois après son élection, le pape et le président de la Commission Ecclesia Dei, le cardinal Castrillón Hoyos, reçoivent Mgr Fellay à Castel Gandolfo. Jamais la perspective d'une réconciliation n'a été autant pressentie. Le 29 août 2005, la salle de presse du Vatican confirme la rumeur par un communiqué qui précise : « La rencontre s'est déroulée dans un climat d'amour pour l'Église et de désir d'arriver à une parfaite communion. Bien qu'ils soient conscients des difficultés, a été manifestée la volonté de procéder par étapes et dans des délais raisonnables. » L'entrevue fut brève. Trente-cinq minutes selon la Fraternité Saint-Pie-X, qui produit un communiqué au diapason, à l'exception de cette précision de temps et d'une dernière phrase : « La Fraternité prie afin que le Saint-Père puisse trouver la force de mettre fin à la crise de l'Église en restaurant toutes choses dans le Christ. » La touche personnelle a son importance. Ainsi la Fraternité attend moins des gestes en sa direction qu'une nouvelle direction de l'Église mettant fin à « sa crise ». Cette réorientation se présente comme la « restauration » de « toutes » choses dans le Christ. Les étapes seront donc longues, mais le chemin est tracé et toute la presse en parle. Selon *La Croix*, « Rome entrouvre une porte aux fidèles de Mgr Lefebvre ». *Minute*, le quotidien d'extrême droite, s'interroge avec espoir sur ce partenariat : « Rome/Fraternité Saint-Pie-X : accords en vue ? » *Le Figaro* préfère insister sur une reprise en main de la part du Saint-Siège pour faire rentrer les dissidents dans le rang : « Comment Benoît XVI veut ramener les lefebvristes dans l'Église ». La presse de gauche est plus sévère : « Les intégristes à nouveau en odeur de sainteté » (*Marianne*), ou encore « Mgr Fellay prie pour le conservatisme de Benoît XVI » (*La Tribune de Genève*). La nouvelle suscite des lignes et des lignes de commentaires à l'étranger, avec la même variété d'interprétation. Car au sein même de la curie et surtout de l'épiscopat, les avis sont partagés. La Conférence des évêques s'inquiète de voir coexister deux rites à égalité, avec les risques de division et de retour en arrière que cela représente. En 2006 déjà, lorsque Benoît XVI a fait savoir qu'il souhaitait un usage plus fréquent de la messe en latin, Mgr Pierre Raffin, évêque de Metz, disait redouter « les répercussions négatives dans le peuple chrétien majoritairement attaché quoi qu'on en dise à la messe de Paul VI[43] ». Il rappelle que si devaient coexister deux rites dans l'Église, cela « finirait par nuire à l'unité de l'Église catholique. Cela n'est pas une question de tolérance, mais de vérité de la célébration eucharistique ». Pourtant, le cap est maintenu. Et les étapes défilent.

L'abbé Laguérie, ce bon pasteur

Malgré l'évidente bonne volonté du nouveau pape, le supérieur de la Fraternité sacerdotale Saint-Pie-X ne sent toujours pas venue l'heure de franchir le pas de la réconciliation. La Commission Ecclesia Dei frappe alors un grand coup. Le 10 septembre 2006, selon un schéma négocié depuis des années avec la FSSPX, la Commission érige un Institut du Bon Pasteur voué « à l'usage exclusif de la liturgie grégorienne », comme étant « le rite propre de l'Institut dans tous ses actes liturgiques ». Pour les traditionalistes, cette concession du « rite » propre, le droit de la pratiquer de façon exclusive, est un vrai pas, presque le début d'une équivalence avec le rite de Paul VI. Reste à savoir si ce rite propre peut permettre de refuser de pratiquer le rite conciliaire. Ce point fait encore débat. L'abbé Lorans, porte-parole de la Fraternité lefevbriste, préfère déclarer que « cet accord est un bricolage canoniste et communautariste. Ce que nous voulons, c'est un vrai droit de cité[44] ».

En attendant, cinq figures emblématiques du lefevrisme viennent s'ajouter au palmarès de l'Église conciliaire grâce à l'Institut du Bon Pasteur : Philippe Laguérie, Paul Aulagnier, Guillaume de Tanoüarn, Christophe Héry et Henri Forestier. La « trahison » couvait depuis longtemps et leur valait d'être marginalisés depuis à cause de leurs contacts avec Rome. L'abbé Laguérie, qui a été le curé de Saint-Nicolas-du-Chardonnet de 1984 à 1997, est un peu le numéro deux du traditionnalisme, du moins en notoriété, après Mgr Lefebvre. Il a pourtant été exclu de la Fraternité en 2004 à cause de son indiscipline. Difficile de savoir qui se réjouit le plus – ceux qui le perdent ou ceux qui le récupèrent – tant sa personnalité est contestée. Les titres de la presse catholique en témoignent. À propos du ralliement de l'abbé Laguérie, *La Vie* titre « Pourquoi cet homme devait rester dehors[45] ». Un simple rappel des faits d'armes de l'ancien curé de Saint-Nicolas-du-Chardonnet, ordonné prêtre par Mgr Lefebvre en 1979, suffit à s'en convaincre. Beaucoup des fortes têtes de la Fraternité Saint-Pie-X étant d'extrême droite, elles sont aussi connues pour leurs provocations verbales. Laguérie est sans doute l'un des plus doués dans ce domaine. Attaché à la prière pour la conversion du juif « perfide », il a commis quelques perles à propos du judaïsme : « Qu'on ne flirte pas avec cette secte dont l'essence est de l'avoir refusé, qui n'est en rien héritière de l'Ancien Testament », écrit-il en 1997[46]. Son antijudaïsme n'a d'ailleurs parfois rien de chrétien et flirte plus ouvertement avec l'antisémitisme. Comme en 1987, lorsqu'il prend la défense de Jean-Marie Le Pen à propos du « détail ». Lors d'une l'émission, *L'Heure de vérité*, le leader du Front national déclare que les camps d'extermination ne sont qu'un « détail » de l'histoire de la Seconde Guerre mondiale. L'émotion est immense. Interviewé dans *France-Soir*, Laguérie estime que l'on a « falsifié les propos de M. Le Pen taxant de détail le seul procédé de la mort et non la mort elle-même », avant de faire cet étrange commentaire : « Ceux qui, les Juifs en particulier, réveillent sans cesse cette horrible réalité datant de quarante ans (...) prouvent l'intolérable utilisation qu'ils font du sang innocent à des fins électorales. » Il conteste ensuite avoir tenu ces propos et obtient un droit de réponse[47]. Il poursuit dans la même veine dans *Libération* : « Depuis quarante-cinq ans, ils tiennent la France en dictature, ils contrôlent les médias et la banque, ce sont eux qui ont monté toute cette affaire. » Face au tollé suscité par ces propos, Laguérie fera un communiqué à l'AFP pour préciser sa pensée : « J'ai simplement dit que les Juifs agitent sans arrêt les questions de racisme et que ça marche.

Dès qu'ils lancent quelque chose, tous les médias s'en emparent. Cette puissance ne peut s'expliquer que par leur mainmise sur la banque et en particulier le financement des campagnes électorales[48]. » La Licra portera plainte pour incitation à la discrimination raciale devant la 17e chambre correctionnelle de Paris. Sans préparer correctement le procès. Résultat, la cour relaxe Philippe Laguérie en expliquant : « La partie civile, qui a la charge de prouver la matérialité des faits reprochés au prévenu, ne fournit aucun témoignage, aucun document de nature à faire cette démonstration. Il s'ensuit que la relaxe s'impose. »

Sans surprise, Philippe Laguérie soutient un homme comme Paul Touvier, qu'il décrit comme une « âme délicate, sensible et nuancée », jusqu'au bout. Lors de ses obsèques, il se réjouit de le voir partir pour « le tribunal divin, où il n'y a pas de médias ni de coups médiatiques, pas de communistes, pas de franc-maçonnerie, pas de partie civile, pas de Licra ». Mais Laguérie ne ferraille pas seulement contre les Juifs et les francs-maçons. Il fait aussi partie des leaders traditionalistes ayant mené campagne contre tout film ou représentation jugé blasphématoire, contre *Je vous salue Marie* de Godard et bien sûr contre Scorsese. Lorsque le cinéma Saint-Michel est incendié, il a cette réflexion : « Qui sème le vent récolte la tempête. Quand l'honneur de Dieu est en jeu, il faut réagir[49]. »

Avant son ralliement, l'abbé Laguérie était prêt à violenter l'Église pour défendre ses convictions. Sans doute déçu de ne pas avoir participé en personne à la première occupation historique, celle de Saint-Nicolas-du-Chardonnet, il a planifié l'occupation d'une nouvelle église à partir de 1993 ; celle de Saint-Germain-l'Auxerrois. Et ce malgré l'avis de la FSSPX, qui désapprouve. Mais Philippe Laguérie n'a décidément pas le sens de la discipline. Le 8 mars, 200 manifestants entrent dans l'église vers 12 h 15, brisent des meubles, occupent l'autel et célèbrent la messe dans le rite selon saint Pie V. Il faudra une centaine de policiers pour les déloger. Laguérie déclarera alors que Saint-Nicolas-du-Chardonnet est « trop petite », alors que la « grande église de Saint-Germain-l'Auxerrois sert très peu ». La violence de l'action est telle que même la Fraternité Saint-Pie-X se voit contrainte de se désolidariser. Le 11 mars, l'abbé Paul Aulagnier, supérieur en France de la Fraternité, destitue Laguérie pour « indiscipline ». Il est remplacé dans la chapelle historique par l'abbé Claude Boivin. Plusieurs pétitions de fidèles sont alors envoyées à la Fraternité pour protester, des donateurs menacent même de suspendre leur obole si Laguérie n'est pas réintégré. Il sera donc maintenu à son poste jusqu'en août 1997, avant de quitter Paris pour des raisons personnelles, et de s'installer à Bordeaux en 1998, où il reprend bien vite du service.

L'homme a trouvé un moyen imparable pour faire parler de lui. En 1999, il assigne en référé plusieurs librairies bordelaises[50] pour avoir mis en vente l'ouvrage *INRI* de Bettina Rheims dont la couverture montre une femme en croix les mains gracieusement clouées. Sous la signature de Serge Bramly pour le texte et de Bettina Rheims pour les photographies, Albin Michel vient d'éditer un livre retraçant la vie de Jésus sous une forme non conformiste. La couverture du livre montre une femme aux seins nus dans la position du Christ en croix. Le 7 octobre, le juge des référés du tribunal de grande instance de Bordeaux interdit l'exposition en vitrine mais pas la vente dans un coin plus discret. Dans son ordonnance, Louis Montamat, premier vice-président du tribunal, explique : « La croix est, dans le tréfonds de la conscience collective de la communauté catholique, associée au mystère de la rédemption des hommes et à la mort du Christ. La croix est, dès lors, le symbole de Jésus crucifié et la représentation en ses lieux et place d'une femme (...) dont la nudité n'est pas sans rappeler la fille publique de l'Évangile dans une attitude offerte à la concupiscence de la chair est de nature à choquer vivement les sentiments religieux d'un public dont l'attention serait captée à son insu. (...) Il s'agit d'une publicité provocatrice tournant la crucifixion en dérision. » La Fnac et Virgin feront infirmer le jugement en appel deux mois plus tard[51]. Laguérie poursuit alors la librairie La Machine à lire. En effet, dans le rayon photographie, le libraire possède l'ouvrage *INRI*. L'abbé demande que « le livre *INRI* ne soit, dans cette librairie qui en assure la vente, pas exposé à la vue du public, sous peine d'astreinte ». La Machine à lire est acquittée, mais essentiellement parce qu'elle n'a pas mis l'ouvrage en vitrine[52]. L'année suivante, Laguérie comparait de nouveau devant un tribunal, sans avoir porté plainte cette fois. Il a été chronométré à 190 km/h sur l'A10 alors que son son permis de conduire est déjà suspendu à cause de plusieurs autres excès de vitesse. Bizarrement, il n'écopera que d'un mois supplémentaire de suspension de permis, assorti d'un aménagement dû à son statut religieux. Le tribunal lui octroie en effet une dérogation du lundi 10 heures au dimanche minuit, pour le service de ses fidèles. Autrement dit, il lui est interdit de rouler entre le dimanche minuit et le lundi 10 heures.

Malgré sa radicalité, l'abbé a quelques réseaux dans la région conservatrice de Bordeaux. En 2002, le maire de la ville, Alain Juppé, lui accorde la possibilité d'utiliser l'église Saint-Éloi désaffectée depuis vingt ans pour son office tridentin. Une décision qui sera invalidée par le tribunal administratif de Bordeaux saisi par l'archevêque de Bordeaux, Mgr Jean-Pierre Ricard. En signant « une convention mettant à sa disposition, pour une durée de huit ans, les locaux de l'église Saint-Éloi » avec la Fraternité Saint-Pie-X, la cour estime que le maire et son conseil municipal ont « porté atteinte au droit de jouissance du culte affectataire », garanti par la loi de 1905 de séparation des Églises et de l'État. Malgré la décision, Laguérie refuse de rendre l'église et devient le cauchemar de l'évêque de Bordeaux. Mais aussi celui de la Fraternité Saint-Pie-X, à qui il désobéit constamment tout en critiquant sa « sévérité » chaque fois qu'il est rappelé à l'ordre pour indiscipline. Le 22 juillet 2004, exaspéré par son dernier courrier adressé à la Fraternité, ses supérieurs décident de le muter au Mexique. Laguérie refuse et reste dans les locaux de la Fraternité, conformément au réflexe qui est le sien depuis l'occupation illégale de Saint-Nicolas-du-Chardonnet. Début septembre, son remplaçant tente de prendre sa place. En vain. Une vingtaine de scouts, la garde personnelle de Laguérie, bloquent l'entrée. Le 3 septembre, l'abbé Duverger repère un passage par l'arrière et s'introduit dans le prieuré. Laguérie porte plainte pour violation de domicile. La Fraternité fixe un ultimatum : Laguérie a vingt-quatre heures pour quitter la ville sous peine d'être exclu. Il n'obtempère pas. Même exclu, il se maintient dans les lieux, où vit également désormais son remplaçant. Fin septembre, interrogé par *L'Express*, Duverger se veut rassurant : « Aujourd'hui, nous cohabitons de manière pacifique[53]. » Ce qui en dit long sur les premières semaines... où il a dormi sur un lit de camp dans l'arrière-cuisine. Dès que l'un accède à un lieu de culte, il fait changer les serrures pour empêcher l'autre de revenir. Pendant ce temps, les discussions continuent entre la Fraternité et Rome. Et lorsque Mgr Fellay quitte une fois de plus la table des négociations, Laguérie s'y installe.

Le 8 septembre 2006, après deux ans de tractations, il est nommé supérieur du nouvel Institut du Bon Pasteur. Connaissant visiblement son caractère, Rome lui demande d'éviter tout triomphalisme pouvant vexer les derniers lefebvristes à convaincre. L'abbé Philippe Laguérie, supérieur général de l'Institut du Bon Pasteur à Bordeaux, s'estime donc heureux « sans aucun triomphalisme ». Ce qui ne l'empêche pas de jubiler : « J'ai le droit d'incardiner les prêtres, de les faire ordonner par un évêque. Il suffit de demander un évêque en rite traditionnel, j'ai deux ou trois candidats qui sont prêts[54]. » En échange de ses nouvelles prérogatives, Laguérie n'a pas de mots assez doux pour Benoît XVI : « On se sent aimés par ce pape [Benoît XVI]. C'est tout nouveau, il s'occupe de l'unité des catholiques, des chrétiens, plutôt que de parcourir la planète. » Une pique directe à son prédécesseur : « Le pape Jean-Paul II a osé dire deux mois avant sa mort : « Je n'ai pas gouverné l'Église", vous vous rendez compte ce que cette phrase peut véhiculer d'incompréhensions dans l'Église ? » Parfois, il en rajoute : « Le pape Benoît XVI est un pape traditionaliste. C'est tout à fait nouveau, et ça donne de grandes espérances à l'Église », déclare-t-il dans un communiqué à l'AFP[55]. Bien sûr, l'affirmation est largement exagérée mais typique de l'abbé Laguérie, toujours prêt à en rajouter pour banaliser le traditionalisme. Il agira exactement sur le même mode en février 2008 à propos des vœux envoyés par Nicolas Sarkozy. Alors que le président français est déjà largement contesté en raison de ses positions sur la laïcité, une dépêche AFP annonce qu'il a fait parvenir un message de « félicitations » à quatre diacres traditionalistes ordonné par l'abbé Laguérie au nom de l'Institut du Bon Pasteur[56]. En fait, l'AFP se base sur une dépêche de l'agence religieuse I.Media auprès de qui l'abbé Laguérie a visiblement fanfaronné. Sentant le bon « coup médiatique » possible, Laguérie a bien reçu un message du président français, mais il s'agit d'une réponse à son invitation. Le supérieur du Bon Pasteur a invité le chanoine honoraire de la basilique de Latran à assister à l'ordination qui doit avoir lieu dans cette basilique. Le cabinet de Nicolas Sarkozy a fait savoir que « l'emploi du temps particulièrement chargé du chef de l'État à cette date ne lui permettra pas d'assister à ces célébrations » tout en adressant « ses vœux » aux quatre futurs diacres[57]. Le mot « félicitations » est donc légèrement exagéré. La situation n'en est pas moins révélatrice de l'ambiguïté créée d'une part par l'engouement d'un président pour son statut de chanoine, de l'autre par la présence au cœur de la basilique de Latran – car désormais au cœur de l'Église – d'un traditionnaliste comme Laguérie. L'abbé est certes désormais fidèle au nouveau pape mais la discipline risque de ne pas durer. Ses rêves de grandeur font frémir les évêques les plus récalcitrants à l'idée de devenir ses colocataires[58]. La pilule est particulièrement dure à avaler pour Mgr Ricard. L'évêque de Bordeaux, où a été érigé l'Institut du Bon Pasteur, n'a été ni consulté ni associé aux négociations. Non sans amertume, il rappelle que « la violence a marqué jusqu'à ces derniers mois les relations de plusieurs membres de cet Institut avec l'Église diocésaine[59] ». Laguérie, lui, savoure. « Il va falloir cohabiter avec nous », prévient-il, mi-rassurant mi-expansionniste. « Ce ne sera pas un facteur de division, au contraire », tient-il à préciser, tout en ne cachant pas vouloir s'implanter « partout, en France et ailleurs ».

Il n'est pas le seul rallié à poser problème. L'abbé Aulagnier ou Guillaume de Tanoüarn, deux autres cofondateurs de l'Institut du Bon Pasteur, sont tout aussi radicaux[60]. D'une façon générale, Rome a réussi à refaire venir les traditionalistes les plus proches de l'extrême droite sur un plan politique : de Dom Calvet à l'abbé Laguérie en passant par Bernard Antony. Ils ont certes légèrement affaibli la Fraternité Saint-Pie-X en lui volant quelques diocèses, comme Combos ou le padre Rafael Navas, mais sans pour autant vider ses rangs. À en croire Grégoire Celier, la Fraternité comprend 470 prêtres répartis dans 160 maisons, situées dans 30 pays. Auxquels il faut ajouter 90 religieux frères et 75 religieuses oblates. À l'écouter, « Le "traditionalisme" catholique se porte aujourd'hui comme un charme, il a le vent en poupe et se développe, et cela dans tous les pays du monde[61]. » Bien que la Fraternité Saint-Pie-X revendique 150 000 sympathisants – sans que ce chiffre soit vérifiable – pour faire monter les enchères, rien n'explique l'obsession avec laquelle le Vatican de Ratzinger et plus encore de Benoît XVI tient à leur faire des concessions dans l'hypothétique espoir de les rallier tous. À moins que le pape ne profite de cette dynamique de négociation pour revenir chaque jour un peu plus sur « l'esprit du concile » sous prétexte de concilier les traditionalistes.

Jusqu'où faudra-t-il reculer ?

Malgré les efforts de l'Église, la Fraternité Saint-Pie-X ne parvient toujours pas à sauter le pas de la réconciliation. À trois reprises – en 1987, en 2000, en 2004 – Rome a tendu la main et a proposé de réintégrer la Fraternité sacerdotale Saint-Pie-X. À trois reprises, la Fraternité a feint de céder, faisant monter les enchères, avant finalement de refuser de rentrer dans le rang. Pourquoi le feraient-ils ? Chaque fois qu'ils ont tenu bon, le Saint-Siège est allé plus loin dans le retour à la tradition, au risque d'y perdre à chaque fois un peu plus l'âme de Vatican II. Voilà bien l'objectif des héritiers de Mgr Lefebvre. Le livre d'entretien réalisé entre Olivier Pichon, rédacteur en chef de *Monde et Vie* (tendance traditionaliste pragmatique) et l'abbé Grégoire Celier, membre irréductible de la FSSPX, est très révélateur du chemin qu'il reste à parcourir.

« Nous sommes d'une filiation profondément papiste, ultramontaine. L'amour du pape, l'obéissance au pape, constitue l'un des points clés de notre attitude spirituelle », martèle l'abbé Celier[62]. Pourtant, Olivier Pichon lui fait remarquer que la FSSPX n'a cessé de désobéir au pape. « La désobéissance n'empêche pas en soi l'appartenance », rétorque Celier, un peu jésuite pour l'occasion. Alors quoi ? Que faudrait-il pour que cette appartenance redevienne synonyme d'obéissance ? Tout au long du livre, écrit au moment où le *motu proprio* libéralisant la messe en latin est en projet mais pas encore proclamé, le journaliste va tenter de convaincre l'abbé Grégoire qu'il est temps de sauter le pas de la réconciliation. Celier résiste en martelant ses conditions. Pour lui, la « réforme de la réforme » de Benoît XVI ne va pas assez loin. Il n'est pas question d'accepter « une correction superficielle, qui ne change pas substantiellement le mauvais esprit imprégnant la nouvelle liturgie[63] ». L'abbé Celier souhaite par exemple que Rome prenne l'initiative d'un « moratoire sur les citations de Vatican II[64] ». Les traditionalistes de la FSSPX exigent aussi l'annulation du décret d'excommunication de Mgr Lefebvre. Ils ne veulent pas d'une dérogation pour pratiquer la messe en latin, mais que la messe en latin redevienne la norme de l'Église, pour revenir enfin sur l'esprit moderniste de Vatican II.

« Il faut parcourir à l'envers le chemin de la rupture de 1974-1977. Il faut donc commencer par purger l'atmosphère de l'Église de cette animosité envers la tradition[65]. » L'abbé fait allusion aux réactions négatives lues dans la presse catholique au moment de la création de l'Institut du Bon Pasteur. Entre les lignes, la stratégie des lefebvristes se révèle. Il s'agit d'aller le plus loin possible dans la négociation préalable pour que le pape lui-même fasse taire les modernistes ayant l'idée saugrenue de critiquer les traditionalistes. Ce n'est qu'en position de force, c'est-à-dire en position d'incarner la norme, que le dernier carré des fidèles de Mgr Lefebvre acceptera de se rallier. Grégoire Celier nous rassure, ce jour est plus proche qu'il n'y paraît : « Un jour, j'en suis absolument certain, cette réconciliation se fera, et nous serons tous réunis visiblement dans une Église qui aura pleinement retrouvé sa splendeur apostolique et missionnaire enracinée dans sa tradition. Je crois sincèrement que ce jour est moins éloigné qu'il ne paraît : telle est mon espérance[66]. » Visiblement, c'est aussi celle de Benoît XVI.

« La messe en latin n'a jamais été abrogée »

Le 7 juillet 2007, Benoît XVI a franchi une nouvelle étape vers le retour à la tradition. Son *motu proprio Summorum pontificum* libéralise l'usage du missel de saint Pie V. Le missel n'est pas abrogé, mais il pourra désormais cohabiter partout avec l'ancien, qui redevient l'Église et peut être utilisé pour le baptême, le mariage, la confession, l'onction des malades et la confirmation. Le Saint-Siège a franchi le pas, quitte à mettre en circulation deux traditions différentes, devenant optionnelles selon les désirs des fidèles. Signe des temps, l'archevêque de Paris, Mgr Vingt-Trois a lui même annoncé que l'Église Saint-Germain-l'Auxerrois, située à deux pas du Louvre, accueillerait désormais des fidèles attachés au rite tridentin. La messe en latin sera célébrée du lundi au vendredi à 18 h 30 et le dimanche à 10 heures. La messe en français continuera à être dite quotidiennement, a précisé le curé de la paroisse, le père Dominique Schubert[67]. Jusqu'ici, l'archevêché n'autorisait la messe traditionnelle que dans deux églises, Sainte-Odile (XVIIe) et Saint-Eugène/Sainte-Cécile (IXe), et dans la chapelle Notre-Dame-du-Lys (XVe). La messe en français pourra-t-elle longtemps concurrencé le charme de celle en latin et qu'adviendra-t-il du message de l'Église si les partisans de la messe en latin gagnent en audience ? La messe en français ne seraitelle qu'une parenthèse, invitée à se refermer ?

Les plus optimistes préfèrent y voir une forme de « pluralisme » liturgique. Les plus septiques s'inquiètent à l'idée que l'étendard des traditionalistes ait désormais « droit de cité ». C'est la sortie de « la réserve indienne » qu'exigeait depuis si longtemps la Fraternité. Et cette fois, même Mgr Fellay ne cache pas sa joie : « La messe traditionnelle n'a jamais été abrogée. Quelle joie, chers fidèles, a rempli nos cœurs à l'annonce du *motu proprio* de Benoît XVI, le 7 juillet ! » La formulation a son importance. Il ne s'agit pas seulement d'affirmer que le missel selon le rite saint Pie V redevient en vigueur, mais qu'il n'a « jamais été abrogé ». Autrement dit, ce ne sont pas les lefebvristes qui redeviennent l'Église mais le Saint-Siège qui rejoint la continuité qu'ils ont toujours incarnée : « Le *motu proprio* en réalité n'accorde rien de nouveau à la messe de toujours, il affirme simplement que la messe de saint Pie V, appelée de Jean XXIII pour l'occasion, est toujours en vigueur, malgré une absence et une interdiction de la célébrer de près de quarante ans. La messe tridentine est toujours la messe catholique. »

Seule obligation pour les prêtres ralliés, que précise le *motu proprio*, ils ne doivent pas refuser l'usage du nouveau missel par principe et dans sa totalité : « Pour vivre la pleine communion, les prêtres des communautés qui adhèrent à l'usage ancien ne peuvent pas non plus, par principe, exclure la célébration selon les nouveaux livres. L'exclusion totale du nouveau rite ne serait pas cohérente avec la reconnaissance de sa valeur et de sa sainteté. » À l'inverse, si un prêtre refuse de dire la messe traditionaliste, c'est à l'évêque de trancher en fonction du désir des fidèles. Autrement dit, les traditionalistes vont pouvoir désormais solliciter la hiérarchie des évêques, jusqu'ici plutôt hostiles, pour faire respecter leurs droits, voire pour gagner du terrain. C'est le vœu formulé par Mgr Fellay : « La subtile et maladroite distinction entre forme ordinaire et extraordinaire d'un même rite pour parler de la nouvelle et de l'ancienne messe ne trompera personne. L'évidence parle d'elle-même dans ce domaine. Ce qu'il faut retenir, c'est l'affirmation de la pérennité de la messe comme loi universelle de l'Église catholique. Qui dit "loi de l'Église] dit par là même : ni *indult*, ni permission, ni condition. Les évêques essaient de neutraliser l'effet salutaire du *motu proprio* par des restrictions contraignantes et odieuses. Ils ne suivent certainement pas la volonté du souverain pontife. Il sera très intéressant d'observer le développement de cette fronde plus ou moins ouverte, en grande partie cachée. De cette confrontation va dépendre l'histoire de l'Église pour plusieurs décennies. Prions pour que le pape ait la force de maintenir et d'imposer ce qu'il vient de redonner à l'Église. »

Le message est clair. Mgr Fellay donne expressément pour consigne de se prévaloir du pape pour faire pression sur les évêques et diffuser la messe en latin jusqu'à ce qu'elle redevienne la norme. Dans ce domaine, les militants traditionalistes, beaucoup plus entraînés au lobbying et à l'activisme, ont une longueur d'avance en terme de savoir-faire. À Noël 2007, pour la première fois, des militants catholiques traditionalistes ont par exemple décidé de faire le porte-à-porte des églises pour assurer une forme de service traditionaliste itinérant. Ils sont membres de l'Association catholique des infirmières et des médecins, connue pour ses positions provie, assimilant notamment la pilule abortive à une pilule inspirée par le diable[68]. Depuis que le pape a libéralisé la messe en latin, ces traditionalistes se baladent d'église en église, en priant de longues heures dans le froid, sous prétexte d'assurer « le service médical des catholiques à la rue ». Objectif : faire le pied de grue devant les églises en espérant que leurs bons et loyaux services les rendent populaires auprès des paroissiens et qu'ils pourront délibérer ensemble de quelques aménagements, comme le retour de la messe en latin.

Ce n'est que le début si l'on en croit le commentaire de l'un des clips tourné le 16 décembre dernier devant la cathédrale d'Amiens, où ils ont réuni 600 personnes – dont de nombreux jeunes enfants – par - 3 degrés : « À dimanche prochain et peut-être la nuit de Noël si l'évêque boude encore... »

Nul doute que la motivation de ces forces vives, souvent jeunes et d'extrême droite, aura un jour raison des Églises quasi désertiques, plutôt fréquentées par une population modérée mais âgée. Le rapport de force promet d'être long mais à leur avantage. Pressentant les divisions et les troubles, des évêques se préparent au pire. Certaines pratiques conciliaires commencent déjà à être remises en cause. Ainsi, selon la revue *Golias*, le secrétaire de la Congrégation pour le culte divin, Mgr Malcolm Ranjith, part en guerre contre la communion debout et dans la main. « Cette nouvelle forme voulue par la réforme liturgique à équi-parité avec l'ancienne est présentée par cet archevêque comme un abus, ce qui est tout de même surprenant. » À terme, les membres de la FSSPX rêvent de répandre une messe « Pipaul », selon l'expression trouvée par Grégoire Celier, soit « un mélange » du rite Pie V et du rite Paul VI. C'est aussi le souhait de Benoît XVI. Dès 1985, et de nouveau en 2003, il a proposé une « restauration » : « restaurer, non pas certaines cérémonies, mais l'idée essentielle de la liturgie », puis il ajoute : « De manière générale, je pense que la traduction de la liturgie dans les langues parlées a été une bonne chose, pour qu'elle soit comprise, et pour que les fidèles puissent y participer. Mais je pense aussi que l'on peut participer autrement, par l'esprit. Certains temps forts, en latin, me sembleraient utiles pour restituer cette dimension universelle de la liturgie[69]. » Le 13 janvier, pour la première fois depuis longtemps dans la chapelle Sixtine, le pape a tenu à célébrer une messe où il a mélangé la messe traditionnelle et la messe de Vatican II[70]. « Le pape se trouvera à certains moments le dos tourné aux fidèles et le regard vers la croix », a indiqué l'Office des célébrations liturgiques en décrivant la messe qui s'est déroulée dans la Chapelle Sixtine. « Pour le reste, la célébration se déroulera normalement et le missel (livre liturgique) ordinaire, c'est-à-dire celui introduit par Paul VI après le concile Vatican II, sera utilisé », a tenu à préciser l'Office. En juin 2008, Benoît XVI a affiché sa volonté de revenir à une liturgie traditionnelle en communiant agenouillé sur un prie-dieu. Une pratique tombée en désuétude depuis une quarantaine d'années, qu'il a réhabilitée durant une messe en plein air célébrée à Brindisi, au sud de l'Italie, devant quelque 60 000 personnes.

L'annonce d'un missel commun, mélange de l'ancien et du nouveau, est incontestablement la prochaine étape – tant la coexistence des deux missels va s'avérer impraticable. *A priori*, un bon dosage de la messe en latin pour le décorum et l'aspect universel, dans la langue pour la compréhension du propos, ne serait pas en soi une évolution dramatique si ce retour de la tradition n'était pas « un drapeau » annonçant le retour en grâce des catholiques les plus fermés d'esprit puis le renoncement progressif à certains progrès de Vatican II. « Ce *motu proprio* constitue un clin d'œil à tous les partisans d'une restauration de l'Église sur le modèle du concile de Trente », estime Christian Terras de la revue *Golias*, qui redoute « une mise entre parenthèses de Vatican II ». Il ne croit pas à la réintégration totale de la Fraternité Saint-Pie-X et ne considère pas Benoît XVI comme un « traditionaliste », mais il estime que la « réforme de la réforme » enclenchée ira bien au-delà d'un simple retour de la messe en latin : « Derrière l'arbre de la messe saint Pie V devenue un drapeau, se tapit une vision d'ensemble intransigeante[71]. »

Le retour de la prière pour la conversion des juifs

Sans même attendre un missel mixte, la libéralisation du missel selon Pie V a pour première conséquence de remettre en circulation certains aspects archaïques gommés par Vatican II et Jean XXIII, comme le fait de prier pour la conversion du « juif perfide ». Jusqu'à Vatican II, les fidèles priaient « pour la conversion des juifs », afin que Dieu « retire le voile de leur cœur » et qu'il leur accorde d'être délivrés de « l'obscurité » et de « l'aveuglement ». Le missel de Paul VI, promulgué en 1970, l'avait judicieusement remplacé par une autre prière parlant des juifs comme le premier peuple à avoir « reçu la parole de Dieu », sans demander leur conversion. Ce renoncement à l'un des fondements de l'antijudaïsme chrétien n'est pas étranger à la fronde des catholiques d'extrême droite contre Vatican II. Leur ralliement progressif s'est accompagné d'un retour possible à cet antijudaïsme originel. En 1990, déjà, l'un des premiers monastères traditionalistes ralliés, le monastère du Barroux, avait choqué pour avoir réédité le missel priant pour la conversion des juifs. À l'époque, la polémique et l'intervention du Saint-Siège l'avaient finalement contraint à renoncer. Les temps ont changé. Dom Gérard Calvet, l'ancien supérieur du Barroux, a rendu l'âme le 28 février 2008, mais il se féliciterait de l'évolution actuelle. Dès la réhabilitation officielle du missel pré-Vatican II, plusieurs paroisses se sont remises à prier pour la conversion des juifs. Le Centre Simon-Wiesenthal s'en est ému. Mais cette fois personne n'a réagi en dehors de la communauté juive. Quant au nouveau pape, il s'est contenté d'imposer une reformulation, tout aussi ambiguë. L'« aveuglement » des juifs n'est plus évoqué mais l'on prie tout de même pour leur « conversion ». La nouvelle version demande à Dieu qu'il « éclaire le cœur des juifs » afin « qu'ils connaissent Jésus-Christ, sauveur de tous les hommes ». Elle espère aussi « que tout Israël soit sauvé en faisant entrer la foule des gens dans [son] Église ». On retrouve bien là l'attachement de Benoît XVI à un catholicisme détenteur de la vérité, donc prosélyte.

Le dialogue judéo-chrétien entretenu par Jean-Paul II et rendu possible par Vatican II ne peut que s'en ressentir. La nouvelle formulation a commencé par provoquer la rupture du dialogue avec l'assemblée des rabbins italiens[72]. Le grand rabbin de Rome, Riccado Di Segni, estime que cette prière constitue « un obstacle à la poursuite du dialogue entre juifs et chrétiens » et remet « en question des décennies de progrès ». Pour lui comme pour les autres membres du rabbinat italien, la nouvelle prière remplace l'expression sur « l'aveuglement des juifs » par une autre expression « conceptuellement équivalente » en dépit d'une formulation « apparemment moins forte ». « Le fait le plus grave est qu'a été introduit un appel aux fidèles à prier pour que les juifs reconnaissent finalement "Jésus Christ sauveur" », expliquent-ils dans un communiqué signé de leur président, Giuseppe Laras. Et de conclure : « Le pape est certes libre de décider ce qu'il juge le mieux pour son Église et ses fidèles, mais il n'en reste pas moins que l'adoption d'une telle formule liturgique contredit nettement et dangereusement au moins quarante ans d'un dialogue souvent difficile et tourmenté entre judaïsme et catholicisme, qui semble ainsi n'avoir donné aucun résultat concret. » Les rabbins notent que cette prière traduit « une idée du dialogue ayant pour finalité la conversion des juifs au catholicisme, ce qui est pour nous évidemment inacceptable ». En toute logique, ils appellent à « une pause de la réflexion dans le dialogue avec les catholiques ». Jusqu'au bout, toutefois, ils ont tenté de maintenir ce dialogue.

Le grand rabbin d'Israël, Yona Metzger, a écrit au pape pour lui dire sa « surprise ». Dans l'attente d'une « réponse », il s'est contenté d'une protestation prudente auprès des journalistes qui l'interrogeaient. À ce stade, il n'a pas estimé que le but de l'Église était « de nuire aux juifs », mais il insiste sur le côté inapproprié d'une telle mesure[73]. Le Saint-Siège fut moins précautionneux dans sa formulation. Le 10 mars, le cardinal allemand Walter Kasper, président du Conseil pontifical pour la promotion de l'unité des chrétiens, a déclaré à une télévision allemande que le pape Benoît XVI n'avait pas l'intention de modifier la prière en latin controversée, puisqu'elle était « correcte sur le plan théologique » : « De notre point de vue, elle est tout à fait correcte sur le plan théologique. C'est simplement difficile pour les juifs de l'accepter[74]. » Un ton assez sec et un surtout un vrai recul lorsqu'on sait que le cardinal Kasper fait également partie du Conseil pontifical pour le dialogue interreligieux[75]. Quelques jours plus tôt, il venait d'annoncer qu'une délégation du grand rabbinat de Jérusalem allait être reçue au Vatican pour discuter de cette prière sans laisser entrevoir la moindre concession du côté chrétien : « J'espère que les choses seront plus claires, pas résolues mais plus claires, et je pense que nous pourrons surmonter cette irritation du monde juif. » À aucun moment, Rome et ses porte-parole n'ont donné le sentiment de pouvoir comprendre cette « irritation ». Ce qui fit dire récemment au rabbin de Berlin, Walter Homolka, que « l'Église catholique n'a pas de maîtrise sur ses tendances antisémites[76] ».

Voilà bien l'effet du retour en grâce du missel préconciliaire grâce à l'adoubement d'un pape ouvertement décidé à réaffirmer la supériorité de l'Église catholique sur les autres croyances : la rupture de l'élan œcuménique, le retour de l'antijudaïsme et le triomphe de l'extrême droite catholique au détriment d'une vision plus tolérante et apaisée. Qui pourra prétendre faire avancer l'Église vers la modernité lorsque les modernistes, et non plus les traditionalistes, auront le statut de dissidents de l'Église ? Quand bien même le dernier carré des fidèles ne sauterait jamais le pas, sous l'impulsion du cardinal Ratzinger et maintenant de Benoît XVI, l'Église n'a-t-elle pas déjà abandonné l'essentiel de l'âme de Vatican II ?

1 La partie historique concernant les traditionalistes doit beaucoup à ce travail antérieur : Fiammetta Venner, *Extrême France. Les mouvements frontistes, nationaux-radicaux, royalistes, catholiques traditionalistes et provie*, Grasset, 2006.

2 Les cardinaux Lercaro, Döpfner, Suenens et Agagianian.

3 Mgr Marcel Lefebvre, *Lettre ouverte aux catholiques perplexes*, Albin Michel, 1984, p. 16.

4 Conférence donnée à Bruxelles par Mgr Bernard Fellay, supérieur général de la Fraternité Saint-Pie-X, le samedi 20 juin 1998.

5 *Le Monde*, 26 mars 1991.

6 Plusieurs théologiens dirigés par Mgr Lefebvre avaient édité un *Bref Examen critique du Novo Ordo Missae* le 3 septembre 1969. Le texte est présenté à Paul VI par les cardinaux Ottaviani et Bacci qui ne le prend pas en compte. On trouve déjà dans ce premier texte la critique selon laquelle la nouvelle liturgie s'éloigne de la messe édictée par le concile de Trente.

7 Olivier Pichon et l'abbé Grégoire Celier, *Benoît XVI et les traditionalistes*, Médicis-Entrelacs, Paris, 2007, p. 103.

8 *Ibid.*, p. 104.

9 *Ibid.*, p. 105.

10 Cette déclaration figure en exergue de plusieurs documents officiels affirmant l'attachement de Mgr Lefebvre à l'Église. Il figure aussi dans le numéro spécial d'*Itinéraires* cité plus haut. Elle est cependant modifiée sur deux points selon que les personnes

qui s'en saisissent cherchent la conciliation avec Rome ou l'affrontement. La version citée ici est celle de l'affrontement. Dans les versions plus récentes, on a ajouté un « mais nous refusons » à la place de « nous refusons par contre et nous avons toujours refusé ». Dans la version d'affrontement, Mgr Lefebvre parle de « la Rome de tendance néomoderniste », la version conciliatrice parle de ne pas « suivre Rome dans la tendance néomoderniste et néoprotestante ».

11 IFOP-*Progrès de Lyon*, août 1976, cité par *Nouvelles de chrétienté*, n° 96, novembre-décembre 2005.

12 Saint-Nicolas du Chardonnet est occupée depuis 1977 et l'État refuse d'intervenir. Lire l'article de Tristan Mendès-France dans la revue *ProChoix*, n° 12 (décembre 1999).

13 *Le Monde*, 10 mars 1987.

14 *Le Monde*, 24 mars 1987.

15 *Le Monde*, 14 et 17 avril 1987.

16 *Le Monde*, 27 juin 1987.

17 *Le Monde*, 23 juin 1987.

18 Danièle Masson, *Jean Madiran*, Orléans, Difralivre, 1989, p. 45.

19 Jean Madiran, « Vingt-cinq ans », *Itinéraires*, 1996, p. 58-59.

20 Jean Madiran a consigné sa pensée sur Vatican II dans *L'Hérésie du xxe siècle*. On doit à Danièle Masson d'avoir su décrypter et rendre accessible l'état psychologique de Jean Madiran face au concile, approche du reste peu visible dans *L'Hérésie* qui demeure un ouvrage de déconstruction théologique de Vatican II. Voir Danièle Masson, *op. cit.*, p. 164-165.

21 Henri et André Charlier qui donnent le titre au centre sont un peu les mentors de l'affaire. Ils sont plus utilisés dans l'histoire qu'autre chose puisqu'ils n'apparaissent jamais. Antony avouera plus tard n'avoir lu leur œuvre que bien après la création du centre,

mais qu'il avait le sentiment au moment de chercher le titre que ces deux hommes devaient être fondamentaux puisqu'ils avaient fait naître un Jean Madiran, un Gérard Calvet et un Bernard Bouts. Les deux hommes ont été des soldats, blessés à la guerre, ils étaient chrétiens et aimaient la politique puisque tous deux commentaient les actualités à leurs étudiants. Militaires, politiques et chrétiens, voilà les symboles recherchés par Bernard Antony.

22 *Romain Marie sans concession. Entretiens avec Yves Daoudal*, DMM, 1985, p. 88-89.

23 Déclaration du 6 février 1981.

24 *L'Espresso*, 28 avril 2004.

25 Constance Colonna-Cesari, *Benoît XVI : les clés d'une vie*, Philippe Rey, Paris, 2005, p. 108.

26 *Ibid.*, p. 113.

27 *Le Canard enchaîné*, 29 avril 1987.

28 Olivier Pichon et l'abbé Grégoire Celier, *op. cit.*, p. 113.

29 *Ibid.*, p. 118.

30 *Le Monde,* 15 juin 1998.

31 *Le Monde*, 15 juin 1988.

32 Cette interprétation est sujette à polémique. Dans les semaines qui suivirent le schisme, plusieurs porte-parole de l'Église ont soutenu cette version des faits. Mgr Lustiger a ainsi fait parvenir à toutes les églises de Paris une note interdisant de donner la communion ou les sacrements à un lefebvriste non repenti. Cependant depuis la mort de Mgr Lefebvre, les membres américains de la Fraternité lefebvriste avancent que théologiquement on ne peut pas parler de schisme ou d'excommunication. Les négociations avec le Vatican se poursuivent depuis.

33 *Le Monde*, 4 juillet 1989.

34 En 1998, six séminaires restent actifs en Suisse, en Allemagne, en France (à Flavigny-sur-Ozerain, en Côte-d'Or),

aux États-Unis, en Argentine, en Australie, correspondant aux districts de la Fraternité Saint-Pie-X, qui compte aujourd'hui 350 prêtres.

35 Lettre reproduite par *Golias*, n° 27/28, automne 1991, p. 48.

36 *Ibid.*

37 Grégoire Celier, « Un nouvel institut Ecclesia Dei ? », Suresnes, le 12 septembre 2006, http://www.laportelatine.org/accueil/communic/2006/IBP/IBP.php.

38 Conférence donnée à Bruxelles par Mgr Bernard Fellay, supérieur général de la fraternité Saint-Pie-X, le samedi 20 juin 1998.

39 Joseph Ratzinger, *Ma vie*, Fayard, 2005, p. 135.

40 Olivier Pichon et l'abbé Grégoire Celier, *op. cit.*, p. 66.

41 *De Spiritu Sancto,* XXX, 77 ; PG 32, 213 A ; SCh 17bis, p. 524.

42 Olivier Pichon et l'abbé Grégoire Celier, *op. cit.*, p. 208.

43 *Revue d'éthique et de théologie morale*, n° 240, Le Cerf.

44 *La Vie,* 14 septembre 2006.

45 *La Vie,* n° 3 185, 14 septembre 2006.

46 Philippe Laguérie, *Avec ma bénédiction*, Paris, Certitudes, 1997, p. 58.

47 Marc Babronski, *France-Soir*, 17 septembre 1987.

48 Laguérie a même porté plainte pour diffamation. Mais il sera débouté. La présidente du tribunal, Huguette Le Foyer de Costil, estime que le journaliste de *France-Soir* a porté atteinte à l'honneur et à la considération du prêtre qui a condamné le nazisme mais que « les propos qu'il a tenus sur le rôle social des Juifs en France, ainsi que l'emploi du terme péjoratif de "dictature", sont tels que la vérité du fait diffamatoire invoquée en défense se trouve établie. »

Maurice Peyrot, *Le Monde*, 4 décembre 1987.

49 Henri Tincq, *Le Monde*, 12 mars 1993

50 Mollat, Virgin, la Fnac. Pour voir quelques images de l'album : http://www.photo.fr/portfolios/rheims.

51 Ordonnance de référé rendue le 19 octobre 1998 après débats du 16 octobre 1998. Extrait des minutes du secrétariat-greffe du tribunal de grande instance de Bordeaux. Voir, *Le Monde*, 19 octobre 1998.

52 « Le trouble allégué par le demandeur réside non pas dans le livre lui-même qui est essentiellement un album de photographies mais dans sa couverture – une femme, poitrine dénudée, clouée sur la Croix – qui constituerait une violation du droit au "respect de la conscience", à la "liberté d'aller et venir", une agression nécessaire et brutale "à la vue de cette image exposée sur la voie publique et dans des endroits publics". Certes, il a tout récemment été jugé par cette même juridiction, dans une procédure identique quant à son objet, à l'exception des parties, que cette image figurant sur la couverture de l'ouvrage était susceptible – en raison du caractère de dérision dans lequel elle tournait la crucifixion – de choquer des sensibilités chrétiennes animées par une foi ardente ou même seulement mues par une ferveur humble, mais éprouvée, et de constituer par là même un trouble manifestement illicite. Cependant, cette précédente ordonnance, conciliant la liberté d'expression, d'opinion et de pensée, n'a pas pour autant interdit – comme le sollicitait au principal le demandeur – la diffusion et la commercialisation du livre dont il s'agit. Il a seulement été dit, afin d'éviter de froisser ces consciences, que le livre serait placé, pour sa vente, dans un endroit discret du magasin, hors la vue du public. Ce dernier terme qu'il convient donc de cerner signifie que l'ouvrage en question ne doit pas être exposé en vitrine où précisément l'attention d'un large public peut

être involontairement captée, à son corps défendant. Mais tel n'est pas le cas en l'espèce. Le responsable de La Machine à lire a en effet placé l'ouvrage *INRI* au rayon photographie de son commerce, lieu discret – comme il s'en trouve dans toute librairie pour des revues spécialisées –, tel que sa consultation ou son acquisition supposent une démarche volontaire, personnelle, consentie, hors de toute agression, de la part d'un acheteur potentiel. Il n'y a donc pas lieu à référer ; le demandeur supportera les dépens. Toutefois il ne paraît pas inéquitable de ne pas faire droit à la demande formée au titre de l'article 700 du nouveau code de procédure civile par la librairie La Machine à lire. »

53 Marie Cousin, « Églises : combat de soutanes » *L'Express*, 20 septembre 2004.

54 RTL, 1er novembre 2006.

55 Communiqué à l'AFP, 8 septembre 2006.

56 « Message de Sarkozy pour une ordination traditionaliste à St-Jean de Latran », AFP, 25 février 2008.

57 Sarkozy a décliné une invitation à l'ordination de diacres traditionalistes, AFP, 26 février 2008.

58 Les évêques français, américains et allemands y sont majoritairement hostiles à quelques exceptions telles que Mgr Éric Aumônier, évêque de Versailles, Mgr Raymond Centène, évêque de Vannes, Mgr Jean-Pierre Cattenoz, archevêque d'Avignon, Mgr Philippe Breton, évêque d'Aire et Dax, Mgr Bernard Ginoux, nouvel évêque de Montauban, Mgr Alain Planet, évêque de Carcassonne, Mgr Guy Thomazeau, archevêque de Montpellier. Parmi les enthousiastes, on compte aussi Mgr Angelo Bagnasco, archevêque de Gênes, président de la Conférence épiscopale italienne, et le cardinal Christoph Schönborn, archevêque de Vienne, président de la Conférence épiscopale autrichienne.

59 *La Vie*, 14 septembre 2006.

60 Idéologue, ordonné prêtre en 1989 par la Fraternité sacerdotale Saint-Pie-X, Guillaume de Tanoüarn a été l'animateur de plusieurs revues (*Pacte*, *Certitude* puis *Objections*), mais a aussi fait partie des personnalités qui ont relancé *Minute*. C'est en tant que directeur de publication de la lettre mensuelle *Pacte* qu'il a été condamné en 2003 pour provocation publique à la haine raciale par le tribunal de grande instance de Paris. Il avait en effet publié un texte de Claude Rousseau où on apprenait que les « Arabes envahissant Lutèce, Lugdunum ou Phocée, c'est la France qu'ils menacent d'étrangler ». Ces « benladenistes en herbe » seraient en réalité soutenus par des « financiers transnationaux » pour affaiblir l'identité française. Quatre ans plus tard, interviewé par *Témoignage chrétien* (13 septembre 2007), l'abbé regrette : « J'ai bêtement passé ce texte. J'ai objectivement fait une bourde, mais qui ne saurait me définir. Je m'oppose absolument à quelque forme que ce soit de racialisme ou même de communautarisme. » Pourtant dans *Objections* (n° 1, décembre 2005), Tarnoüarn n'hésite pas à se réjouir du recul de l'Église concernant les juifs : « Sur les juifs : ils ne sont pas nommés "nos frères aînés", comme Jean-Paul II affectionnait à le faire. On ne parle plus de mission commune aux juifs et aux chrétiens qui "attendraient ensemble le Messie", comme le faisait le grand catéchisme (n° 840). Il est simplement spécifié : "Dieu a élu le peuple juif avant tous les autres pour accueillir sa parole (qu. 169)." » Paul Aulagnier a, lui, longtemps été le bras droit de Mgr Lefebvre qu'il connaît depuis le concile. Il a largement contribué à forger les institutions traditionalistes et à animer les pèlerinages de tradition.

61 Olivier Pichon et l'abbé Grégoire Celier, *op. cit.*, p. 19.

62 *Ibid.*, p. 164.

63 *Ibid.*, p. 158.

64 *Ibid.*, p. 186.

65 *Ibid.*, p. 182-183.

66 *Ibid.*, p. 249.

67 « Messe en latin célébrée à Saint-Germain-l'Auxerrois à partir du 2 décembre », AFP, 16 octobre 2007.

68 Dans les années 90, l'ACIM expliquait que la RU 486, la pilule abortive, était la marque du diable car : « Le chiffre 666 de la bête va marquer tous les hommes ; c'est le règne de tous les persécuteurs, le règne du mal. Or la lettre R de RU est la 18e lettre de l'alphabet. 3 x 6 = 18 – 666, le chiffre de la bête. Le U est la 6e lettre de l'alphabet à partir de la fin : 6, le chiffre du mal. Et 486 : 4 + 8 + 6 : encore une fois 18, 3 x 6 : 666 de nouveau : le chiffre de la bête. RU 486 est alors l'agent le plus redoutable de Satan faisant le mal à la gloire de Satan. Donc le mal intégral, le mal absolu et dans toute son horreur. » L'auteur, le Dr J. P. Dickès, très estimé dans les milieux traditionalistes, aujourd'hui à la tête du lobbying pour la messe en latin, parvient à faire le lien entre les partisans de la Fraternité et ceux de l'Institut du Bon Pasteur.

69 Entretien accordé à Eternal World Television Network, le 5 septembre 2003.

70 « Le pape célèbre pour la première fois une messe le dos tourné aux fidèles », AFP, 13 janvier 2008.

71 Propos recueillis le 11 mars 2008.

72 « Prière "pour les juifs" : les rabbins italiens pour une "pause" du dialogue », AFP, 6 février 2008.

73 « Prière pour les juifs : le grand rabbin d'Israël "attend une réponse du pape" », AFP, 10 mars 2008.

74 Déclaration faite à la chaîne publique ARD, diffusé dans un magazine le 10 mars 2008. « Le pape ne changera rien à la "prière pour les juifs" », AFP, 8 mars 2008.

75 Le 6 novembre 2002, dans un discours donné au Centre d'enseignement chrétien-juif à l'université de Boston, il estimait

que l'évangélisation voulue par les chrétiens ne signifiait pas que « les Juifs doivent devenir chrétiens pour être sauvés ».

76 « Un rabbin allemand reproche au pape de laisser l'antisémitisme se développer », AFP, Berlin, 20 mars 2008.

CONCLUSION

En commençant cette enquête, nous pensions raconter l'histoire des réseaux catholiques les plus intégristes, leur ascension comme « nouveaux soldats du pape ». Nous étions loin de nous douter que les concessions faites aux intransigeants étaient d'une telle ampleur. L'immense majorité des catholiques attachés à l'Église et à la figure du pape par habitude est loin de se douter de la réaction en cours. La plupart tiennent à la réforme initiée par le concile et même à son « esprit moderniste ». C'est d'ailleurs cet *aggiornamento* et cet esprit qui permettent souvent de présenter le catholicisme comme une religion nettement plus apaisée que l'islam. Il est temps de voir que ces acquis ne sont pas éternels. En réalité, dès le concile de Vatican II, et plus encore depuis Mai 68, des catholiques réactionnaires ont œuvré au retour à une Église « intransigeante » qui ferait, un jour prochain de cet *aggiornamento* une parenthèse. L'opinion publique s'est focalisée sur l'excommunication de quelques traditionalistes dissidents. Pourtant, l'Église encourage d'autres courants à emprunter le langage de Vatican II pour mieux torpiller l'essentiel de ses avancées sur le fond. Sans le concile, l'Opus Dei ou les Légionnaires du Christ n'auraient jamais pu bénéficier d'une liberté d'action au cœur du siècle, mais cet élan missionnaire facilité par Vatican II ne doit pas faire oublier que l'Église dont ils rêvent et qu'ils bâtissent constitue un retour en arrière. Loin de vouloir assumer les conséquences de cette modernisation, le Saint-Siège a bien vite tremblé à l'idée d'être emporté par une interprétation jugée trop moderniste du concile, dès ses lendemains et plus encore après le mouvement de libération des mœurs observé à la fin des années 60. En pleine guerre froide, Jean-Paul II désirait s'appuyer sur tout mouvement capable de combattre le communisme et le matérialisme athée, qu'il voyait à l'œuvre dans la théologie de la libération et dans une certaine conception de la laïcité. La curie a donc encouragé le moindre mouvement catholique réactionnaire, fût-il sectaire ou extrémiste. Notamment en Amérique latine et dans l'Europe latine où les dictatures anticommunistes de Franco et de Pinochet ont favorisé l'essor de tels mouvements. Le charisme d'un Jean-Paul II a longtemps masqué cet aspect de son long pontificat. Le voile vient de se déchirer avec l'élection de Benoît XVI, le plus orthodoxe des membres de la curie. Entre-temps, ces « intransigeants » sont arrivés à maturité. Qu'ils soient opusiens, Légionnaires ou traditionalistes ralliés, ils incarnent la ligne officielle de l'Église. Et même, sa nouvelle garde.

Les plus optimistes préfèrent penser que l'institutionnalisation et le ralliement auront pour effet de les assagir, comme ce fut le cas pour les Jésuites. Au temps de leur gloire, c'est vrai, la Compagnie de Jésus a fait partie de ces soldats zélés que l'Église utilisait pour combattre l'hérésie au risque d'alimenter son fanatisme. Mais outre que ce zèle a bien eu des répercussions, l'âge d'or des Jésuites correspond à un autre temps, celui où même les hommes d'Église les plus radicaux transmettaient une culture exigeante destinée à l'élite. Cette culture a permis à des hommes d'exercer leur libre arbitre. Les « nouveaux soldats du pape », eux, ambitionnent de convaincre les masses, grâce à une vision simpliste, acculturée et sectaire du catholicisme, tournée vers l'obéissance et le culte du chef. L'impact sera donc autrement plus fanatisant.

Leur réaction autoritaire a d'ores et déjà un impact, depuis l'Amérique latine jusqu'au cœur de l'Europe. Pour le moment, l'Opus Dei ou les Légionnaires du Christ recrutent essentiellement parmi des catholiques issus de milieux plutôt favorisés mais rien ne dit que leur prosélytisme ne va pas s'amplifier à la faveur du retour en force de l'intégrisme. Déjà, ils commencent à séduire certains milieux plus modestes en mal d'ascension sociale via le catholicisme. Ce terrain a longtemps été occupé par les chrétiens d'ouverture. Mais ils n'ont plus les mêmes forces qu'auparavant pour « déghettoïser » les classes populaires en les initiant à la culture, notamment en organisant des sorties culturelles ouvertes sur le monde. Prêts à prendre le relais grâce au soutien du Vatican, l'Opus Dei et Regnum Christi œuvrent exactement en sens inverse : ils utilisent le cultuel et le social pour enfermer les esprits dans une vision passéiste et liberticide de l'identité catholique. C'est dire les effets néfastes de cette institutionnalisation. Le Saint-Siège s'est essentiellement attaché à garantir la fidélité de ces mouvements, à asseoir son autorité, mais il n'a jamais désapprouvé leur caractère bêtifiant, réactionnaire et liberticide. Bien au contraire. Grâce à la bénédiction de l'Église, auréolés de ce statut de « nouveaux soldats du pape », les courants intransigeants sont toujours plus efficaces.

À l'autre bout du spectre catholique, les grands perdants sont incontestablement les chrétiens progressistes. Ceux qui combattent l'Opus Dei, les Légionnaires ou les traditionalistes ralliés se placent désormais dans la marginalité, voire aux portes de l'Église. Car autant les catholiques « intransigeants » sont en odeur de sainteté, autant les catholiques tolérants vivent en disgrâce prolongée. Sortis laminés du pontificat de Jean-Paul II, ils ne peuvent espérer être ressuscités sous Benoît XVI. Entre la tentation de l'autorité au nom de la Vérité absolue et celle de l'exemplarité voulue par Jésus modeste et tolérant, le cœur des catholiques balance pour l'éternité. Mais Rome, siège de la hiérarchie, préférera toujours – presque par nature – l'autoritarisme.

L'Église d'aujourd'hui ne réfléchit ni à s'adapter aux besoins des croyants, ni à favoriser l'éducation populaire pour plus de justice et d'égalité. Elle n'imagine pas une seconde poursuivre la remise en question ouverte lors du dernier concile. Il n'est pas question d'extirper la part de culture patriarcale de ses fondements. Ni même de réfléchir à sa vision fondamentalement dominatrice des rapports humains. Elle ne songe ni à ordonner des femmes prêtres ni à reconnaître la valeur de l'amour, quelle que soit l'orientation sexuelle. Encore moins à faciliter la prévention des maladies sexuellement transmissibles en cessant de présenter le préservatif comme un concurrent de la chasteté. L'Église d'aujourd'hui veut au contraire réhabiliter le patriarcat et combat le féministe. Elle a déclaré la guerre à l'égalité des droits entre homosexuels et hétérosexuels, aux libertés individuelles concernant le choix de sa vie mais aussi de sa mort. Elle se bat pour proposer la chasteté au risque de l'hypocrisie et de la maladie mortelle. Elle n'a jamais renoncé à son pouvoir politique, ni à défaire le compromis tissé par la sécularisation et la laïcité. Elle préfère enfin lutter contre la théologie de la libération ou toute interprétation jugée progressiste plutôt que de s'attacher en priorité à favoriser l'éducation et l'émancipation des classes les plus pauvres.

À terme, il n'est pas difficile de reconstituer le visage de l'Église qui se dessine. Une Église raidie et repliée sur son dogme, dotée d'un missel mixte (mi-tridentin mi-conciliaire), dotée de prêtres qui tournent de temps en temps le dos aux fidèles pour s'adresser en priorité à Dieu et rappeler qui détient l'autorité. Des paroisses où l'on rechante en latin, pour la beauté du son mais aussi par attachement à la tradition, tout en invitant à lutter contre le relativisme moral et la laïcité dans la langue des paroissiens. Une Église recroquevillée sur sa vérité, qui fait semblant de dialoguer avec les autres religions mais ne rêve que de les convertir. Ce n'est plus Vatican II ni tout à fait Vatican moins II mais Vatican moins I. Une réforme réformée, où l'on conserve l'esprit missionnaire et laïque encouragé par le concile... Pour le mettre au service d'une réaction à rebours de la modernité. Il y aura bien quelques catholiques pour résister à cette régression, mais contrairement à l'époque du concile, le Saint-Siège n'est plus de leur côté. Vatican moins II est donc bel et bien enclenché.

TABLE

Des mêmes auteurs

Caroline Fourest, *Le choc des préjugés. L'impasse des postures sécuritaires et victimaires*, Calmann-Lévy, 2007

Fiammetta Venner, *Extrême France. Les mouvements frontistes, nationaux-radicaux, royalistes, catholiques traditionnalistes et provie*, Grasset, 2006

Caroline Fourest, *La tentation obscurantiste*, Grasset, 2005 (Prix du livre Politique)

Fiammetta Venner, *Opa sur l'islam de France. Les ambitions de l'UOIF*, Calmann-Lévy, 2005

Caroline Fourest, *Face au Boycott*, Dunod, 2005

Caroline Fourest, *Frère Tariq. Discours stratégie et méthode de Tariq Ramadan*, Grasset, 2004

Fiammetta Venner, *L'effroyable imposteur. Quelques vérités sur Thierry Meyssan*, Grasset, 2004

Caroline Fourest, Fiammetta Venner, *Tirs Croisés. La laïcité à l'épreuve des intégrismes juif, chrétien et musulman*, Calmann-Lévy, 2003

Caroline Fourest, *Foi contre choix. La droite religieuse et le mouvement prolife aux États-Unis*, Golias, 2001

Caroline Fourest, Fiammetta Venner, *Les anti-Pacs ou la dernière croisade homophobe*, Prochoix, 1999

Caroline Fourest, Fiammetta Venner, *Les sponsors du FN et de ses amis*, Castells, 1998

Fiammetta Venner (dir), Claudie Lesselier (dir), *L'extrême droite et les femmes*, Golias, 1998

Fiammetta Venner, *L'opposition à l'avortement, du lobby au commando*, Berg, 1997

Achevé d'imprimer sur rotative
par l'imprimerie Darantiere à Dijon-Quetigny
en août 2008
N° d'imprimeur : 28-1153
Imprimé en France